エリア・スタディーズ 158

ベラルーシを知るための50章

服部倫卓
越野　剛（編著）

明石書店

はじめに

ベラルーシ共和国は、ソ連邦の解体に伴い1991年暮れに独立した新興独立国です。大国ロシアと欧州の狭間に位置する、人口約950万人のこの小国は、日本では決して知名度が高くありません。ただ、世界的な芸術家のシャガールを生み出したこと、スヴェトラーナ・アレクシエーヴィチが2015年のノーベル文学賞を獲得したことなどから、文化的な観点からこの国に関心を抱く方はいらっしゃるかもしれません。美人の女性が多いとか、アレクサンドル・ルカシェンコ大統領という「欧州最後の独裁者」のいる国というイメージもあるでしょうか。2011年に日本で重大な原発事故が発生したため、人類史上最悪の原発事故であるチェルノブイリ事故の最大の被害地域として知られるベラルーシの経験を学ぼうという方もいらっしゃるでしょう。

ベラルーシという独立国が成立してから四半世紀。この間、日本とベラルーシの間では、決して大掛かりではありませんが、外交、経済、文化、スポーツ、そしてすでに述べた原発関連など、様々な交流が行われてきました。本書は、いわゆる研究者に加えて、そうした各分野でベラルーシとの交流にかかわってきたスペシャリストの皆さんの参画も得ながら、それぞれの観点から見たベラルーシを語っていただくことを主眼に、編集したものです。とはいえ、なるべく多様な執筆者にご参加いただこうと最大限の努力はしたものの、日本のベラルーシ研究者・関係者の層は決して厚くないので、結果的に編者の書いた章の数が多くなってしまいました。その点は、どうぞご容赦ください。

本書の固有名詞の表記について、説明させていただきます。本書では、ベラルーシの地名・人名の表記につき、ロシア語読みで表記することを原則としています。今日のベラルーシにおいては、ロシア語とベラルーシ語がともに同格の国家言語とされており、そのうち使用頻度が高いのは明らかにロシア語ですので、このような方式を選択した次第です。ただ、巻末に地名・人名索引を掲載しており、その索引がロシア語読み・ベラルーシ語読みの対応表も兼ねていますので、ご利用いただければ幸いです。

服部　倫卓

ベラルーシを知るための50章

目次

はじめに／3

I　ベラルーシの国土と歴史

II　ベラルーシの国民・文化を知る

Ⅲ　現代ベラルーシの政治・経済事情

CONTENTS

Ⅳ　日本とベラルーシの関係

※本文中、とくに出所の記載のない写真については、原則として執筆者の撮影・提供による。

ベラルーシの位置と略図

I

ベラルーシの国土と歴史

1

ベラルーシという国のあらましとその国土

★欧州の中心の平坦な国★

ベラルーシ共和国（Republic of Belarus）は、1991年暮れのソビエト社会主義共和国連邦（ソ連）の解体に伴い、初めての独立を果たした新興国である。東スラヴ系のベラルーシ民族を主体とした国だ。「ベラ」は白を意味し、「ルーシ」はロシアの雅語なので、かつて我が国では「白（はく）ロシア」と呼ばれることが多かった（第7章参照）。2015年現在、ベラルーシ共和国の人口は948万人。首都ミンスク市には200万近い人々が暮らし、ヨーロッパで10番目に人口の多い街となっている。国際通貨基金（IMF）のデータによれば、ベラルーシの国民1人当たり国内総生産（GDP）は2015年現在1万7654ドルで、これは世界66位であり、「高中所得国」と位置付けられる。

古来ベラルーシの地は周辺の強国の版図に組み込まれ、とりわけロシアとポーランドにより交互に支配されてきた（第2〜5章参照）。最初からベラルーシという確固たる存在があったわけではなく、むしろ時代ごとに支配者が移り変わってきた過程の所産として、近代になってベラルーシなるものがおぼろげにその姿を現したと捉えることができる。ベラルーシでようやく民族意識が芽生えるようになったのは、19世紀末から20世紀初頭にかけてであった。ソビエト政権により、「白ロシア・ソビエト社会主義共和国（ＢＳＳＲ）」という枠組みを与えられたことで、ベラルーシという存在が公認され定着していったと言っていいだろう。

ソ連の末期に各民族のエスノナショナリズムが吹き荒れた時期にも、ＢＳＳＲではそのような動きは緩慢であり、自ら望んでというよりも、いわば「行きがかり上」独立したようなところがあった。それゆえ、ソ連崩壊後にもベラルーシは、盟主ロシアとの再統合を目指す急先鋒となった。１９９４年に大統領に就任したアレクサンドル・ルカシェンコは、反ナショナリズム／親ロシア主義の旗手であった（第33章参照）。ただし、ルカシェンコは大統領に就任すると、自らの政権基盤を強化することを最優先してロシアと駆け引きするようになったため、実際には両国間でトラブルも絶えない（第42章参照）。

さて、諸説あるが、一説によればベラルーシは地理的にヨーロッパの中心に位置しているとも言われる。西ヨーロッパ世界とロシア世界を結ぶ交通・軍事の要衝の位置を占めてきた。これは、一方では恵まれた条件であるが、天然の防壁を欠くことと相まって、歴史上何度も戦火を浴びることにも繋がった。今日でも、ロシア圏と欧州連合（ＥＵ）の境界域という、地政学的にデリケートな領域に位置している。

今日のベラルーシの領土は、ソ連体制の下で形成されたものである。すなわち、第二次世界大戦の終結時にＢＳＳＲの境界線が現在のような形で固まり、結局それが１９９１年に誕生する独立国家の領土になった。東から時計回りに、ロシア、ウクライナ、ポーランド、リトアニア、ラトビアと国境

ドニエプル川も、中流域のモギリョフ市付近では、まだそれほどの大河ではない

を接している。海洋には面さない内陸国である。国土面積は20万７６００平方キロメートルで、日本の半分強。ベラルーシの最南端は北緯51度16分で、極東で言えばほぼカムチャッカ半島の先端部分に当たり、ベラルーシが日本よりもずっと北にある国であることが理解されよう。ベラルーシの国土の特徴は、平坦な地形にある。最高地点はミンスク州にあるジェルジンスカヤ山の頂上であるが、その標高はわずか３４５メートルである。

ベラルーシは内陸国ながら、大河川とその支流が国土を巡り、古来それらを伝って遠隔の諸地域との交易が栄えた（第2章参照）。ベラルーシの主要都市も、ほとんどが大きな川に面している。国土の58％は黒海に注ぐドニエプル川とその支流の流域、42％はバルト海に注ぐニョーマン川、西ドヴィナ川、西ブグ川の流域である。主要河川をベラルーシ国内の距離が長い順に挙げるならば、ドニエプル川：６８９キロメートル、ベレジナ川（ドニエプル川支流）：６１３キロメートル、プリピャチ川（ドニエプル川支流）：５００キロメートル、ソジ川（ドニエプル川支流）：４９３

ベラルーシ各州の面積と人口（2015 年現在）

地域名（カッコ内はベラルーシ語読み）	面積（1,000km²）	人口（1,000 人）	州都とその人口（1,000 人）
ベラルーシ全体	207.6	9,481	—
グロドノ（フロドノ）州	25.1	1,053	グロドノ（361）
ブレスト州	32.8	1,389	ブレスト（336）
ミンスク州	39.8	1,408	（ミンスク市）
ヴィテプスク（ヴィツェプスク）州	40.1	1,199	ヴィテプスク（366）
モギリョフ（マヒリョウ）州	29.1	1,071	モギリョフ（375）
ゴメリ（ホメリ）州	40.4	1,424	ゴメリ（517）
ミンスク市	0.3	1,938	—

キロメートル、ニョーマン川：459キロメートルなどである。

ベラルーシは多くの湖を擁し、その数は1万以上に上るとされる。特に同国北東部に広がる「ベラルーシ湖水地方」には、氷河によって造形された無数の美しい湖が点在している。さらに、ベラルーシは「沼の国」と呼び称される湿地の宝庫でもある。ラムサール条約に登録されているベラルーシの湿地は2016年現在で26箇所となっている。とりわけ、南部のドニエプル川およびプリピャチ川沿岸に広がるポレシエ低地は、ヨーロッパ随一の湿地帯として名高い。

ベラルーシの気候はロシアなどと同様に寒冷である。国土の46％が農地として、うち30％が耕地として利用されている。ベラルーシの土壌はそれほど肥沃ではないので、穀物生産もさることながらジャガイモ栽培や酪農が盛んである（第38章参照）。ベラルーシは、鉱物資源にあまり恵まれておらず、とりわけエネルギーの自給率は1割程度にすぎない。天然ガスは全面的に、石油も大部分を、ロシアからの供給に依存している（ただし、ロシアから輸入した原油を加工して輸出するビジネスが近年重要性を増している）（第37章参照）。塩化カリウムだけは欧州最大の鉱脈を有し、それを基盤としたカリ肥料生産はドル箱産業となっている。いずれにしても、資源が乏しいゆえに製造業を発展させてきたという点で、ベラルーシは日本と似通っている（第36章参照）。

ベラルーシ共和国では、1991年暮れの独立後も、ソ連時代の行政区画が踏襲されている。すなわち、国土はグロドノ、ブレスト、ミンスク、ヴィテプスク、モギリョフ、ゴメリという六つの州と、首都ミンスク市に大きく区分される（前頁表参照）。各州はさらに「区（rayon）」に分けられ、2016年現在全国で118の区が設けられている。都市（gorod）の数は113である。なお、ソ連時代の1986年に起きたチェルノブイリ原発事故では、汚染物質の約7割がベラルーシに降り注ぎ、特にゴメリ州が深刻な汚染を被った（第41章参照）。

最新の2009年の国勢調査によれば、ベラルーシ国民の民族別内訳は、ベラルーシ人：83・7%、ロシア人：8・3%、ポーランド人：3・1%、ウクライナ人：1・7%、ユダヤ人：0・1%などとなっている。ベラルーシでは1994年の国民投票の結果、ベラルーシ語とロシア語が同格の国家言語となっているが、2009年の国勢調査では、国民の53・2%がベラルーシ語を、41・5%がロシア語を、自らの「母語」として挙げている。ただ、普段家庭で話している言葉を問うと、ベラルーシ語が23・4%、ロシア語が70・2%と、形勢が逆転する（第17章参照）。一方、ベラルーシ大統領府付属情報分析センターが2014年に全国の成人回答者を対象に実施したアンケート調査で、自らが帰属すると見なす宗教を問うたところ、正教：84・0%、カトリック：8・5%、その他の宗教：2・0%、帰属宗教なし：5・5%だった（第19章参照）。

（服部倫卓）

2

古ルーシ諸公国とリトアニア大公国

★スラヴとバルトの混交域★

今日のベラルーシの領域に人類が生息した形跡は、10万年から4万年の昔、中期旧石器時代にまで遡ることができる。紀元前5千年と6千年の転換期には農耕と畜産が始まったと考えられ、石器や土器もより精巧なものが製作された。紀元前2千年紀が始まる頃にこの地は青銅器時代を迎え、紀元前1千年紀には鉄器時代が始まる。ヨーロッパにおける治金技術の普及には印欧語族が大きくかかわっていたが、ベラルーシの地での青銅器・鉄器文明の担い手はバルト語系の諸部族であった。

バルト系の人々が定住していたこの地に南方から東スラヴ人が入ってきたのは6、7世紀のことで、9世紀に彼らは現ベラルーシの北限にまで到達した。先住者のバルト系と新参のスラヴ系との間に混交が起こったが、このバルト系との混交は、ほかの東スラヴ（ロシア、ウクライナ）になくベラルーシに特徴的であった。現在のベラルーシの領域に定着した東スラヴ人は、クリヴィチ（北東部、ドニエプル上流域）、ドレゴヴィチ（中部、プリピャチとニョーマン上流部のあいだ）、ラジミチ（南東部、ドニエプル上流の左岸）の諸部族であった。また、現在のウクライナとの境界地域であるポレシエ地方にはドレヴリャネ族が住んだ。これらの人々が現在のベラルーシ人の祖先と考えられる。

彼らの糧となったのは、農業（主に略奪農法）や養蜂、そして河川を使った交易であった。黒海に注ぐドニエプル川は、ノルマン系のヴァリャーグたちをビザンツ方面と結ぶ交易の大動脈であった。琥珀や毛皮を南に運んだこの水路を伝ってヴァリャーグは南下し、東スラヴ人の居住域に統治階層として君臨するようになった。彼らはやがてスラヴ化してゆくが、「ルーシ」の名称は元来この人々を指す言葉であった。

ベラルーシ最古の都市はクリヴィチ族が築いたポロツクで、年代記において最初に言及があるのが862年のことである。2番目に古いのが、ドレゴヴィチ族の築いたトゥーロフ（980年）である。続いてブレスト、ヴィテプスク、ノヴォグルドク、ミンスク、ピンスク、グロドノが誕生した。これらはすべて10世紀の終わりまでにキエフ・ルーシの上級支配権の下に入った。キエフ・ルーシのスヴャトスラフ大公は、当時東スラヴ人にとって最大の脅威であったハザール国家を倒し、またヴォルガ・ブルガールその他の遊牧民の進出を阻み、黒海北岸において覇権を確立していた。キエフ・ルーシの統治体制はそれほど中央集権的ではなく、配下にあった各地の諸公にはそれなりの裁量権が残されていたという。キエフ・ルーシは1054年以降、分領公国に分かれ、公国ごとの特性は一層強まった。

ベラルーシの地で最も権勢を誇ったのはポロツク公国とトゥーロフ公国であったが、とりわけポロツク公国はベラルーシ最古の国家、ベラルーシの文化的・宗教的な揺籃と認識される。年代記に確認される最初の公は10世紀末のログヴォロドで、リューリク（キエフ・ルーシ諸公の祖とされる）とは異なるヴァリャーグの一族の出自とされる。11世紀には、「魔術使い」と呼ばれたフセスラフの治世に盛

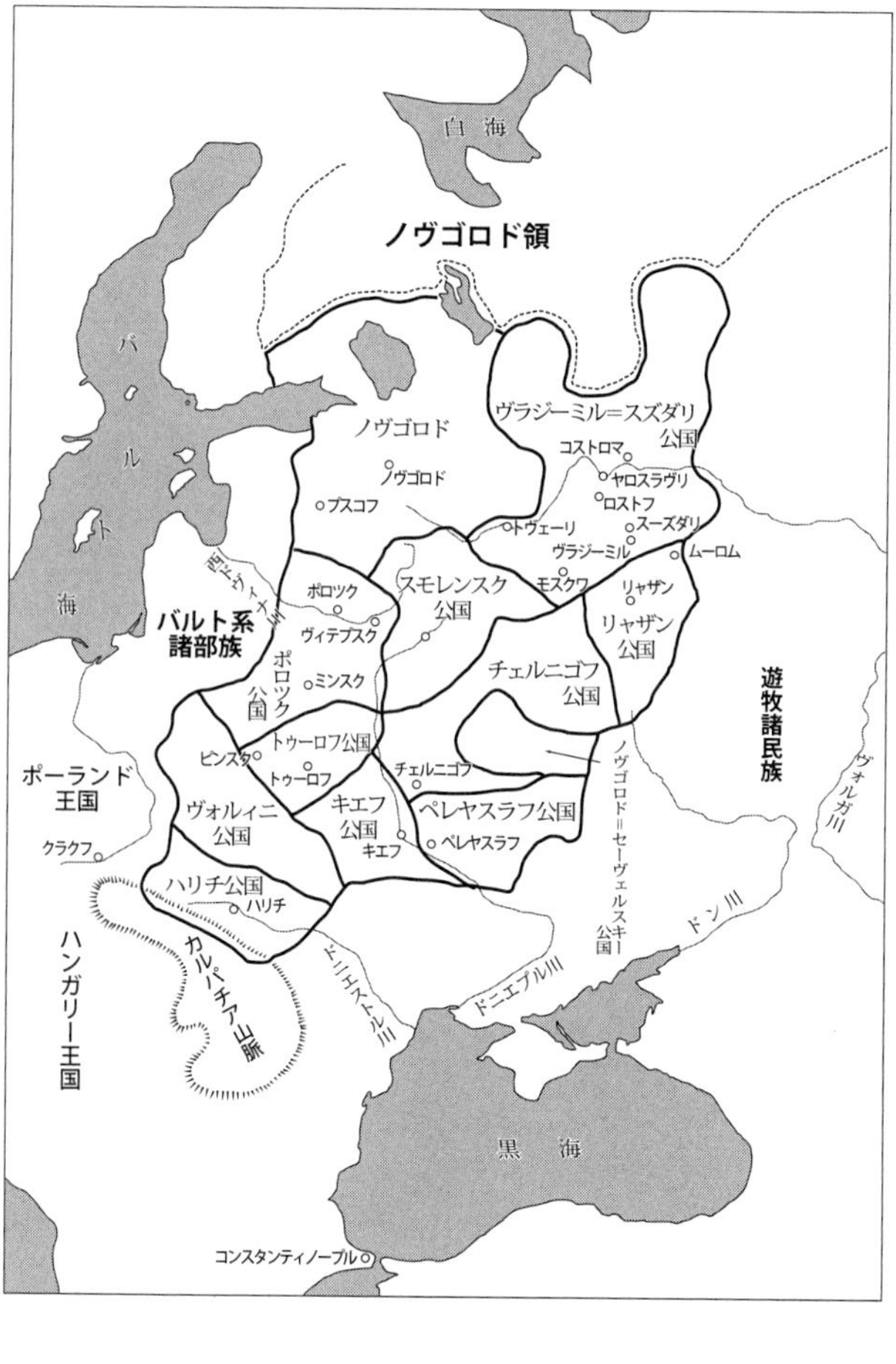

期を迎えた。フセスラフは軍事と政治に優れた手腕を発揮し、公国の影響圏はバルト海から東はスモレンスクにまで及び、ビザンツ帝国とも姻戚関係を結んだ。公国の繁栄は、ビザンツ、バルト沿岸地域そしてスカンディナヴィアとの交易から得られた富に支えられていた。

ビザンツとスカンディナヴィアを結ぶ交易路は様々な人と物の往来を媒介したが、キリスト教をルーシの地へと運んだのもまたこの道であった。988年にキエフのヴラジーミル大公がキリスト教を正式に受容すると、ベラルーシではポロツクとトゥーロフに主教座が置かれた。キエフ、ノヴゴロドに続き、11世紀半ばには、ポロツクにコンスタンティノープルの大寺院に倣って聖ソフィア聖堂が建造された。

スラヴの神々への信仰、古くからの祭儀・偶像の放棄をせまられた異教（多神教）徒からの抵抗は大きかったが、諸公によるキリスト教化の推進、そして宣教師やイコン画家たちの活躍を得て、キリスト教はこの地に根を下ろした。キリスト教に付随して、典礼言語の教会スラヴ語、そしてキリル文字がもたらされた。キリスト教の普及は人々の創作活動を触発し、文筆、美術、建築の諸分野で多くの才能が花開いた。

12世紀のポロツク公女、修道女エフロシニヤは、のちに列聖されてベラルーシの守護聖人となるが、ベラルーシの地でのキリスト教文化の振興に大きく貢献した（コラム2参照）。当時のポロツクでは、救世主顕栄聖堂を設計した建築家ヨアン、宝飾師ラザリ・ボグシャに代表される、優れた職人たちが活躍した。1161年にボグシャがエフロシニヤに献上した十字架は、古ルーシ美術史上最高の逸品に数えられる。また同じころ、トゥーロフ主教キリルは『祈禱書』を著し、宗教文学史にその名を刻んだ。

キエフ・ルーシの分領化以来、キエフが諸公国に及ぼす求心力は弱まっていたが、さらに1240年にモンゴルの侵攻を受けキエフの都が陥落すると、古ルーシ世界のまとまりは瓦解した。ベラルーシの地もモンゴル軍に征服され、さらに西へと進軍するモンゴル軍の通過地とされたものの、長期的支配を受けることはなかった。

古ルーシ世界を構成した諸公国に遅れ、ベラルーシの地で産声をあげた国がいま一つ存在した。1253年にバルト系のミンダウガスによって建国されたリトアニア大公国である。この国家の最初の首都は、1323年にヴィルニュスに移転するまで、現在のベラルーシ領にあるノヴォグルドクに置かれていた。

リトアニア大公国はキエフ・ルーシがモンゴル侵攻を受けて国家の体を失った隙をついて東南方面へと膨張し、かつてのキエフ・ルーシの支配圏を徐々に版図に組み入れ、現在のベラルーシに加え、東はスモレンスク、南はやがてキエフまでも、その支配下に置くようになった。バルト海から黒海に及ぶ大国となったリトアニア大公国の、基幹民族はバルト系のリトアニア人であったが、広大な領土の住民の大半はルーシの人々であった。被征服者の立場ではあったものの、キリスト教世界の構成員としてビザンツや西欧世界と交流していたルーシは、その文化でリトアニアを圧倒し、ルーシの文化はリトアニアのエリート層に積極的に取り入れられた。リトアニア大公国の公文書は、ルーシの言語（「官房スラヴ語」と呼ばれた）で書かれた。リトアニア・エリートの間にはルーシの正教に改宗する者も現れ、ルーシの支配階層との婚姻も珍しくなかった。こうしたことから、リトアニア大公国の実態はルーシ国家であり、リトアニア大公国こそがキエフ・ルーシの後継国であるとも見なされた。リトアニアの君主は「リトアニア大公」に加え「ルーシの公にして継承者」を名乗ったのである。一方、長期にわたるモンゴル支配から独立しルーシの盟主に名乗りを上げたモスクワ大公国は、ポーランドやリトアニアからはルーシ世界のむしろ外部に位置付けられた。

リトアニア大公国の君主たちは、異教信仰を維持しながら、西欧あるいはルーシやビザンツとの関係を慮りカトリックと正教の間を揺れ動いていた。14世紀に大公ゲディミナスはカトリックへと傾倒し、洗礼へは至らなかったものの、ドイツ騎士団がリトアニアの地に侵攻することを牽制した。

大公ヨガイラの治世に大公国は重大な選択に出た。ヨガイラはまず、モスクワの大公女との縁組を見越して正教に改宗したとされるが、女王に後ろ盾となる配偶者を求めていたポーランド王国からの打診により態度を翻した。ポーランドとの同盟はモスクワ国家とドイツ騎士団の間で難しい立場に置かれていたリトアニア大公国には好機であった。「クレヴォの合同」（1385年）に従ってヨガイラはカトリックの洗礼を受け、ポーランド女王ヤドヴィガと結婚し、夫婦でポーランドを共同統治するとともに、ヨガイラがポーランドとリトアニアの君主を兼任する同君連合が成立した（1386年）。合同は対外的に大成功を収めた。両国の連合軍は1410年に「グルンヴァルトの戦い」でドイツ騎士団を、1514年には「オルシャの戦い」でモスクワ軍を撃破した。

大公の受洗を皮切りに大公国ではカトリシズムが公式に奨励され、異教を奉じていた者たちの多くは大公に続いたが、先に正教徒となっていた者に強制されることはなく、依然、リトアニア大公国における正教的・ルーシ的要素の比重は大きかった。ベラルーシの地には様々な信仰共同体が存在した。正教、カトリック、それに加えてユダヤ人、タタール（モンゴル軍の構成員としてこの地に至り、定着した）が居住地をつくり、クリミア半島からはカライ派がやって来た（第8章、コラム3参照）。異教も残存していた。複数の宗教が並存する状況はこの地において常態となる。


（福嶋千穂）

最新科学で探るベラルーシ人のルーツ
——Ｙ染色体とミトコンドリアＤＮＡ

コラム１

服部倫卓

昨今の分子人類学の進歩は目覚ましく、父親から子に伝えられるＹ染色体と、母親から子に伝えられるミトコンドリアＤＮＡのタイプを調べ、その分布パターンから民族のルーツを探る研究が盛んになっている。従来は主観的な要素も少なくなかったベラルーシ民族の起源論にも、科学の光が当てられるようになってきた。ベラルーシ科学アカデミーの研究者らが、ベラルーシ国内の六つのサブリージョンで、５６５人のＹ染色体と２６７人のミトコンドリアＤＮＡの調査を実施し、その結果が２０１３年に発表されたので（**http://www.ncbi.nlm.nih.gov/pubmed/23785503**）、その概要を紹介したい。

この研究によれば、父方のＹ染色体でも、母方のミトコンドリアＤＮＡでも、ベラルーシ人の特徴は東欧の全体的なそれとほぼ共通しており、特に近隣のロシア人、ウクライナ人、ポーランド人、リトアニア人とは近い関係にある。

ベラルーシ人のＹ染色体の類型割合は、西スラヴ人および東スラヴ人の間で最もよく見られる**R1a**を主体としたものである。ただ、ベラルーシの北に行くほど**N1c**がやや多くなることは先史および有史時代にバルト語系の人々と混じり合ったことを、また**I2a**が南部に多いことはバルカン半島北西部からの遺伝子の流入があったことを物語っている。

一方、ミトコンドリアＤＮＡの類型割合に着目すると、調査では、58のサブハプログループおよび側系統グループが見つかり、それらはすべてユーラシアの二つの基本的なＤＮＡハプログループ、**M**および**N(R)**に属す（ハプロ

図1　ベラルーシ人と周辺諸民族の **Y** 染色体分布の遠近

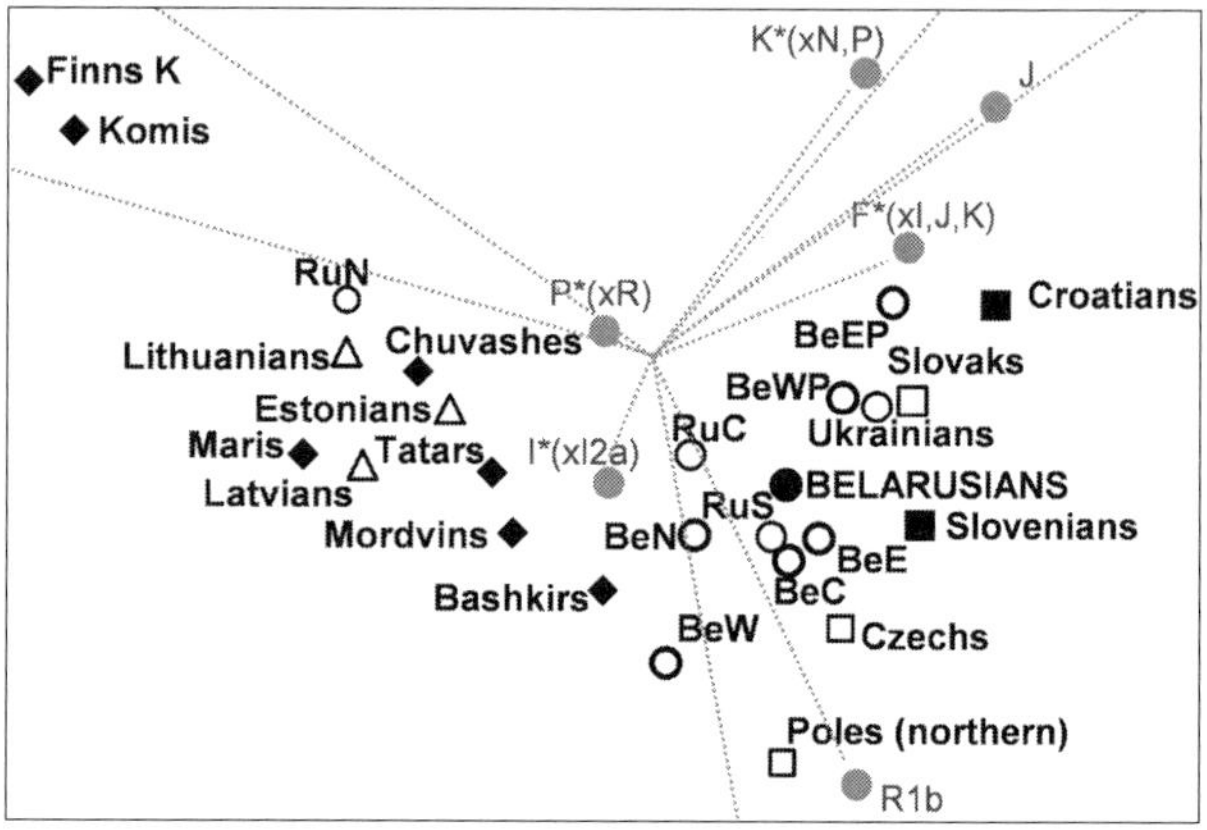

図2　ベラルーシ人と周辺諸民族のミトコンドリア **DNA** 分布の遠近

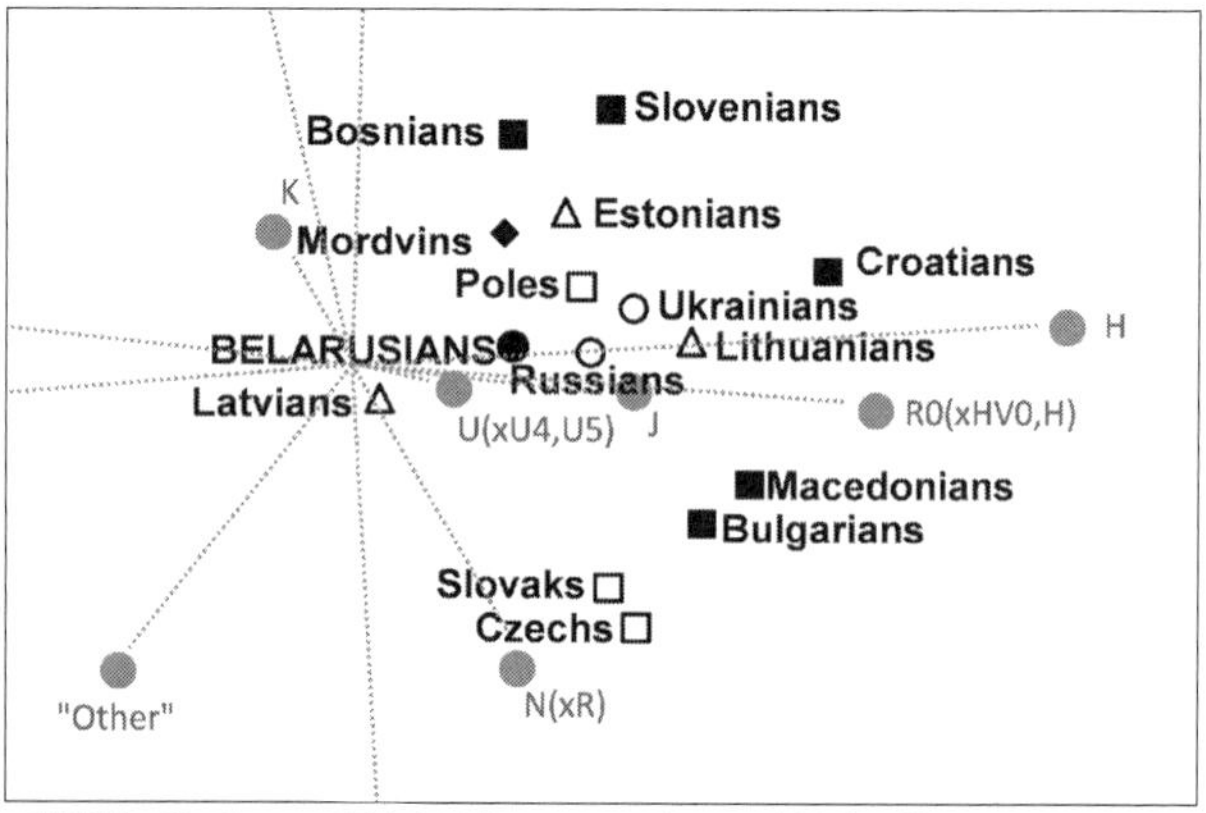

（凡例）○ 東スラヴ語系民族　□ 西スラヴ語系民族　■南スラヴ語系民族　△バルト系民族およびエストニア人　◆ヴォルガ・ウラル系民族

BeN＝ベラルーシ北部。BeE＝ベラルーシ東部。BeC＝ベラルーシ中部。BeW＝ベラルーシ西部。BeEP＝ベラルーシ東ポレシエ。BeWP＝ベラルーシ西ポレシエ。RuN＝ロシア北部。RuC＝ロシア中部。RuS＝ロシア南部。

グループとは、同じ一塩基多型変異を持つ共通祖先を持つグループのこと)。ベラルーシ人のそれは、東欧の他の民族と大きな違いはない。ただし、**N1a3**、**N3**という中東起源で、欧州ではきわめて稀なタイプが、ベラルーシでは少数ながら見られることが注目され、更新世から完新世にかけての転換期頃に中東〜コーカサス〜現ベラルーシ地域へのヒトの移動があったことを示唆している。なお、Y染色体に比べて、ミトコンドリアDNAの分布は、ベラルーシの地域ごとの差が大きくない。

前ページの図は、ベラルーシ人および周辺の諸民族につき、Y染色体、ミトコンドリアDNAの分布パターンの遠近を示したものである。

3

ポーランド・リトアニア国家のもとで

★「両国民の共和国」の時代★

同君（王朝）連合に基づくポーランドとリトアニアの結びつきは1569年の「ルブリン合同」で新局面に入った。制度的合同により「両国民の共和国」と呼ばれる連合国が成立したのである。この合同を後押ししたのはリヴォニア戦争での戦況、とりわけ1563年にポロツクをモスクワに奪われた衝撃であった。ルブリン合同を経て「共和国」はこの戦争に勝利し、失地回復に成功する。

ポーランドとリトアニアは対等の関係を維持し、官職、軍、財政そして紋章を個々に有する両国を、共通の君主と議会が束ねた。リトアニア大公国には、ルーシ語で書かれた独自の「リトアニア法典」（1529年に初版、1588年に第三版が編纂）の保持が認められた。とはいえ、この合同がリトアニア大公国のポーランド化を加速させたことは否めない。ポーランドの貴族《シュラフタ》身分は多様な特権を享受し王権を抑制していた。世襲王朝（ヤガイラに始まるヤギェウォ朝）が途絶え選挙王制に移行したことも、貴族の立場を増強した。大公国のエリートたちは「共和国」貴族身分に融合する過程でポーランド的貴族文化を体得していった。

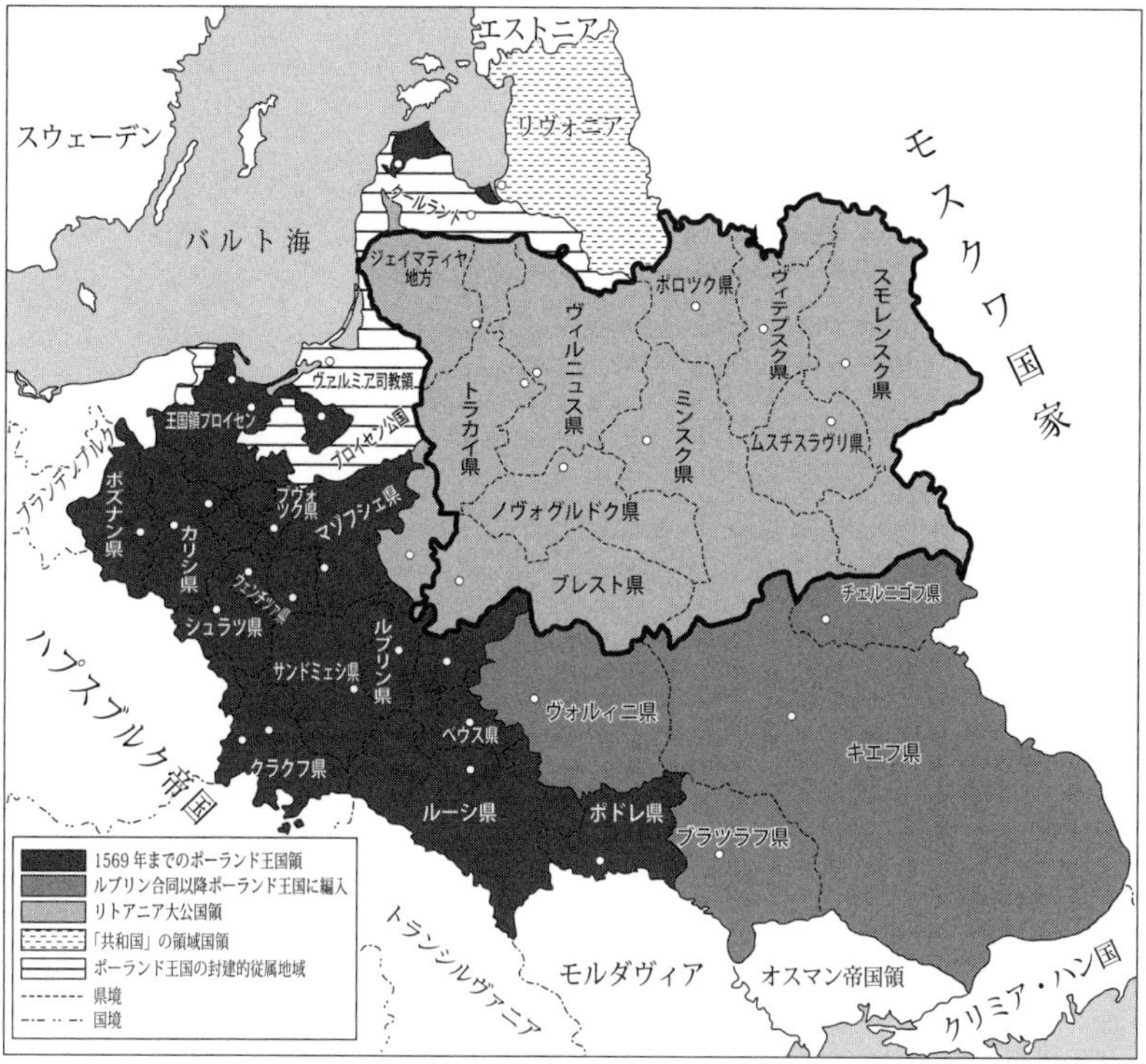

ルーシの諸地域にとってルブリン合同は分水嶺であった。それ以前にポーランド王国に含まれたルーシの地域は旧ハリチ公国の領域とポドレ地方の西部に限られていたが、ルブリン合同によりヴォルィニ、ポドレ東部（ブラツラフ）、キエフ、ポドラシェの諸地方がリトアニア大公国からポーランド王国に移管された。一方、リトアニア大公国に残ったのはノヴォグルドク、ブレスト、ミンスク、ポロツク、ヴィテプスク、ムスチスラヴリの諸県である。両国がルーシを分断した線は、現行のベラルーシ・ウクライナ国境線の原点となった。すなわち、古ルーシ時代に遡られる地域的差異もさることながら、ベラルーシとウクライナが今日のように分化した要因は、ルブリン合同の際

の国境変更に求められるのである。

モスクワ大公国に隣接するベラルーシの地は絶えぬ緊張に晒されていた反面、モスクワとの交易がポロツクやモギリョフなど東部の諸都市を潤した。他方ブレストなど西部の諸都市は王国領との交易の拠点であった。「共和国」時代にベラルーシで商業に従事したのはポーランド人とユダヤ人、さらに外国商人であり、ルーシの人々は大部分が再版農奴制のもとで農業に従事した。

16世紀には貴族の間に宗教改革運動が広まり、ベラルーシの宗派的多様性はさらに増幅された。特にカルヴァン派は大公国の一部マグナート（大貴族）の関心を掴んだが、高位聖職者が元老院（議会の上院）を構成していたカトリック教会の優位は突出しており、やがて同世紀末へ向けて勢いを増した対抗宗教改革によってより堅固になった。ポロツク、ネスヴィジ、オルシャ、ピンスク、ノヴォグルドク、ボブルイスクのイエズス会修道院はベラルーシでの対抗宗教改革を牽引し、正教やプロテスタントの貴族をカトリシズムに導いた。

ルーシの人々にとって、ブレストで成立したカトリックと正教との教会合同（1595～96年）が、この時期のとりわけ重大な出来事であった。「共和国」の正教会（キエフ府主教座）が、東方典礼と慣習の維持を条件にカトリックの教義と教皇の首位を受け入れたのである。しかし信徒にはこれを拒む者が多く、結果として正教会は合同派（東方典礼カトリック。合同教会と呼ばれた）と反対派（正教会）とに分裂した。長期的にはローマ・カトリックを後ろ盾とする合同教会が優勢となり、ポーランド分割の当時、ベラルーシ農民の８割が合同教会に属していたという。一方、ルーシ系貴族の間ではローマ・カトリックに改宗する流れが一般的で、それは必然的にポーランド化を伴い、ベラルーシでは支配階層と被支配階層が帰属する宗派と文化を異にする状況がつくられた。ローマ・カトリックのポーランド領主が東方教会信徒のルーシ農民を支配していたのである。

西方キリスト教圏にある「共和国」を構成したベラルーシの地は、ルネサンスや宗教改革を経験する中で文芸の隆盛期を迎える。学校教育と印刷出版において先鞭を付けたのはカルヴァン派であった。カトリックではイエズス会が圧倒的で、ヴィルニュスに大学《アカデミア》を、そしてほぼすべての主要都市にコレギウムを置いていた。正教会では世俗信徒の結成した兄弟団が、合同教会ではバシリウス会が教育・啓蒙の分野を先導した。この時期のベラルーシの文化を代表する人物はフランツィスク・スコリナであろう（コラム2参照）。スコリナはプラハでキリル文字による最初の聖書を印刷した（のちにヴィルニュスで印刷業を継続）が、これはスコリナの郷里のことば、すなわちルーシ語のなかでもベラルーシ地域の方言によるもので、原ベラルーシ語での最初の出版物と位置付けられる。メレーチー・スモトリツキーの『文法』そしてスピリドン・ソボリの『初等読本』に代表される、優れた語学書も生まれた。

16世紀末から、「共和国」のルーシ地域、すなわち今日のベラルーシやウクライナの地では、再版農奴制そして教会合同問題に起因する、社会・経済的、宗教的な軋轢が深刻化した。1648年にウクライナ・コサックが起こした蜂起は、農民層を巻き込みながらベラルーシの南部・東部にも拡がった。モスクワはこれに乗じて「共和国」に対し軍事干渉を行う。モスクワとコサックの軍はベラルーシの大半の都市を攻め落とし、ベラルーシの人口は激減、経済活動も停滞した。67年の休戦協定で、「共和国」は北端の領土、左岸ウクライナとキエフ、そしてスモレンスク地方を失った。86年にモスクワとの講和条約が締結されるも平和の訪れは束の間のことで、1700年から1721年にかけベラルーシの地は大北方戦争の惨禍に見舞われる。

ポーランド国王を兼任するリトアニア大公は大部分の時間をポーランドで過ごし、ザクセン選帝侯との同君連合の時期には君主の存在はリトアニアからさらに遠ざかった。大公国領の実権は実質的には在地のマグナートが握っていた。貴族身分は法的には平等であったものの、資産や権力は一部のマグナートに集中していた。17世紀にはリトアニア系のラジヴィウ家、ルーシ系のサピエハ家が双璧を成し、18世紀にはチャルトルィスキ家が抜きんでた。彼らを筆頭に、マグナートたちは弱小貴族をクリエンテス（有力貴族の傘下に入った無産貴族。庇護を受ける見返りに、主に地方政治において庇護者に有利な方向に政局を動かした）として囲い込み影響力を競った。交易を掌握していた彼らは、穀物、材木、亜麻、酒類などを取引して蓄財し、西欧の建築家に設計させた宮殿と庭園の造営に権勢を示した。北方戦争の爪痕は大きく、マグナートの所領や都市が復興するのに18世紀の半ばまでかかったが、その後は工場制手工業や農場経営が波に乗り、輸送の利便性を高めるべく大運河の建造が着工された。小規模の商取引や小売り業は主にユダヤ人が担った。穀物が「共和国」の主要輸出品であったため、農民は、国内での消費分に加え輸出分をも生産せねばならず、マグナートと結託して「共和国」内に駐留した外国軍の資金源となった重税にも苦しんだ。

大北方戦争に敗北したスウェーデンがバルトの覇者としての地位を降りたのに対し、勝者ロシアと同盟国のプロイセン、オーストリアは、「共和国」に対する影響力を強めた。この三国はポーランド継承戦争（1733〜35年）にも勝利し「共和国」の主権を脅かす存在となる。同世紀後半には「共和国」の非カトリック信徒の権利保護を大義名分にロシアのエカテリーナ二世が議会に干渉し、これに憤慨し立ち上がった貴族たちは弾圧され、1772年には第一次ポーランド分割が決行された。

第一次ポーランド分割により、ポロツク、ヴィテプスク、ムスチスラヴリ諸県、ミンスク県の南東部がロシア領に入った。「共和国」内に残った地域では、国民教育委員会が活動を開始する。それまで教育は聖職者の掌中にあり、なかでもイエズス会とピアル会、合同教会のバシリウス会がベラルーシで広範な学校網を展開していた。啓蒙主義の時世を迎えて教育を国家の管轄下で世俗化する方向が模索されたのだが、1773年のイエズス会解散も追い風となり、ベラルーシではグロドノ、ブレスト、ミンスク、ピンスク、ノヴォグルドクに県学校が創立された。

「共和国」最後の君主スタニスワフ・アウグスト・ポニャトフスキは中央集権化に着手しており、1788年からは「四年議会」が国制改革に乗り出し、ヨーロッパで最初の近代憲法と評される「五月三日憲法」批准へと至ったが、外国の後援を得た勢力が改革に抵抗した。1793年には第二次分割によって、ブレストとミンスクの両県、そしてヴィルニュス県の一部がロシア領となる。1794年にはベラルーシ出身のコシュチューシコの指導する、分割勢力に対する蜂起が起こった。蜂起の主力は貴族であったが、農民層の動員を見込んで農民の境遇改善を盛り込む布告が発された。クラクフで開始された蜂起はリトアニア大公国領、ベラルーシの領域にも広がり、これらの地ではヤクブ・ヤシンスキが指揮を執った。蜂起は鎮圧され、1795年の第三次分割によって「共和国」は消滅し、ポニャトフスキはグロドノで退位した。

（福嶋千穂）

コラム2

エフロシニヤとスコリナ
――ベラルーシ文化の偉人たち

越野　剛

中近世に明確にベラルーシ人の国家と呼べるものは形成されなかったこともあり、国民的偉人といえる名前は多くない。そんななかで必ず挙げられるのが12世紀のエフロシニヤ・ポロツカヤと16世紀前半のフランツィスク・スコリナである。どちらも古都ポロツクにゆかりがあり、主として文化面で活躍した。

エフロシニヤ・ポロツカヤはポロツク公家の生まれで、有名な「魔法使い」フセスラフ公の孫にあたる。エフロシニヤは12歳で修道僧になったときに与えられた名前で、ポロツカヤは「ポロツクの」という意味である。幼い時から読み書きに通じ、聖書や宗教書の写本を作ることを得意とした。長じては、文献の収集・翻訳・筆写、教会・文化財などの寄進、教育活動などにおいて幅広く活躍した。たとえば彼女はポロツク近郊に女子修道院を設立するが、そこに建てられた救世主顕栄聖堂は今でも12世紀のフレスコ画が保存されている貴重な文化遺産である。また名工ラザリ・ボグシャに命じて作らせた「エフロシニヤの

エフロシニヤ・ポロツカヤ

エフロシニヤとスコリナ

十字架」はベラルーシの国宝とも見なされる逸品だが、残念なことに第二次世界大戦中に所在が不明になっている。

エフロシニヤの生涯について知られていることは12世紀末に書かれたとされる聖者伝『エフロシニヤ伝』によるところが多く、歴史的には明らかではない点が多い。最近ではエフロシニヤの名前の印章を押した公文書が発見されたこともあり、君主不在時のポロツクにおいて政治的実権をも担っていたのではないかという推測もされている。

フランツィスク・スコリナはポロツクの商人の家に生まれた。クラクフ大学で学んだ後、イタリアのパドゥア大学で医学博士号を取得した。ルネサンスの時代にふさわしい百科事典的知識の持ち主だったが、今日において最もよく知られている業績は、東スラヴ語の世界で初めて活版印刷を行ったことである。少し後にモスクワに印刷術をもたらしたイヴァン・フョードロフとしばしば対比される。

スコリナは1517～19年にプラハで『詩篇』を皮切りに旧約聖書から23の書を西ルーシ語（古ベラルーシ語）訳で刊行した。その後ヴィルニュスに移り、リトアニア大公国内で最初の印刷所を設立し、旅人用に祈禱文や聖者伝などをコンパクトにまとめた『旅行必携小書』（1522年）と新約聖書の抜粋『使徒経』

ベラルーシ歴史博物館のスコリナに関する展示（撮影：服部倫卓）

（1525年）を出版した。スコリナの書籍の多くには美しい版画や飾り文字が使われていて鑑賞者の眼を楽しませてくれる。聖書の翻訳にはスコリナが自らの思想を述べた解説が添えられており、文学史的にも価値のあるテクストとされる。スコリナの出版業は、16世紀後半に活躍したシモン・ブドヌイやヴァシリイ・チャピンスキーに受け継がれ、古ベラルーシ語文学の発展を促した。

エフロシニヤが写本によって文化の保護伝達に努めたとすれば、スコリナは印刷による文字文化の普及に貢献したと言うことができる。エフロシニヤは多くの文学作品や絵画に描かれており、オリガ・モロコヴァ監督による映画『ポロツクのエフロシニヤ』（1989年）もある。スコリナについてはボリス・ステパノフ監督の映画『私、フランツィスク・スコリナは……』（1969年）がよく知られており、動画サイトなどで容易に鑑賞が可能である。

4

帝政ロシア時代のベラルーシ

★ポーランドとロシアの狭間で★

18世紀後半の三度のポーランド分割とその後のナポレオン時代の国境変更によって現在のベラルーシの全域がロシア帝国領となった。これらはポーランドから見ると「奪われた土地」であり、ロシアから見ると不当にポーランドの支配を受けていたが分割によって「回復された土地」であった。当時、現在のベラルーシは旧リトアニア大公国領という意味でリトアニアと呼ばれた。そのうち第一次ポーランド分割でロシアに併合されたヴィテプスク、モギリョフ両県（現ベラルーシ東部）のみにロシア政府はベラルーシという地名を付けた。ロシア併合後も当面はポーランド化・カトリック化した貴族が主として合同教会を信仰する農民を支配し、ミンスクなどの都市に多数のユダヤ教徒が暮らすという従来の社会構造が続いていた。徐々にポーランド文化やカトリックの影響力が殺がれ、ロシアの影響力が高まるが、19世紀を通じて現在のベラルーシ地域はカトリックのポーランド貴族と正教のロシア当局との勢力争いの場となった。それでも徐々に両者と異なるベラルーシという地域的・文化的まとまりができ、独自の民族が形成されていく。それはまた、近世までの貴族を中心とした多言語・多民族のリトアニア大公国（あるいはポーランド・リトアニア「共和国」）から民衆を中心とした近代的な民族の形成が進む際に、リトアニアという語がベラルーシも含むリトアニア大公国やその市民という意味からリトアニア語話者およびその居住域という意味に変わる一方で、19世紀末にようやく様々な名称のなかからベラルーシの語が現在のような民族名・領域名として定着する過程でもあった。

19世紀初頭、ロシア帝国内の旧「共和国」領に相当するヴィルノ（ヴィルニュス）教育管区は分割前のポーランド的教育をそのまま受け継ぎ、帝国最大規模のヴィルノ大学を擁した。同管区の教育によってポーランド文化やローマ・カトリックがベラルーシの下層貴族にさらに浸透した面もある。一方で、教授陣には聖書学や文献学のミハウ・ボブロフスキや、ルーシやリトアニア大公国の法制史研究で名高いイグナツィ・ダニウォヴィチなど、合同教会司祭の家庭に生まれた者もおり、ベラルーシ地域の歴史や文化への関心も喚起された。同大学に学んだアダム・ミツキェヴィチやヤン・チェチョトらはフィロマト協会などの学生組織を結成し、地域のフォークロアに着想を得た文学作品を残した。ヴィルノ大学閉鎖後も1850年代にかけてこうした研究や文化・創作活動は行われた。当時ベラルーシ語は民衆の話し言葉にすぎず、初等教育でもほとんど用いられなかった。そのためこうした活動はポーランド語やロシア語でなされたが、19世紀半ばにはベラルーシ語で書かれた文学作品もわずかに登場した。1837～46年にはチェチョトによってベラルーシ地方の農民歌謡がラテン文字で出版された。ベラルーシ地域出身で歴史的な意味での「リトアニア人」であり、ポーランド語ロマン主義の代表的詩人であるミツキェヴィチによる『パン・タデウシュ』もヴィンツェンティ・ドゥニン＝マルチンキェヴィチ（ヴィンツェント・ドゥニン＝マルチンケヴィチ）によってベラルーシ語に翻訳された。またドゥニン＝マルチンキェヴィチやスタニスワフ・モニュシコはベラルーシを舞台にしたオペラも制作した（第21章参照）。

旧ポーランド・リトアニア「共和国」の貴族はロシアに対してたびたび独立運動を起こした。1812年のナポレオンによるロシア遠征に付随した「共和国」再興運動、1831年の蜂起（ポーランドでは1830〜31年の十一月蜂起）、1863〜64年の蜂起（同、一月蜂起）などである。いずれの場合も、おおむね現在のベラルーシの西部にあたる地域では積極的な支持が見られたが、東部にあたる地域では独立運動に対する冷淡な姿勢が大半を占め、ロシア側に立って戦う者や領主貴族に反乱を起こす農民もいた。西部ではカトリック教会やポーランドの影響力が強い一方、東部ではロシアによる支配が長かったこと、ロシア正教会の影響力がより強く、その監視の目があったことなどが理由である。

ロシア政府は1831年の蜂起を鎮圧すると旧「共和国」領への統制を徐々に強めた。ヴィルノ大学の閉鎖（1832年）やカトリック系の学校の閉鎖や国民教育省への移管、教育のロシア語化、カトリックや合同教会の修道院の閉鎖、リトアニア法典の廃止（1840年）などが行われたほか、蜂起以前から政府と合同教会の一部の聖職者によって計画されていた合同教会の廃止とロシア正教会への再合同が圧力や暴力を伴って実行に移された（1839年）。また1840年以降県や地域の名称から公式にはリトアニアやベラルーシの語が消え、ベラルーシを含む地域は北西部諸県あるいは西ロシアと称された。とはいえ、政府はこうした政策を実行するための人材や手段を十分に持たず、地域の貴族の抵抗にもあったため、実際にはこの時期の「ロシア化」には限界があった。禁じられていたものの、合同教会からローマ・カトリックへ改宗した者も少なくなかった。

クリミア戦争敗北（１８５６年）後の「大改革」の時代、農奴制廃止の議論とともに旧「共和国」領の自治・独立運動が再び高揚した。急進派・赤党のうち、ヴィンツェンティ・コンスタンティ・カリノフスキ（カストゥシ・カリノウスキ）らは１８６２～６３年に民衆の言語、ベラルーシ語で『農民の真実』というパンフレットを出版し、グロドノ地域を中心に農民への政治活動を行った。ロシアによる過酷な農奴制や徴兵制、ロシア語教育などを批判する一方で分割前の「共和国」を理想化し、より良い条件での農奴解放や合同教会の復活などを掲げた。しかし１８６３年に始まった蜂起では、リトアニア語地域では貴族に加えてカトリック聖職者に率いられた農民が重要な戦力となったのに対して、ベラルーシでは農民の参加は限定的であった。だが、土地付きの農奴解放を唱え、旧「共和国」内の諸民族の連邦から成る独立を訴えたカリノフスキの行動は、現在、ベラルーシのナショナリズムの先駆とも見なされ、この蜂起はカリノフスキ蜂起と呼ばれる。カリノフスキは１８６４年２月にヴィルノ総督ミハイル・ムラヴィヨフによって逮捕され、翌月処刑された。他の蜂起参加者や支持者も厳罰に処され、旧「共和国」の貴族は大きな打撃を受けた一方、農民は１８６４年３月にロシア政府が出した土地付きの農奴解放令によってロシア本土より良い条件で解放された。

カリノフスキ（1862年）

蜂起鎮圧後ロシア政府は北西部諸県において、政府や正教会が管轄する初等学校の導入とその他すべての初等学校の閉鎖、ロシア人教員による教育のロシア語化の徹底、行政や公的な場でのポーランド語の禁止と地方行政官のロシア人化、没収所領のロシア人への譲渡などを行った。またカトリック教会への統制・弾圧とその信徒への様々な制限とともに、正教の教会を再建・新設し、ロシア人聖職者による正教教育も拡充させた。合同教会廃止の際にカトリックに改宗した元合同教会信徒は、強制的にロシア正教に改宗させられた。こうしてポーランド的な旧「共和国」貴族の影響力を減少させ、ベラルーシの農民をロシア人に「戻そう」としたのである。ベラルーシ語による出版は検閲によって事実上ほぼ許可されず、カトリック信徒はポーランド人、正教信徒はロシア人という二分法が作られる（第19章参照）。

ロシア政府による統制の結果、北西部諸県では「大改革」によって創られた地方自治機関ゼムストヴォの導入が大幅に遅れ、あるいは導入されず、地域社会の自発的な発展が阻害された。そのためロシア語による初等教育網の整備も緩慢だった。同地域にはヴィルノ大学閉鎖後は大学がなく、唯一の高等教育機関であったゴリ・ゴルキ農業高等専門学校（1848年創設）も一月蜂起鎮圧後閉鎖され、ベラルーシの知識人の形成が遅れた。都市ではロシア文化が支配的で、ユダヤ人が多数暮らしており、ベラルーシ語話者の多くは農民であった。

リトアニア大公国をキエフ・ルーシの領域内に成立した西ルーシの国家と見なし、ポーランド分割によって全ルーシを総べるロシア帝国への併合を正当化する考えを西ルーシ主義と呼ぶ。分割当時から存在し、ベラルーシ出身のミハイル・コヤロヴィチによって一月蜂起の頃に確立した西ルーシ主義は、蜂起鎮圧後の政治的要請と結びついて盛んになり、北西部諸県のポーランド的・カトリック的性格を排し、ロシア的・正教的性格を証明する文化・学術的活動がロシア語で多数登場した。なかにはロシア的性格にとどまらず、ベラルーシの言語やフォークロア、ルーシ時代やリトアニア大公国時代の歴史に着目したものもあり、イヴァン・ノソヴィチやエヴフィミイ（エフィム）・カルスキーのベラルーシ語に関する研究のようにベラルーシという地域名称を用いた学術文献さえ存在した。西ルーシ主義はベラルーシを独自の民族と扱わず、その発展を阻害する面もあったが、結果的にポーランドともロシアとも異なるベラルーシの民族性を涵養することとなり、こうした活動からミトロファン・ドヴナル＝ザポリスキーなどベラルーシの民族復興の担い手が登場する。リトアニア大公国をベラルーシ国家と見なし、ポーランドとの合同やポーランド化を批判する歴史観も初期のベラルーシ・ナショナリズムに受け継がれる。

（梶さやか）

5

ベラルーシ共和国が誕生するまで

★苦難と逆説に満ちた独立への歩み★

19世紀末から20世紀初頭にかけて、一部のインテリや学生の間で、ベラルーシ人が独自の民族であるという意識が芽生え始めた。都市部では労働運動が活発化し、社会主義の潮流が強まる。1903年にはイヴァンとアントンのルツケヴィチ兄弟らが初の政党「ベラルーシ社会主義会議（グロマダ）」を結成し、社会変革とベラルーシ民族の自決を目指した。1906年にはグロマダの活動家らが、ベラルーシ語新聞『ナーシャ・ニヴァ』を創刊し、文芸・啓蒙運動を担った。もっとも、20世紀初頭のベラルーシ地域で優勢だった政治組織はユダヤ人の「ブンド」であり、またロシアの全国レベルの諸政党であった。1898年にはブンド活動家らの尽力で、ミンスクでロシア社会民主労働党（のちにボリシェビキを経てソ連共産党）の創立大会が開催されている（第11章参照）。

1914年8月に第一次世界大戦が勃発すると、ロシアはドイツとの戦争で劣勢に立たされ、ベラルーシ西部はドイツの占領下に入った。ロマノフ王朝による帝政は1917年2月に崩壊、臨時政府と「ソビエト」との二重権力状態に陥り、11月のボリシェビキによる社会主義革命へと至る。ドイツの占領を免

ミンスク市内にあるロシア社会民主労働党第１回党大会の家博物館

れていたベラルーシ中・東部でもソビエト権力が樹立された。12月、ソビエト・ロシア政府は現ベラルーシ西部のブレストにおいてドイツ等との和平交渉を開始した。その間もドイツ軍はさらに奥深く攻め入り、ベラルーシの非占領地は東部の一部を残すのみとなった。結局、ソビエト・ロシア政府は１９１８年３月３日に、ベラルーシの一部を含む広大な西部領土を放棄する屈辱的なブレスト・リトフスク条約に調印した。

その間、前出のグロマダを中心とするベラルーシ・ナショナリストは自決を模索していた。ソビエト・ロシア政府が自分たちの頭越しにブレスト条約を結ぼうとしていることに危機感を抱いた彼らは、ドイツ軍の進撃を好機と見て、１９１８年３月25日に「ベラルーシ人民共和国」の独立を宣言する。しかし、期待していたドイツの支援は得られず、国としての実体を整えるには至らなかった。１９１８年後半になると大戦の戦局が変わり、ドイツ軍は１９１９年１月までにベラルーシ全域から撤退、当地の実権は再びボリシェビキの手に渡る。

ボリシェビキは１９１９年１月１日、ミンスクを首都とする「白ロシア・ソビエト社会主義共和国

（ＢＳＳＲ）」の建国を宣言した（以下、便宜的に単に「ベラルーシ共和国」と呼ぶ）。しかし、これはベラルーシの民族理念を尊重しての決定というよりは、ソビエト・ロシア本体を守るための緩衝地帯の設置という色彩が濃かった。実際、ベラルーシ共和国は直後に領土の一部を取り上げられ、さらにはリトアニアと共同の「リトベル共和国」の形成を命じられた。その後、ポーランドが旧版図の回復をねらってソビエト領に攻め入り、リトベルも有名無実化する。それを受け、１９２０年7月31日にベラルーシ共和国の建国が改めて宣言されたが、その領域はミンスク県一つだけの最小限のものだった。同年秋までにポーランド・ソビエト戦争は膠着し、その時点での勢力図に基づいて、１９２１年3月のリガ条約で両国間の国境が定められた。現ベラルーシの領域は東西に分断され、東はベラルーシ共和国として留まり、西はポーランド領に編入された。ベラルーシ共和国は１９２２年12月30日の連邦条約に参加し、ソ連邦の構成共和国となった。

ベラルーシ共和国では、１９２０年代を通じてまずまず穏健な国家建設が行われた。１９２４年と２６年には、ロシア共和国に移管されていた東部領土をベラルーシ共和国に戻す措置がとられている。初期のソビエト政権の現地化政策の一環として、当地でもベラルーシ語文化・教育が奨励され、現地の人材が要職に登用された。しかし、１９２０年代の末以降、ヨシフ・スターリンによる全体主義的なソ連国家体制が確立されるのに伴い、ベラルーシ共和国でも農業集団化と強行的な工業化が断行された。ベラルーシ語化にも終止符が打たれ、初期に活躍した文化人が大量に処刑された。この時代にベラルーシ共和国で「民族主義的偏向」、「人民の敵」などの汚名を着せられて抑圧された市民は60万～１００万人にも及ぶと推定されている。

1939年9月、ナチス・ドイツのポーランド侵略により第二次世界大戦が勃発、ソ連はドイツとの密約に基づきポーランド領東部を軍事制圧し、これにより西ベラルーシはソ連のベラルーシ共和国に編入された。だが、1941年6月22日にナチス・ドイツ軍が不可侵協定に反してソ連領への進撃を開始すると、ベラルーシは8月末までに全面的にドイツの占領下に入った。苛酷な占領が3年近く続くことになる。それでも、当地の人々はパルチザン戦で敵を大いに苦しめ、赤軍の勝利を呼び込んだ。1944年7月までにベラルーシ共和国はドイツ軍の占領から完全に解放された。しかし、ベラルーシにとって独ソ戦の打撃はあまりに大きく、住民の4分の1（3分の1と言われることもある）、国富の半分が失われた。この被害への配慮もあり、ベラルーシはソ連邦の一構成共和国にすぎなかったにもかかわらず、国際連合の原加盟国に加えられた（ウクライナも同様）。

戦後ベラルーシは目を見張る復興を遂げ、急激に都市化・工業化が進展して、「ソ連の組み立て工場」と称されるようになった。特に、ピョートル・マシェロフ共産党第一書記が共和国のトップを務めた1965〜1980年は、安定的な発展の時代として国民の記憶に刻まれている。他方で、都市化に伴いベラルーシ語が失われたり、環境破壊などの問題が生じたりするようにもなった。

ベラルーシ共和国はソ連の模範生であり、人々の社会主義大国への帰属意識は強固であった。それでも、1985年3月にソ連書記長に就任したミハイル・ゴルバチョフがペレストロイカを開始し、また1986年4月にチェルノブイリ原発事故が起きると（第41章参照）、ベラルーシの人々も旧態にしがみついてばかりもいられなくなった。ソ連全体の潮流に倣い、ベラルーシ共和国最高会議も1990年7月27日に「国家主権宣言」を採択する。モスクワの保守派クーデター失敗を受けた

1991年8月25日には、前年の主権宣言に「憲法的法律」との位置付けを与える立法が行われた（これが「独立宣言」であったと事後に解釈されるようになるが、厳密に言えばベラルーシの場合は、ずばり「独立」をうたう文書はついぞ採択されなかった）。9月には正式名称が「白ロシア・ソビエト社会主義共和国」から「ベラルーシ共和国」に改められている。

1991年12月、ベラルーシ西部のベロヴェージ原生林に、この時点でソ連邦を構成していた12共和国のうち、3共和国の元首が密かに集結した。3首脳の電撃合意で超大国ソ連は崩壊、治める国を失ったゴルバチョフ大統領は後日退陣を余儀なくされ、12共和国は一斉に独立国として歩み始めた（第6章参照）。かくして、ベラルーシは歴史上初めての独立を、いわば棚ぼた式に手に入れた。

独立後のベラルーシでは、国家元首のスタニスラフ・シュシケヴィチ最高会議議長が民族理念に軸足を置く路線をとったものの、ロシア語をよりステータスの高いものと見なして受け入れていた国民の多くは、ベラルーシ化政策に戸惑いを示した。一方、ソ連末期の1990年4月から共和国の首相を務め、独立後も同職にあったヴャチェスラフ・ケビッチは、大胆な改革には及び腰で、若き独立国の舵取りは方向性が定まらなかった。そうしたなか、ソ連解体に伴う他の共和国との経済関係の分断は、ことのほか大きな打撃をベラルーシ経済に与え、大幅なマイナス成長とハイパーインフレがもたらされた。忠実なソビエト人であったベラルーシの人々は、1991年のソ連崩壊を歓喜というよりも衝撃をもって受け止めたが、独立後の混乱を目の当たりにして、ソ連復古的な価値観が強まっていった。これが、1994年7月のアレクサンドル・ルカシェンコ大統領の誕生へと繋がっていく（第33章参照）。

（服部倫卓）

6

ソ連終焉の地となったベロヴェージの森

★スラヴ3首脳による歴史的な陰謀★

ベラルーシの最西部に位置し、ユネスコの世界自然遺産にも登録されるベロヴェージ原生林（第14章参照）。近年、この森は政治的な意味で広く注目されるようになった。それは1991年12月7、8日に、ソビエト社会主義共和国連邦の運命を左右した重要な会合がこの原生林に所在するヴィスクリの政府別荘で秘密裏に開かれたからである。そこに集まったのは、ロシア共和国大統領ボリス・エリツィン、ウクライナ大統領レオニード・クラフチューク、ベラルーシ共和国最高会議議長スタニスラフ・シュシケヴィチというスラヴ3共和国の首脳とその側近たちであった。シュシケヴィチによれば、彼らはベラルーシとウクライナへの石油、天然ガスの供給問題を話し合うために集まったと言うが、ロシア代表団の意図は別のところにあったようだ。

彼らは会合2日目の8日に、歴史的な文書に調印し、発表した。俗に「ベロヴェージ協定」と呼ばれるもので、①国際法と地政学的現実の対象としてのソビエト連邦の存在は消滅した、②「独立国家共同体（CIS）」を創設する――というのがその主な内容である。

この協定調印に関しては、当時のソ連大統領ミハイル・ゴルバチョフはもちろん、3共和国以外のソ連構成9共和国（バルト3共和国はすでにソ連から離脱）首脳もまったく与り知らなかった。「ベロヴェージの陰謀」とか「森のクーデター」「（同年8月、未遂に終わった国家非常事態委員会による反ゴルバチョフ・クーデターに次ぐ）第二のクーデター」などといわれるゆえんだ。

ほとんどのソ連国民も発表によって、自分たちの国が一夜にしてなくなったことを知らされた。一番悲惨なのは、自分の民族構成共和国以外の共和国で生活していた人々で、ロシア人の場合、2500万から3000万と言われるロシア共和国以外にいた住民が突然取り残され、異邦人とならざるをえなかった。彼らのなかには現地語の習得など新たな課題を押し付けられたケースもあった。

ベロヴェージ協定に調印する3国首脳ら（写真：ユーリー・イヴァノフ）

ヴィスクリからの電話で、シュシケヴィチによって協定調印を知らされたゴルバチョフは、自分より先に、エリツィンが米国大統領のジョージ・ブッシュに連絡したことを知って、激怒した。3人はクレムリンに翌日来るようゴルバチョフに命じられたが、クラフチュークとシュシケヴィチは命令に背いて出向かず、エリツィンだけがゴルバチョフに会いに来た。しかも、エリツィンは事前に電話で身の安全を保障してくれるようゴルバチョフに頼み込んでいた。

「ベロヴェージの森の陰謀」に関しては、国家の存続を左右した重要な会合であったにもかかわらず、肝心の「会議議事録（議定書）」が存在しないため、不透明な部分が残るが、判明した限りで整理すると、第一に、この会合場所を選んだのは、3首脳を集めるイニシアチブをとったシュシケヴィチであったと自ら明かしている。

第二に、なぜベロヴェージの森が会合場所に選ばれたのか。クラフチュークによれば、（1991年秋の）ノヴォオガリョヴォ会議の合間に散歩中、ゴルバチョフ抜きで会って、連邦問題を決めることで合意した。その際、「（場所を）モスクワにするといろいろ圧力がかかって」不適当だということで、シュシケヴィチがベロヴェージの森を提案したのだという。

また、最後のソ連人民代議員のひとりヴィクトル・アルクスニスが別荘の保安責任者から聞いた話では、それは唯一の選択だった。つまり、別荘がソ連国境から数キロしか離れていないこと、「陰謀の署名者たち」は逃走を計画していて、万一ゴルバチョフ大統領が彼らの逮捕を命令した場合、ポーランドまで歩いてでも逃げられることが、その理由だという。

しかも、3人がソ連消滅の協定に調印する意図を察したベラルーシの国家保安委員会（KGB）幹部は、直ちにモスクワのゴルバチョフに通報するとともに、「陰謀者たち」の逮捕を進言し、特殊部隊を別荘周囲に配置させ、クレムリンから「ソ連清算人たち」逮捕の命令を待っていた。しかし、その命令はついに来なかった。ゴルバチョフ自身はのちほど、「陰謀者たち」の逮捕も考えに浮かんだが、多くの犠牲者が出る流血の内戦を避けるために決断できなかったと回顧している。ロシア刑法第64条に違反した「陰謀者たち」を逮捕しなかったゴルバチョフは、憲法の国家保全義務を怠ったと批判された。

第三に、ソ連消滅の案文を考えたのは誰か。エリツィンと並んでロシア代表として「協定」に調印した国務長官ゲンナジー・ブルブリスを中心とする当時の大統領顧問セルゲイ・シャフライ、ロシア副首相アレクサンドル・ショーヒン、ロシア経済財政相エゴール・ガイダルら小グループが「ソ連消滅」を画策した。当時、ブルブリスは「灰色の枢機卿」と呼ばれ、ロシア大統領直属国務長官の肩書は彼だけのものであった。シュシケヴィチによれば、ヴィスクリでの会合でブルブリスが「ソ連消滅の案文」を読み上げ、出席者に調印を求めたという。彼は事前に、「ソ連消滅」を想定した「ブルブリス・メモランダム」をしたため、1991年9月、エリツィンに提出していた。「陰謀」に参加したベラルーシ首相ヴャチェスラフ・ケビッチによれば、「すべてはエリツィンだけが知っていた。ロシア代表団は『草案』を持参しており、ウクライナ側が賛成すれば、調印される運びとなっていた」という。

第四に、スラヴ3共和国だけでソ連消滅を決めたのは、ソ連憲法違反だとする専門家が少なくない。そして、12月10日にウクライナ、ベラルーシ、12日にロシアの議会がそれぞれ、この極めて重要な案件について十分な討議をせずに、何と1時間たらずの審議だけで協定批准に持ち込んだこと、さらに、わずか8カ月前の1991年3月17日のソ連存続を問う国民投票の結果（全体で存続賛成が78％、ロシアでの賛成は73％、ウクライナでは71％、ベラルーシ84％）が無視されたこと、などを挙げて「ベロヴェージ協定」の無効を主張する声があるが、すべて後の祭りであった。

次に、「ベロヴェージの森の陰謀」に関するベラルーシの関係者の発言を紹介しよう。

現大統領アレクサンドル・ルカシェンコは「ソ連消滅を決めた協定」に反対の立場を貫いた。当時、ベラルーシ最高会議代議員だったルカシェンコは協定批准に反対票を投じたただ一人の代議員といわれたが、実際には唯一反対票を入れたのはヴァレリー・チヒニャというベラルーシ大学副学長（教授）で、ルカシェンコは批准投票で欠席した27人のひとりだった。

ベラルーシを代表して「ベロヴェージ協定」に調印したシュシケヴィチは、２０１２年８月「イトーギ」とのインタビューで、次のように語った。「ボリス・ニコラエヴィチ（エリツィン）は１９９６年の大統領選挙前に、『この協定は間違いだった』と語った。クラフチュークは２００５年に、『（協定調印の結果）ウクライナで何が起きるかを知っていたならば、協定に調印するより、いっそのこと自分の手を切断していただろう』と述べた。それは隠喩であったが。私だけが、自らの原則から退いていないようだ」と。ちなみにクラフチュークは「協定」調印満20年後の２０１１年12月８日、「自分たち三人はベロヴェージの森で、静かな国家転覆クーデターを遂行した。これほどの規模のクーデターを断行したのは我々が初めてで、世界史のうえでも例がない」と自慢げに語っている。

「ベラルーシはロシアの植民地にすぎなかった。ロシアは兄貴分として自分の原則を押し付け、ロシアの秩序を押し付けた。我々は皆ロシアの文化で教育を受け、ロシアの作家、作曲家が好きだったし、今も好きだ。ベロヴェージでは反ロシア感情は一切なかった。しかし、ロシアの権力者はロシアのインテリにとって必ずしも受け入れられず、ましてやベラルーシのインテリにも受け入れられなかった。実際ソ連という形の帝国は優れたベラルーシの要人を抹殺し……処刑し、シベリア送りにした。のちに理解したことだが、我々は生き抜くことができたし、生き抜けるのだ。だから我々は独立して生きることを静かに試みたのだ。共同体の枠のなかで。私は（ベロヴェージ会合での結論に）後悔していない」。これは、シュシケヴィチが2010年4月20日の『独立新聞』でのインタビューで語った言葉だ。

シュシケヴィチはまた2013年2月、英紙『テレグラフ』とのインタビューで、回想録を書くためにミンスクのCIS本部に保管されているはずの「協定」の原本の閲覧を請求したところ、驚いたことに、紛失してしまったと聞いたと語った。そこで、シュシケヴィチはベラルーシ外務省に問い合わせたが、ベラルーシ語の「協定」コピーも、ロシア語の原本もないとのことであった。

最後に、「協定」調印に立ち会った当時のベラルーシ外相ピョートル・クラフチェンコ（のちに駐日大使）の著書から興味あるエピソードを紹介する。

「12月7日の夕食後、宿舎に戻ろうとしたエリツィンは（かなり酩酊していたらしく）、建物の2階に上がる階段の途中で突然、後ろ向きに倒れそうになった。彼の体格から見て下に落ちたら悲劇となったであろう。とっさのことで警護は間に合わなかった。たまたますぐ後ろにいたシュシケヴィチが機敏に辛うじてエリツィンの体を支えて、事なきを得た。神の手が働いて、シュシケヴィチは『守護天使』の役割を果たした。もしエリツィンが階段の下まで転げ落ちていたら、ヴィスクリ会合の結果は違った形で歴史に残っていたかもしれない。もしかしたら、ソ連邦は崩壊を免れたかもしれない。翌朝、朝食のときエリツィンは『ツァーリのような態度で』ポケットから時計を出して言った。『シュシケヴィチさん。これは、一大事のときにロシア大統領を救ったお礼だ』と。シュシケヴィチはその後しばしば、『ほらこれはエリツィンからの贈り物だ。彼の命を救ったお礼にもらったのだ』と時計を見せびらかしていた。」

（中澤孝之）

7

〈白〉ロシアとは何か？

★「ベラルーシ」の語源について★

「ベラルーシ」という国名は、「〈白い〉ルーシ（ロシア）」を意味するが、ここでの「白」が何を意味するのかについては、古来多くの説が唱えられ、決着を見ていない。これは、「白ロシア（人）」を意味する言葉が、中世ロシア語の自称ではなく、隣接民族からの他称としてロシア国外の資料に先に現れているからであり、しかもその術語の意味する地域が、必ずしも現在のベラルーシのそれに一致せず、歴史的に変化しているからである。

「白」ロシアの「白」が何を意味しているかを考える前に、「白ロシア（人）」の名称が歴史的にどのように文献に出現するかを概観しておこう。現在までのところ最初に「白ロシア人」という名称が確実に言及されるのは、ハンガリーの14世紀初頭のラテン語文献で、そこにはハンガリー王コロマンが1214年にガリツィア地方のガリイチで即位し、ガリツィアとヴラジーミル公国のみならず「白いロシア人の」(Ruthenorum Alborum) 王となったという記述がある。この文献では、「白いロシア人の土地」は現在のベラルーシではなく、ガリツィアあるいはヴォルィニの一部を指すかのように用いられていて、むしろ現在の西ウクライナを指している。

次に「白いロシア人」という名称が言及されるのは、14世紀後半のドイツ語文献である。14世紀後半のウィーンの詩人ズーヒェンヴィルトの詩には、ある騎士がパレスチナからの帰途、クリミアのカーファを通り、現在のウクライナ、マゾヴィアとプロシアを経てラトビア北部に至り、「その後白ロシア人のもとに向かった（Danach gen Weizzen-Reuzzen）」という。また同じ詩人の詩には、別の騎士たちがイズボルスク（ドイツ名アイゼンブルク）で「白ロシア人」と闘った、とされており、この呼称が現在の白ロシア人ではなく、プスコフ付近の北部大ロシア住民を指していることが分かる。

さらに同じ頃ポーランドの年代記者チャルンスクのヤンコは１３８２年の事件のラテン語の記述において「白ロシアのポロツクと呼ばれるある城に in quodam castro Albae Russiae Poloczk dicto」という表現をしている。ここでは「白ロシア」とは明らかにポロツクを含む北部ベラルーシを指している。一方15世紀初頭にプロシアのチュートン騎士団はモスクワ公国の住民を「白ロシア Weisen-Rewsen」と呼んでいた。

同時に15世紀になると「白ロシア」「赤ロシア」「黒ロシア」というともに色彩名称を冠した三つのロシアが言及され始める。この三つを同時に併記した最初の地図は、ヴェネツィアの修道士フラ・マウロが１４５７年から５９年にかけて作成した世界図である。

ここにはイタリア語で Rossia biacha「白ロシア」、Rossia rossa「赤ロシア」、Rossia nigra「黒ロシア」という名称が書き込まれている。この地図の当該部分はかなり現実の地勢とかけ離れ、「白ロシア」の位置を推定することは難しいが、ヴォルガ河の東、コストロマの北東、シベリア地方の南にその名

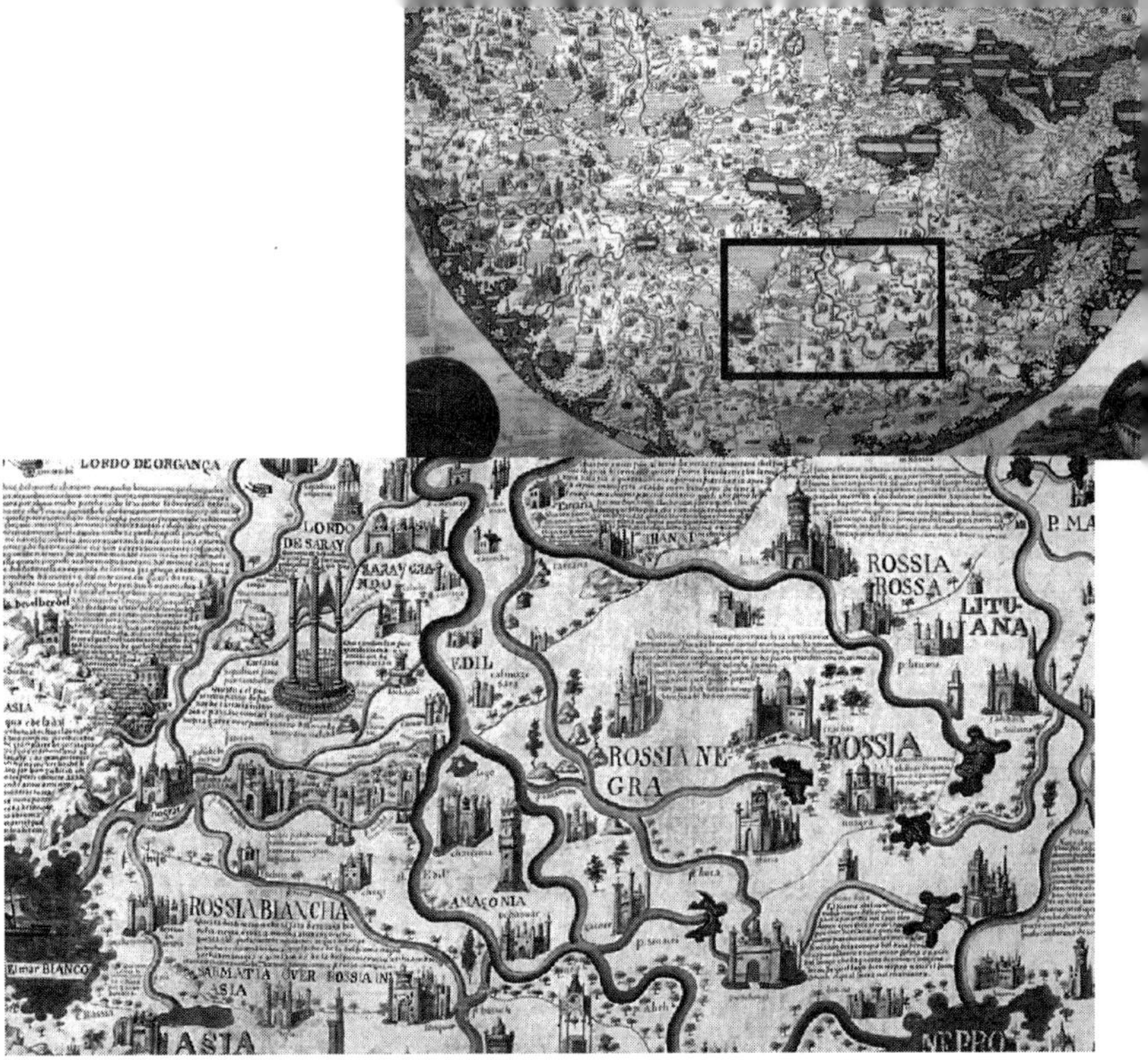

フラ・マウロの地図（上、下はその拡大図、いずれも南が上で、北が下になっている。左下に ROSSIA BIANCHA とある）

が書き込まれている。いずれにしてもここでの「白ロシア」は現在のベラルーシではなく、漠然と北東ロシアを指しているかのようである。一方「黒ロシア」は、ほぼモスクワを中心とした地域と考えられる。最後に「赤ロシア」は、ほぼ現在のウクライナ地域に相当すると考えられる。

15世紀後半になると、「白ロシア」は当事勢力を拡大しつつあったモスクワ大公国と同一視されるようになり、同時に「黒ロシア」の意味する領域が曖昧になってくる。たとえば、１４７２年のラテン語の文書は、当時のモスクワ大公イヴァン三世を「白ロシアの公、イオアンネスIoannes, dux albae Russia」と呼んでいる。しかし１４９１年に出版されたニコラウス・クザーヌスの地図には、ノヴゴロドの北に「白ロシア Russiae albae pars」が位置しており、モスクワは描かれていない。そして現在のウクライナ地域に「赤ロシア Rubea Russia」が描かれている。

「白ロシア」をモスクワ公国と同一視する用法は、16世紀初頭のポーランド人大司教ワスキにも見られる。彼の１５１４年の記述では、モスクワ公国の住民を「白ロシア人」、ポーランドおよびリトアニア大公国領土であった東スラヴ西部の住民を「赤ロシア人」というラテン語で呼んでいる。

１５３９年にヴェネツィアで出版されたオラウス・マグヌスの地図には、リヴォニアの北東、イリメニ湖の西に「白ロシア」が、リトアニアの北東部に「黒ロシア」が描かれている（その二つとは別に「モスクワ地方」の記入があり、「赤ロシア」は記入がない）。

ラテン語で書かれた１５８１年出版のグアニーニ「サルマチア・ヨーロッパ論」では、「白ロシア」はモスクワ公国と同一視されているが、１６１１年に出版されたパシコフスキによるそのポーランド語訳は「白ロシア Ruś biała」をキエフ、ヴィテプスク、ポロツク、スモレンスクを含むリトアニア領ロシアと規定し、「黒ロシア Ruś czarna」を白湖周辺のモスクワ地方「赤ロシア Ruś czrwona」をリヴィウを中心としたカルパチア・ウクライナと規定している（この呼称は19世紀まで用いられ、ロシア語でЧервонная Русьと呼ばれた）。この頃からモスクワ公国は自らをモスクワ「大」公国と自称するようになり、リトアニア領ロシアがポーランドによって「白ロシア」と呼ばれるようになる。一方１５９０年から１６０６年にかけてモスクワ公国に滞在したジャック・マルジェレは『ロシア帝国およびモスクワ大公国』において、帝国の称号を持つ「白ロシア」とポーランド領ロシアを意味する「黒ロシア」を区別しなければならない、と述べ、「白ロシア」をモスクワ大公国と同一視しているが、これはモスクワ公国が「白ロシア」をも美称として自らの自称として受け入れていたことを暗示する。

17世紀のロシア語文献に初めて「白ロシア」を意味するロシア語 Белая россия が公式の術語としてあらわれ、これが後に合成語となり現在のロシア語の呼称 Белоруссия、さらにベラルーシ語のベラルーシ Беларусь となる。この時代には「白ロシア」ははっきりとリトアニア東部域の東スラヴ系住民の居住域、すなわち現在のベラルーシを意味する言葉として用いられるようになった。

このような歴史的経緯を考えると、「白ロシア」の名称を、ベラルーシ人が白い着物を好むとか、明るい金髪が多いからである、という現在のベラルーシ人の民俗学的、形質人類学的特徴から説明することには無理があろう。地名ベーリスク、ベロオーゼロなどとの関連から説明しようとする研究者もいるが、問題を複雑にしているのは「白ロシア」の「白」がスラヴ語の地名においては南ロシアのベルゴロド「白都」、北ロシアのベロオーゼロ（白湖）、セルビアの首都ベオグラード（「白都」）のようにしばしば現れる一方、他の色彩名称を冠した地名は遙かに少ないことである。したがって「白ロシア」の「白」の意味はそれ自体と他の色彩名称との関連の二つの側面から考える必要があるのである。

「白」ロシアと「黒」ロシアの対立をチュルク語の影響による「自由な、解放された」と「支配下にある、隷属した」の対立であるとする説があり、既に紹介したように、15世紀末から16紀初めにかけてポーランド・リトアニアはモスクワ公国を「白ロシア」、リトアニア領ロシアを「黒ロシア」と呼んで区別していた。この説の利点は、モスクワ公国が「タタールのくびき」から解放されたことを契機に「白ロシア」と「黒ロシア」の呼称が流動的になることを説明できることである。これとは別にモスクワ公国が「白ロシア」を自称に用いるようになるのをモンゴルの直接の影響とする説もある。それによればロシア軍がモンゴルに勝利したクリコヴォの戦い（1380年）以降、モスクワ大公は、自らを「白帳汗」の後継者と見なし、「白帝」belyj car' と名乗り、それが国の形容詞に用いられた、とする。しかし「白ロシア（人）」の呼称は中世ドイツ語にそれより早く現われている。

これに対してフラ・マウロの世界図以降現れる「白ロシア」「黒ロシア」「赤ロシア」の三項対立との関連から「白」の意味を考えようとする説がある。これはこの三つの色彩名称が、「四神」として知られる中国の色彩方位観に由来する、とするものである。つまり東を青竜、南を朱雀、西を白虎、北を玄武とする色彩方位観により、南を赤、西を白、北を黒で象徴させている、と考えるのである。この説を主張する研究者はこの三項対立の術語は、14世紀にタタール人の用語として生まれた、とする。この時代にロシア北部はタタールの汗の支配下にあり、西部はリトアニア大公国の、南部はポーランド王国の支配下にあった。したがって三分割されたロシアを当時のタタール人が方位を示す色彩名称を用いて区別したのが始まりである、という。

これらの説のどれが正しいかはどれも決定打に乏しいが、問題を複雑にしているのは、民族名称、地域名称は当然のことながら、民族の自己意識に密接に結びついていることから、ベラルーシ本国では「ベラルーシ」の「白」を美称として考えたがる傾向がある、という点である。いずれにしても「ベラルーシ」の「白」の意味は中世東スラヴの流動する国際関係史と深い関わりがあることは間違いないであろう。

（伊東一郎）

8

ベラルーシとユダヤ人の知られざる関係

★「森と湖の国」から「砂漠の国」へ★

現在のベラルーシに住むユダヤ人はおよそ3万人で総人口の0・3％に過ぎないが、かつてベラルーシはユダヤ教・ユダヤ文化の中心地であった。リトアニアやポーランドの歴史と同様に、ベラルーシの歴史を語る上でユダヤ人を無視することは不可能であろう。ベラルーシはマルク・シャガール（第9章参照）だけでなく、歴史に名を残す多くのユダヤ人を輩出しており、この章ではベラルーシとユダヤ人との知られざる関係について触れてみたい。

ベラルーシにユダヤ人が住み始めたのは14世紀、リトアニア大公ヴィタウタスの時代に遡る。ブレスト、トラカイ、グロドノなどにユダヤ人は商人として招かれ、多くの特権を得て共同体を築いた。18世紀末のポーランド分割によりベラルーシは帝政ロシアに併合された。帝政ロシアはユダヤ人定住地域を設けて、ロシア内地への移動を制限したため、19世紀末の国勢調査によれば、ベラルーシのユダヤ人人口は91万人、総人口の14・2％を占めていた。ユダヤ人は特に都市に集中し、ヴィテプスク、モギリョフ、ミンスクの人口の過半数が、ピンスクに至っては4分の3がユダヤ人であった。ベラルーシのユダヤ人は地

ベラルーシのユダヤ人人口

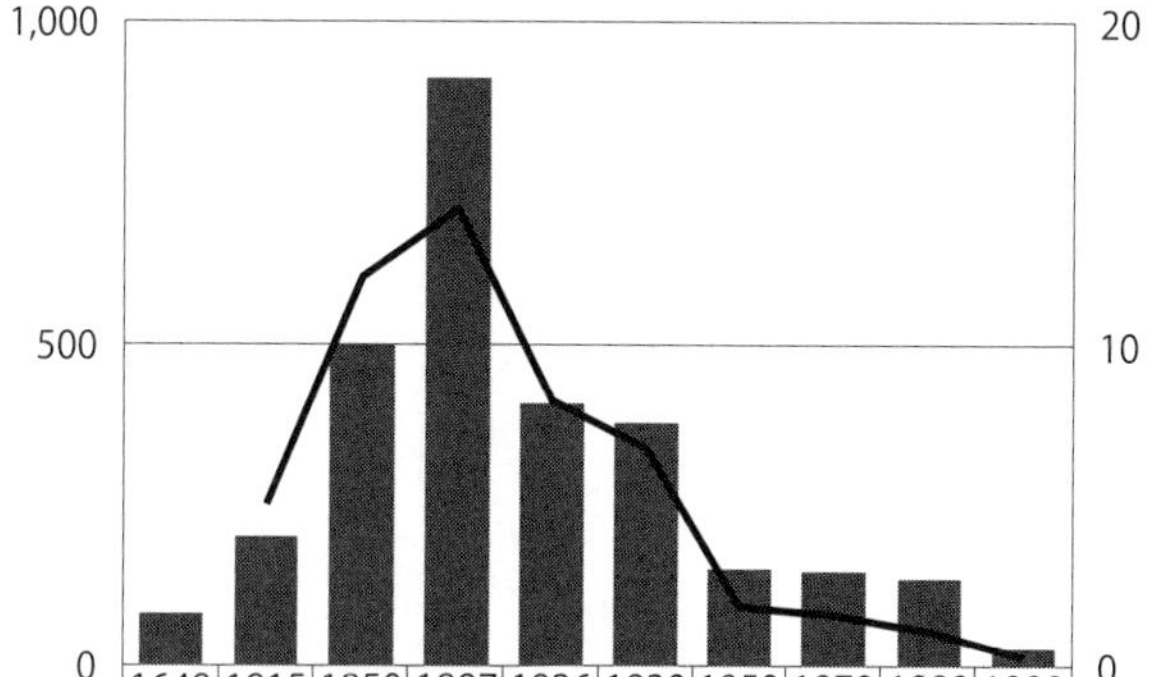

	1648	1815	1850	1897	1926	1939	1959	1970	1989	1999
ユダヤ人人口（左軸 1,000 人）	80	200	500	911	407	375	150	148	135	28
総人口に占める比率（左軸、%）		5.0	12.0	14.2	8.2	6.7	1.9	1.6	1.1	0.3

出典：Gershon David Hundert ed., *The YIVO Encyclopedia of Jews in Eastern Europe*.

域の産業や経済に重要な役割を果たした。ユダヤ人は居酒屋の主人であり、農村を回って歩く行商人であり、市の露天商であり、農民から穀物を買い付ける商人であり、農民たちの粗末な服を作る仕立屋であった。ロシア内地の農民とは異なり、ベラルーシの農民にとってユダヤ人は決して顔の見えない単なるイメージではなく、日常的に接する隣人だったと言える。

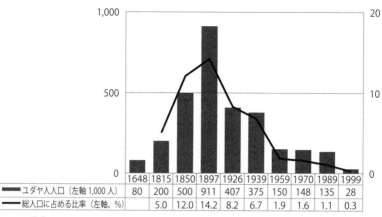

リトアニアやベラルーシには正統派ユダヤ教の重要なイェシヴァが数多く集中していた。イェシヴァとはユダヤ教の聖典であるヘブライ聖書とタルムードを研究し、ユダヤ教の指導者であるラビを訓練する学校である。19世紀初頭にベラルーシのヴォロジンとミールで創設されたイェシヴァは特に有名であるが、なかでもミール・イェシヴァの学生の多くは第二次世界大戦中、リトアニアで杉原千畝が発給したヴィザによって救われることになる。現在大勢力となったハシディズムの一派であるハバド・ルバヴィッチ派もベラルーシに起源がある。

１８８１年にウクライナで発生した「ポグロム」（ユダヤ人に対する集団暴行）は、ベラルーシでは稀であった。後述するようにポーランドやウクライナとは異なり、ベラルーシ人農民のあいだには宗教的、民族的なユダヤ人憎悪やナショナリズムはほとんど見られなかったからであろう。19世紀を通して人口の爆発的増加と居住制限によって、ベラルーシのユダヤ人の経済状況は悪化することになる。19世紀末になるとベラルーシ、特にミンスクはシオニズムやブンドといったユダヤ人の政治運動の中心となった。

ベラルーシは定住地域のなかでもユダヤ人が最も稠密な地域であった。人口増加に伴い帝政期を通してベラルーシからはウクライナへ、特にオデッサを中心とする黒海沿岸へユダヤ人が移住した。さらに19世紀から20世紀にかけてアメリカやパレスチナへの移民の中心となった。現代史上重要なユダヤ人の多くが、ベラルーシ出身である。なかでもイスラエルの初代大統領となったハイム・ワイズマン（モトリ生まれ　以下カッコ内は出身地）、長年にわたってイスラエル大統領と首相を歴任しノーベル平和賞を受賞したシモン・ペレス（ヴィシネヴォ）をはじめ、歴代首相のメナヘム・ベギン（ブレスト）やイツハク・シャミール（ルジャヌイ）など、イスラエルの政治家にはベラルーシ出身者が数多い。学術、文化、芸術の分野でも、現代ヘブライ語を復活させたエリエゼル・ベンイェフダ（ルシキ）、歴史家のセミョン・ドゥブノフ（ムスチスラヴリ）、画家のマルク・シャガール（ヴィテプスク、なおリオズノとする資料もある）、ハイム・スーチン（スミロヴィチ）、作曲家のアーヴィング・バーリン（モギリョフ、第10章参照）、イディッシュ作家のシュロイメ・アンスキー（チャシニキ）、メンデレ・モヘル・スフォリーム（コプィリ）などを輩出した。

ベラルーシの人口4千人ほどの小さな町モトリで生まれたハイム・ワイズマンは、1949年に出版した自伝『試行錯誤』のなかで「平坦で単調ではあるが、森と川と湖に囲まれた」故郷を懐かしみ、そこでのベラルーシ人農民とユダヤ人の関係について書き残している。それによれば、ベラルーシの農民たちは「宗教的熱狂が高まる復活祭などの時期をのぞけば」ユダヤ人に対してきわめて友好的であり、生地でポグロムは一度もなかった。ワイズマンは「人間関係で殺人が起こらなかったことに、あえて感謝しなければならないのも憂鬱な話である」と、ロシア帝国で例外的にポグロムがほとんど発生しなかったベラルーシの「特異性」について語っている。このように概してユダヤ人とベラルーシ人は平和裏に共存はできたものの、両者は伝統も、習慣も、夢も、宗教も、祭りも、言葉も異なっていた。先に挙げた人々も含めて、ベラルーシに生まれたユダヤ人の多くがその土地を離れたのは、彼らにとってベラルーシは懐かしい生まれ故郷でありながらも、人々との文化的な乖離が甚だしかったからであろう。母語のイディッシュ語の他にユダヤ人たちの多くはロシア語やポーランド語を学び、話したのだが、ベラルーシ語の習得は彼らの関心の埒外だったようだ。

ベラルーシのユダヤ人はアシュケナーズ系で（アシュケナーズとは中世ヘブライ語でドイツを意味する。中世後期頃から西欧での迫害を逃れてポーランド、リトアニア方面へ移住したユダヤ人の子孫を指す）、イディッシュ語を日常語としていた。イディッシュ語とは、高地ドイツ語に属するゲルマン系言語で、ドイツ語、スラヴ語、ヘブライ語の語彙からなり、ヘブライ文字を使って右から左に書く。スラヴ系の隣人たちの語彙を巧みに取り入れたイディッシュ語の豊かさは、しばしば「不純な」ドイツ語として侮蔑され、ユダヤ人知識人の間でも「崩れたドイツ語」、「卑しい言語」と見なされてきた。ところが、ロシア革命後創設されたベラルーシ共和国ではイディッシュ語は、ロシア語、ポーランド語、ベラルーシ語とともに公用語として認められた。革命後も人口の40％をユダヤ人（1926年に5万3686人）が占めたミンスクは、キエフやモスクワなど他のソ連の共和国の首都に比べても最も「ユダヤ的な」都市であったといえる。ミンスク中央駅をはじめ公共の建物はすべてイディッシュ語（ヘブライ文字で！）の掲示がなされていた。イディッシュ語による裁判や学校教育が導入され、国立劇場ではイディッシュ語劇が上演され、イディッシュ語の新聞や雑誌が盛んに出版された。ミンスクはソ連最大のイディッシュ文化中心都市となったのである。だが、１９３０年代末になるとロシア語を母語とするユダヤ人が増加し、同時に少数派の言語に対する弾圧が強まるとベラルーシでもイディッシュ語は公用語としての地位を失ってしまう。

第二次世界大戦中のホロコーストの最初で最大の犠牲は、戦時中ポーランド東部やバルト諸国を併合し、５００万のユダヤ人口を擁したソ連で生じた。１９４１年6月22日の独ソ戦勃発から4日後の26日にはミンスクが陥落し、８月末までに全ベラルーシがドイツ占領下に置かれた。ミンスクをはじめ各地にユダヤ人を収容するゲットーがつくられ、１９４２年初頭までにベラルーシのユダヤ人の半数が殺された。４４年8月までにベラルーシだけで56万のユダヤ人がホロコーストの犠牲となったといわれる（イツハク・アラドの試算による）。森や沼沢地の多いベラルーシはゲットーや捕虜収容所から逃亡した反独パルチザン戦の最大の舞台となった。危険を顧みずにユダヤ人をかくまった６００人を超えるベラルーシ人が、「諸国民のなかの正義の人」の称号をイスラエルのヤドヴァシェム・ホロコースト記念館によって授与されている。

（高尾千津子）

コラム3

ベラルーシのタタール人

半田美穂

「曖昧な境界」の歴史が長く続いたベラルーシは、黒海とバルト海を繋ぐ交易の道に位置し、異なる民族、言語、宗教、文化が交錯してきた地域である。ベラルーシ西部の町イヴィエ（グロドノ州）には、カトリック、イスラム教、ロシア正教、ユダヤ教の四つの宗教が共存してきたことを象徴する記念碑が建てられている。イヴィエは、ベラルーシ最大のタタール人コミュニティが存在する町でもある。毎週金曜日に地元の信者がモスクに集まって礼拝を行っており、イスラム教がベラルーシのタタール人たちを結びつけてきた。

ベラルーシのタタール人の歴史は、今から600年以上前に遡る。現在のベラルーシの領土に最初にタタール人が現れたのは13世紀前半と考えられているが、記録に残されている限りでは、14世紀初頭、領土争いが絶えなかった中世のこの地域で、リトアニア大公国がキプチャク・ハン国やクリミア・ハン国などのタタール人を傭兵として雇用したのが始まりだったと言われている。14世紀末期、リトアニア大公国のヴィタウタス大公は、近隣諸国との諸戦争で活躍したタタール人傭兵を正式に招請し、軍務と引き換えに土地を譲与した。その後、15世紀に

4宗教共存の記念碑（グロドノ州イヴィエ）

かけて、現在のベラルーシ、リトアニア、ポーランドの領土へのタタール人の本格的な移住が始まった。現在のベラルーシの領土で言えば、主にミンスク以西にタタール人が土地を得て移住し、当時シュラフタと呼ばれていたポーランドの貴族と同様に、タタール人にも貴族階級の特権が与えられた。ベラルーシのタタール人は、次第に官職、手工業、商業、馬の飼育、菜園経営などにも従事するようになった。

16世紀末、当時のポーランド・リトアニア共和国の領土には、約10万人のタタール人が居住し、約400のモスクがあったと言われている。ベラルーシのタタール人は、次第に現地人との結婚等により言語や民族の同化が進み、16世紀末までには、彼らの大半がすでに母語を話していなかったと考えられている。一方で、彼らはイスラムの信仰を保持し続け、イスラム教を通じて独自の文化を維持していた。16世紀から20世紀にかけてタタール人によって書かれた経典などの書物がベラルーシ各地に現存しており、それらはアラビア文字を使って、当時のベラルーシ語やポーランド語で記されている。

15世紀に入ると、ミンスクにもタタール人街が形成され、19世紀末には1千人を越えるタタール人がミンスクに居住していたと言われている。1901年、それまでの木造のモスクに

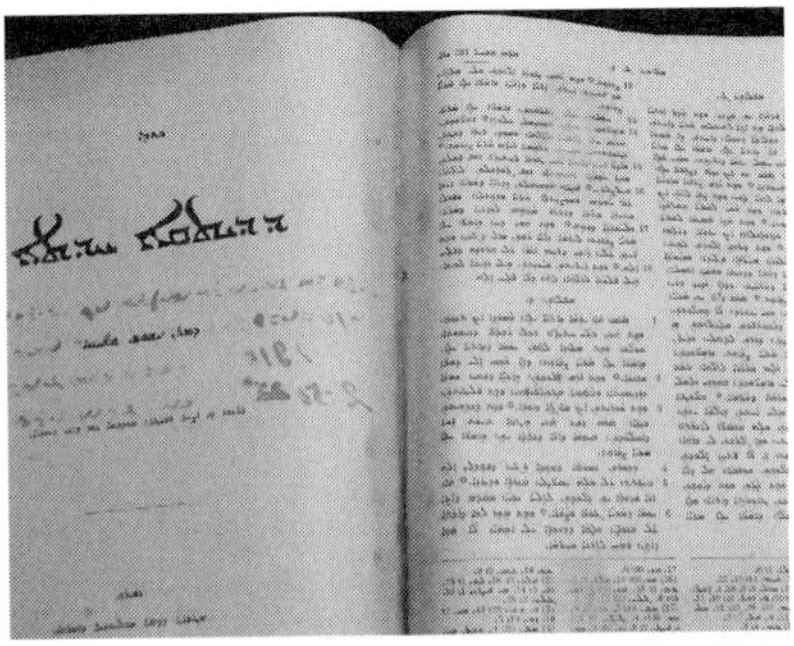
アラビア文字を使ってベラルーシ語で書かれたイスラムの宗教書。「宗教史博物館」（グロドノ州）所蔵

代わり、タタール人街に石造りのモスクが新築されたが、現在、その形跡は残されていない。ミンスクのモスクは、1930年代にソビエト政権に接収され、その後、ミンスクの街の8割

イスラム教のモスク（グロドノ州イヴィエ）

近くが破壊されたと言われる第二次世界大戦を生き抜いたものの、戦後になってもタタール人に戻されることはなく、1949年に閉鎖され、1962年に取り壊された。同様に、大戦を耐え忍んだベラルーシ各地のモスクの大半が、戦後に破壊された。そのなかで、イヴィエのモスクは、ベラルーシで唯一ソ連時代にも活動を継続してきた。イヴィエのモスクの近くには、イスラム教徒の墓地も現存している。

最近のベラルーシの公式統計によれば、全国に約7300人のタタール人がおり、八つのモスクがある。イスラム教徒が最も多い首都ミンスクでは、2016年、約半世紀ぶりに国内最大のモスクが再建された。

9

シャガールと永遠の故郷ヴィテプスク

★シャガール芸術の普遍性★

この章の目的である画家マルク・シャガール（1887〜1985）について述べる前に、シャガールが活動した20世紀の美術状況について簡単に触れておきたい。

20世紀の美術、とりわけその前衛的な美術は当初フランスを中心として展開した。1905年にマティスなどによって生み出されたフォーヴィスムは、例えば人の顔を緑色で描くことも厭わず、物質の持つ固有色を否定し、画家たちが対象の色彩を自由に選んで描けるようにした。

また、1907年に描かれたピカソの《アヴィニヨンの娘たち》によってその誕生が告げられたキュビスムは、ルネサンス以来、西洋絵画の基本であった遠近法、つまり一つの視点から見て遠近感を表す一点透視図法を否定し、複数の視点から見たさまざまな形体を一つの画面に同時に登場させた。ここから私たちが実際に目にするような風景や物と物の距離感、あるいはそれらの位置関係はバラバラになり、抽象絵画へと一気に進んでいった。

こうして20世紀の美術はフォーヴィスムによって色彩の革命が達成され、キュビスムによって形体の革命が達成された。別の言い方をすれば、絵画の基本的要素である色彩と形体は自然から解き放たれ、それ自体が自律的な存在となった。また、絵画のなかで描かれる個々の自然や物体や人物のみならず、それらによって構成される絵画のなかの空間も飛躍的な自由度を獲得することになった。

　これらの絵画を中心とする20世紀初めの革新は、主にフランスのパリに集まってきた画家たちによってなされた。スペインからやってきたパブロ・ピカソ（1881〜1973）はその中心的人物であったが、ピカソ以外にも多くの画家たちがパリを目指した。それぞれの画家たちはそれぞれの出身国の歴史と文化を背負ってきたが、この頃のパリは彼らの個別性よりも、それらを総合する普遍的な美術のあり方やその方法を模索すること、つまり美術のモダニズム（近代性）を追究する場所であった。この章の主人公、ベラルーシ出身のシャガールもそのようなパリに憧れてやってきた若者の一人であった。

　シャガールは1887年、ベラルーシのヴィテプスクに生まれた（一説によると近郊の町リオズノ生まれとも）。シャガールの父親はニシンの倉庫で働く労働者であり、母親は自宅の一角で小さな食料品と日常雑貨を扱う店を営んでいた。二人は敬虔なユダヤ教徒であり、経済的には決して裕福ではなかったが、精神的には満ち足りた生活を送っていたようだ。

　シャガールはこの町で少年時代を過ごし、19歳になる年の1906年には、地元の画家イエフダ・ペンの開いた絵画学校で初めて正式に絵を習った。次いで首都サンクトペテルブルグに出て、帝国芸術保護協会が設立した学校で本格的な絵画の勉強を始めた。

　1908年にはサンクトペテルブルグにあったスヴァンツェヴァ学校に移る。この学校では当時、パリから帰国した画家であり舞台美術家のレオン・バクストが教鞭をとっていた。シャガールはバクストやその仲間たちからロシアとは違うパリの新しい芸術思潮に触れ、1910年、大きな希望を胸にパリを目指す。

パリには1910年から1914年まで滞在する。この間、サロン・ドートンヌ展や無審査の展覧会であるアンデパンダン展などに出品する。これらの展覧会はいずれもアカデミズムの牙城である公募展「ル・サロン」に対抗し、新しい美術を創造しようとした画家たちが出品していた。前述したフォーヴィスムが生まれたのはまさに1905年に開かれたサロン・ドートンヌ展においてであった。

シャガールはパリで伝統的なアカデミズムよりも革新的なフォーヴィスムやキュビスムに興味を持ち、その影響を受けた。この頃のシャガールの作品にはその20世紀モダニズムの影響が顕著であり、それは以後の画家シャガールの骨格を作ったと言ってよい。

1914年、一時帰国のつもりでヴィテプスクに戻るが、この時第一次世界大戦が勃発し、そのまま故郷に留まることになった。そして1915年にはベラ・ローゼンフェルトと結婚する。ベラの家はヴィテプスクで宝石商を営み、富裕なユダヤ人一家であった。これ以後、ベラはシャガールの創造のミューズとなり、私生活でも創作の上でも大きな存在となっていった。

結婚後はヴィテプスクを離れ、ペトログラードと改名されたサンクトペテルブルグに出る。そこで戦時経済局に勤め、翌年の1916年には娘のイダが生まれた。ロシア革命が起きた1917年にはヴィテプスクに戻り、1918年には革命政府の一員として芸術人民委員になった。この年、革命1周年を記念して、自らの前衛的な作品をヴィテプスクの街頭に展示する大規模なイベントを実施した。

第9章
シャガールと永遠の故郷ヴィテプスク

そして1919年には自らの発案によって新たに開校したヴィテプスク芸術学校の校長を務めた。この芸術学校にはシャガールの他に、ロシアの前衛美術を代表する錚々たる教授陣が招かれていた。ドイツに留学し建築を学んだエル・リシツキーもその一人である。彼はここで建築的造形意識に裏打ちされた幾何学的かつ構成主義的抽象絵画を制作した。

また、少し遅れてモスクワから移ってきたシュプレマティスムの画家マレーヴィチは、すでに1910年代半ばには完全に自然の再現から離れた非対象絵画を描いており、この学校においても大きな影響力を持っていた。この頃のヴィテプスクはロシアにおける前衛芸術の一つの拠点としての様相を示していた。

しかし、シャガールは革命ロシアの社会建設に貢献すべく制作する構成主義のリシツキーや、芸術の現実的効用からは離れつつも絵画の絶対性を志向するマレーヴィチたちとは相いれなかった。

その結果、シャガールは1920年、ヴィテプスクを離れモスクワに移ることになる。しかし、この地においてもロシア革命を推進する政府との考え方の違いが顕在化し、1922年ロシアを永遠に去ることになった（なお、その後シャガールは1973年にソ連政府の招待でモスクワを訪問したが、故郷ヴィテプスクを再び訪れることはなかった）。

この後のシャガールの人生は波乱に富んでいる。しばらくベルリンに滞在した後、1923年にパリに戻ったシャガールはフランス各地に滞在し、フォンテーヌの『寓話』の挿絵や聖書の挿絵などの制作を始め、新たな分野を開拓する。1937年にはフランスの市民権を得たのも束の間、第二次世界大戦が始まり、ナチス・ドイツのユダヤ人迫害を避けるように1941年にはアメリカに亡命する。

しかし、亡命生活も落ち着いた頃、1944年には長年連れ添った最愛の妻ベラが亡くなる。シャガールは悲嘆に暮れ、しばらく絵筆を取ることができなかったが、1945年にはアメリカでバレー「火の鳥」の舞台美術と衣装を制作。戦後の1946年にはニューヨーク近代美術館、1947年にはパリ国立近代美術館で回顧展が開催され、20世紀前半のシャガールの画業は確固たる評価を得、大きな名声を獲得した。1948年にはフランスに戻り、以後、南フランス各地に住み、油彩画以外に版画、陶器、彫刻などを制作するとともに、美術館に収まらない建築と一体となった作品も多く手掛けていった。メッス大聖堂のステンドグラス（1962年）、パリ・オペラ座の天井画（1964年）など。1973年にはフランスにおいて現存の画家を対象とした美術館としては初めての国立美術館「聖書の言葉美術館」（現国立シャガール美術館）が開館。1977年にはフランス政府からレジオン・ドヌール最高勲章を受章。シャガールはまさに画家として栄達を極めた。そして、1985年3月28日、南フランスのサン・ポール＝ド＝ヴァンスで永遠の眠りに就いた。97歳であった。

さて、最後にシャガールの現代的な意義について考えてみたい。シャガールは前述のとおり20世紀初めのパリにおいて、そのモダニズムに触れ、独自の色彩と形体、そして空間を獲得した。だが、シャガールが今もなお多くの人々に評価され、愛されているのは、その20世紀モダニズムの新しさゆえではない。実際、21世紀の今となってはそれらの芸術理論やスタイルは決して新しいものではない。

では、何故シャガールの作品が人々の心を引きつけるのだろうか。私は、それは最後まで青春の思い出の詰まった生まれ故郷ヴィテプスクを描き続けたからだと思う。シャガールの作品の多くにヴィテプスクの町が描かれ、最愛の妻ベラもたびたび登場している。生まれ育った土地への愛。妻への愛。

これらはすべての人々が共感できるものではないだろうか。

彼の代表作の一つ《ワイングラスを持つ2人の肖像画》には、二人が出会ったヴィテプスクの町の上に、ベラとシャガール、そして翼を付けた娘のイダが描かれている。シャガールの高揚感と家族の幸福感がこれほどみごとに描かれた作品は他にない。ヴィテプスクがシャガールを生み、シャガールが傑作を生み、そしてその傑作が私たちに愛の大切さを伝えてくれている。21世紀の現代においても、そのメッセージは古びることなく私たちの胸に響き続けている。

（松田　弘）

《ワイングラスを持つ2人の肖像画》（1917～18年、ジョルジュ・ポンピドゥ・センター、国立近代美術館、©ADAGP, Paris & JASSPAR, Tokyo, 2017, Chagall®）

10

ベラルーシ出身のユダヤ人がアメリカ音楽を作った

★バーリンとチェス兄弟の物語★

ビング・クロスビーが歌い、世界中で最も売れたシングルレコードと言われる「ホワイト・クリスマス」。それを作詞作曲したのが、ポピュラー音楽史に燦然と輝く大作曲家、アーヴィング・バーリンである。他方、チェス・レコードと言えば、米シカゴの黒人音楽インディーレーベルで、ロックンロールやリズムアンドブルースの原型を作ったことで知られる。そして、そのチェス・レコードを興したのが、兄レナードと弟フィルのチェス兄弟である。

アーヴィング・バーリンとチェス兄弟には、共通点がある。どちらも、現ベラルーシ領出身のユダヤ人で、新大陸に渡り音楽業界で成功したという点だ。ただ、バーリンは一般的には「ロシア出身のユダヤ移民」と言われることが多い。チェス兄弟も、「ポーランドからアメリカに移り住んだユダヤ移民」とされることが多いのではないか。確かに、バーリンがアメリカに移住した1890年代に現ベラルーシは帝政ロシア領だったし、チェス兄弟が故郷を後にした1920年代に西ベラルーシはポーランドの一部だった。その時代にベラルーシという確固たる存在があったわけではないので、彼らがベラルーシと関連付けて語られることが稀なのも、無理はない。筆者自身、音楽好きのベラルーシ研究者でありながら、バーリンやチェス兄弟が現ベラルーシ領出身だということをずいぶん後になってから知って、衝撃を受けた次第である。

改めて整理すれば、アーヴィング・バーリン（生誕名はイスロエル・イジドル・ベイリン）は、帝政ロシア末期の１８８８年、ベラルーシ東部のユダヤ人街で生まれた。ただし、具体的な生誕地については、モギリョフ、トロチンと二つの説があり、はっきりしたことは分からない（ロシア・シベリアのチュメニ生まれだとする情報も一部に見られる）。このように出身地が曖昧なのも、バーリンが５歳の時に家族とともにアメリカに移住してしまったからであり、幼少期の記憶はほとんど残っていないようだ。バーリン一家が故郷を捨てざるをえなかったのは、当時ロシアで猛威を振るっていた「ポグロム」、すなわちスラヴ系住民によるユダヤ人襲撃が原因であった。１８９３年のある夜、コサックたちがバーリン一家の住んでいた界隈を襲い、家々を焼き払ったのだ。バーリンがベラルーシ時代で唯一憶えている光景は、道端で毛布にくるまれながら、自分たちの小屋が焼け落ちる様子を眺めているシーンだという。着の身着のままで逃げ出した一家は、街から街へ、港から港へと転々とし、最終的に自由の国アメリカのニューヨークへとたどり着いたのだった。

アーヴィング・バーリン作品集のＣＤ

恵まれた少年時代を過ごしたわけではなく、正式な音楽教育も受けたことがなかったバーリンだが、父親がユダヤ教の朗詠者だったこともあり、音楽的な素養は備えていたのかもしれない。新天地でジャズやポピュラー音楽の洗礼を受けたバーリンは、ニューヨークのカフェでウェイター兼専属歌手になり、曲を自作するようになる。次第に頭角を現し、1911年の「アレキサンダーズ・ラグタイム・バンド」のヒットを皮切りに、「ショーほど素敵な商売はない」、「ブルー・スカイ」などのミュージカル向けの音楽を手掛け、大成功を収めた。実はアメリカのブロードウェーミュージカルはユダヤ人の音楽家たちが作ったと言っても過言でなく、それがのちにハリウッドの映画音楽にも転じていくが、その中心にいたのがバーリンである。また、ユダヤ人のバーリンが、ショービジネスの枠内とはいえ、前述の「ホワイト・クリスマス」（1942年）や、「イースター・パレード」（1933年）といったキリスト教にかかわる名作を残していることも特筆される。

もう一つ、バーリンが残した重要曲が、「ゴッド・ブレス・アメリカ」である。しばしば「アメリカ第二の国歌」とすら称され、政治やスポーツの重要イベントで歌われることも多い。バーリンがこの曲を作詞・作曲したのは第一次大戦中の1918年だったが、当初は世に出ることはなかった。ヨーロッパでナチスが台頭し同朋のユダヤ人が迫害されていることを目の当たりにしたバーリンは、お蔵入りしていた「ゴッド・ブレス・アメリカ」を1938年に発表、時代の精神と合致したこの曲は人気を獲得していった。もっとも、バーリンには国家的な愛国主義を煽る意図はなく、ユダヤ人の自分を受け入れ成功の機会を与えてくれたアメリカの地に感謝するという個人的な気持ちをこの曲に込めたらしい。非キリスト教徒が「神よ祝福せよ」という曲を書いたことについては、保守層からの反発もあったようだ。なお、ユダヤ系作曲家のなかでは、それほどイディッシュ的な雰囲気を感じさせないバーリンの作風であるが、つぶさに聞くと「ゴッド・ブレス・アメリカ」にもユダヤ的な旋律が盛り込まれていると、専門家は指摘する。

次に、チェス兄弟の生い立ちを見てみよう。二人はロシア革命前後の時期に、モトリ（現ブレスト州イヴァノヴォ地区）という集落のユダヤ人街に生まれた。兄のレナード・チェスは1917年生まれで、レイゾル・チジというのが元々の名前。弟のフィリップは1921年生まれで、フィゼル・チジというのが元々の名前だった。モトリを含む西ベラルーシは1921年にポーランド領となったが、赤貧の暮らしに耐え兼ね、父ヨシフは1920年代にアメリカのシカゴに渡る。ある程度生活が落ち着いたことを受け、ヨシフは1928年に兄弟を含む家族全員をシカゴに呼び寄せた。兄レナードは10歳、弟フィリップは7歳だった。アメリカ入国の際に、「チジ」というユダヤ人の姓では管理官に理解してもらえないので、姓を「チェス」に変え、名前もレナードとフィリップにした。のちに、チェス・レコードが創設された際に、チェスの駒がロゴに用いられたが、元々は一家の姓はボードゲームとは何の関係もなかったわけである。

ちなみに、このモトリという集落は、1948年に初代大統領に就任した「イスラエル建国の父」ことハイム・ワイズマン（1874〜1952年）の出身地としても知られている（第8章参照）。しかし、現代のモトリには、ユダヤ人コミュニティーは存在しない。第二次世界大戦時に、ナチス・ドイツが当地のユダヤ人を根絶やしにしてしまったからだ。1941年8月3日、当地に暮らしていた1400人のユダヤ人全員が銃殺されたのだった。チェス兄弟は、アメリカに渡ることによって成功と富を手にし、20世紀の大衆音楽史にその名を刻んだわけだが、もしもモトリに留まっていたなら、残酷な運命が待っていただろう。

チェス一家は、シカゴのユダヤ人移民街に暮らした。後年フィリップは、「モトリでは全員が親戚で、お互いのことを知っている大家族のようなものだった。シカゴに来ても、モトリ出身者たちが集うシナゴーグに通った。そこでも全員が顔見知りで、そうしたコミュニティーが生活の基盤だった」と語っている。青年となった兄レナードは、父親の廃品回収業を手伝ったりしていたが、１９４４年、26歳の時にようやくその稼業から抜け出し、シカゴ市内に酒場を開業した。１９４６年になると弟フィリップが徴兵から戻り、兄弟二人でナイトクラブを経営する。

奇しくも、ユダヤ人街に隣接して、同じように貧しい黒人たちが住んでおり、チェス兄弟の店でもそうした黒人が客層だった。店の風紀は悪かったが、大物の黒人アーティストの出演機会もあり、兄弟は客の反応から大衆がブルースを求めていることを発見した。その経験を踏まえて、１９４７年に地元の独立レコードレーベル「アリストクラット」に経営参加、その後経営の主導権を握り、１９５０年にはレーベル名も「チェス」に変更する。チャック・ベリー、マディー・ウォーターズ、エタ・ジェームスらのタレントを発掘し、ブラックミュージックを代表するレーベルに登り詰めていく物語は、映画「キャデラック・レコード」にも描かれた。ユダヤ人と黒人はまったく出自が異なり、チェス兄弟には音楽の専門知識などもなかったが、底辺から這い上がろうとする両者の熱情が結合し、ロックやソウルの原型となるようなエネルギー溢れる音楽を生み出していったのだった。

これ以外にも、帝政ロシア西部をルーツとするユダヤ人で、米音楽業界で大成した人物は、枚挙に

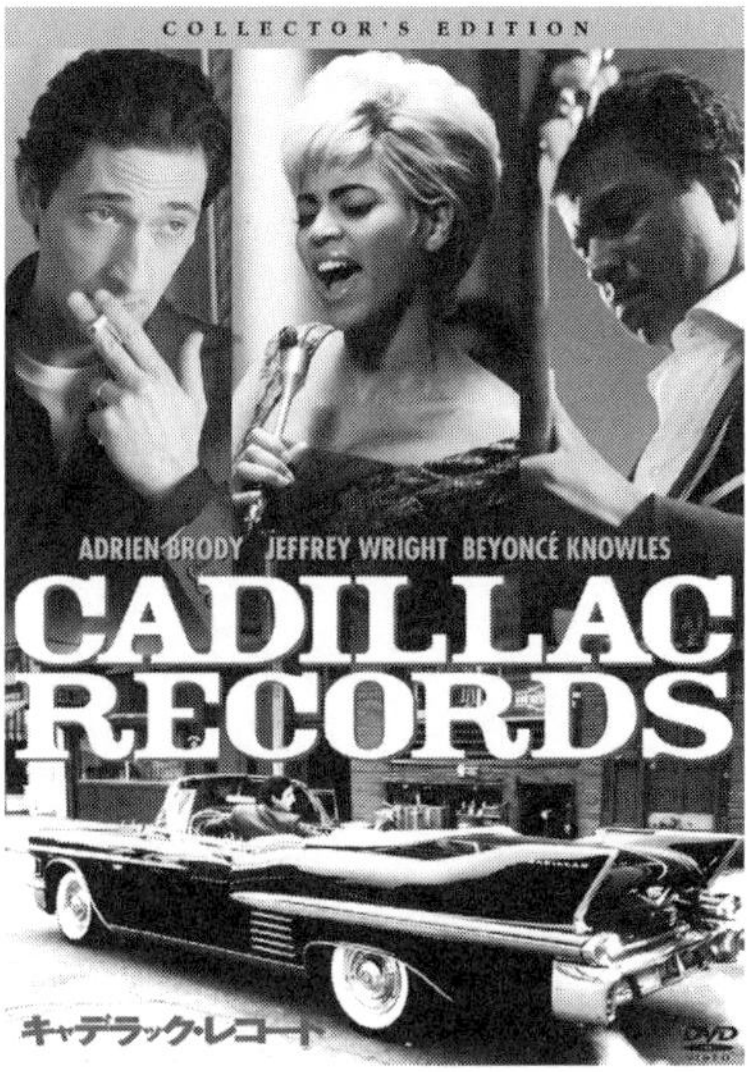

映画「キャデラック・レコード」。左の男性がレナード・チェスの役だが、実際のレナードはこれほど男前ではない

暇がない。しかも、スイングの王様ベニー・グッドマン、著名な作曲家・指揮者のレナード・バーンスタイン、ノーベル文学賞も受賞したフォークロックのボブ・ディラン、ポップス史上に輝く作曲家・シンガーソングライターのキャロル・キングなど、各ジャンルの第一人者・創始者ばかりである。しかし、彼らはほとんどが移民二世であり、正確な父祖の地が不明である場合も多い。その点、移民一世ゆえに、ベラルーシの地の記憶を多かれ少なかれ留めていたバーリンやチェス兄弟は、貴重な事例と言えそうである。

むろん、バーリンやチェス兄弟が世に送り出した音楽が、ベラルーシ民謡の影響を受けているといったことは、一切ないだろう。それでも、ベラルーシの地で生じた激動が、彼らの運命を激しく翻弄し、それが結果的に20世紀のアメリカ・ポピュラー音楽に刻まれて、世界を魅了することになるわけである。もっとも、今日のベラルーシでこうした事実はほとんど知られておらず、顕彰する動きなども皆無だ。他の中東欧諸国では、成功した移民を称えることが一般的であり、それとは対照的である。逆説的ながら、筆者などはこの「すれ違い感」にこそ、ベラルーシ的なものを感じずにはいられないのだ。

（服部倫卓）

11

首都ミンスクの歴史と現在

★戦災から甦った英雄都市★

本章では、ベラルーシ共和国の首都となっているミンスク市の歴史と、今日の姿について語ってみたい。なお、ロシア語でもベラルーシ語でもミンスク（Minsk）という地名は同じである。ただし、民族主義的な知識人の間では、「メンスク Mensk」と呼ばれる場合もある。

ミンスクの語源については、交易を意味する「メナ mena」から来たという説、近郊にあった「メンカ Menka」という川の名に由来するとの説、人名（「ミンチ Minch」なる人物、または古代の勇者「メネスク Menesk」）が元であるという説などがあり、定かでない。

当地には、9世紀頃までに東スラヴ系のクリヴィチ族、ドレゴヴィチ族が定住した。980年頃にポロツク公国の版図に加わり、スヴィスロチ川（ドニエプル川の支流）右岸の小高い丘に要塞が築かれ、それが街として発展していった。ミンスクは、「ネミガの戦い」のくだりで1067年に初めて年代記に登場し、これがミンスクの正式な誕生年とされている。ポロツク公国の分裂に伴い、1101年にこの地を中心とするミンスク公国が成立した。

ミンスク公国は、モンゴル・タタールの脅威に直面したことからリトアニア大公国に接近し、結局14世紀前半にその版図に組み込まれた。1569年のルブリン合同以降は、実質的にポーランドの支配下に入った。1591年には、赤とすみれ色の衣をまとい銀の雲に乗った聖母マリヤが、天使たちにいざなわれ昇天するという図柄のミンスクの紋章が制定された（現在もこの紋章が使われている）。

ポーランド時代、ミンスクは経済・文化・宗教の拠点として発展を遂げた。他方、貴族はポーランド化・カトリック化し、またユダヤ人が流入するなど、多民族・多宗教化が進むことになる。17世紀半ばのロシア・ポーランド戦争でミンスクは灰燼に帰し、18世紀初頭の北方戦争でも破壊を被った。

1793年の第二次ポーランド分割の結果、ミンスクを含む現ベラルーシ中部は帝政ロシアに編入、これに伴いミンスクを中心とするミンスク県が創設された。街は順調に発展するかに思われたが、1812年のナポレオン戦争でまたも甚大な被害を受けた。1870年代にモスクワ〜ブレスト間の鉄道が開通し、ミンスクの交通路としての重要性が高まる。ベラルーシの他の都市と同様に、帝政末期にはミンスクの人口の半分近くがユダヤ人であり（第8章参照）、ベラルーシ人はごくわずかだった。

ミンスク県を含む帝政ロシア西部では、ヨーロッパからロシアに社会民主主義思想が流入する経路に当たるということもあり、ユダヤ人を中心に労働・革命運動が盛んだった。ロシア社会民主労働党、のちのソ連共産党の創立大会がミンスクで開かれたのは、そうした事情による。1898年3月、帝政ロシア各地から9名の活動家が当地に参集し、秘密裏に大会を開催したのだった。なお、開催場所となった一軒家は1948年に再建され、現在も記念館として一般に公開されている（第5章参照）。

ベラルーシ人による民族運動は19世紀末から20世紀初頭にかけてようやく台頭するが、実はミンスクがその中心であったわけではなく、むしろ運動の拠点は現リトアニアのヴィルニュスであった。それでも、第一次世界大戦時のドイツ占領下、1918年3月に一部のナショナリストが「ベラルーシ人民共和国」の樹立を宣言した際には、ミンスクが首都とされた。しかし、人民共和国はボリシェビキに敗れ亡命政権化する。1919年1月にボリシェビキにより傀儡の「白ロシア（ベラルーシ）ソビエト社会主義共和国（BSSR）」が創設された時には、現ロシアのスモレンスクが首都とされた。その後すぐにミンスクに首都が移ったものの、両大戦間期には西ベラルーシがポーランドに編入されていたので、ミンスクが対ポーランド国境に近すぎることを安全保障上の脅威と見たソ連当局は、BSSRの首都を東のモギリョフに移す準備を進めていた。1939年にソ連が西ベラルーシをポーランドから奪還したことにより、ミンスクは地理的にもBSSRのほぼ中心になり、これにより首都としてのミンスクの地位が固まったと言える。

1941年6月22日に「大祖国戦争」（独ソ戦）が始まると、早くも同28日にミンスクはナチス・ドイツにより占領され、1944年7月3日に赤軍により解放されるまで苛烈な支配を受けた。この戦争でミンスクが受けた人的・物的被害は凄まじく、破壊されずに残った建物はわずか70棟程度であったと言われている。ミンスクの戦災が甚だしかったため、モギリョフへの遷都案が再浮上したほどであった。しかし、戦後ミンスクは目覚しい復興を遂げ、ソ連でも指折りの機械産業の集積地となった。街の景観も、スターリン式建築や集合住宅を主体としたソ連風のものに変貌していった。戦後、1974年にミンスクは「英雄都市」の称号を授かった。

1991年暮れのソ連解体に伴い、ミンスクは晴れて独立国家ベラルーシ共和国の首都となった。

ちなみに、バルト三国を除く旧ソ連諸国で構成する「独立国家共同体（ＣＩＳ）」の本部は、１９９２年の創設時からミンスクに置かれている。なお、ミンスク市は１９７３年以来、日本の仙台市と姉妹都市となっている（第48章参照）。

戦中にナチスのジェノサイドによりユダヤ人が激減し、戦後これに代わって農村からベラルーシ人が大量に流入した結果、ミンスクの人口は急激に膨張し、ベラルーシ人の比率も高まった。ミンスク市の人口は２０１５年現在１９４万人。２００９年の国勢調査によれば、住民の民族構成はベラルーシ人79・３％、ロシア人10・０％、ウクライナ人１・５％、ポーランド人０・７％、ユダヤ人０・３％などとなっている。

再建されたミンスクの市庁舎

今日のミンスク市は、政治・経済・文化・教育など、あらゆる面でベラルーシの中心となっている。ベラルーシ国立大学を筆頭に、32の高等教育機関を擁するほか、ベラルーシ科学アカデミーの本部や主要な研究機関も所在している。いくつかある博物館のなかで、必見なのは、２０１４年に新装オープンした大祖国戦争史博物館であろう。スポーツ分野で聖地と位置付けられるのが、２０１０年にオープンしたミンスク・アレーナであり、ア

トロイツコエ・プレドメスチエ

イスホッケーのディナモ・ミンスクの本拠地となっている（第27章参照）。

ミンスクは、度重なる戦禍を被り、また社会主義的な都市建設が進められてきた街なので、ヨーロッパの古都といった風情は備えていない。ただ、市中心部のトロイツコエ・プレドメスチエと呼ばれている一角では旧市街が復元されており、往時を偲ばせている。残された貴重な建築遺産のなかでは、正教会の聖霊主教座聖堂、カトリックの至聖聖母マリヤ聖堂、聖シモン・ヘレナ聖堂などが、一見の価値がある。

（服部倫卓）

12

個性豊かなベラルーシの地方都市

★人口５万人以上の都市をすべて紹介★

前の章では首都ミンスクについて語ったので、本章では地方都市の概要を紹介したい。２０１５年現在の人口が５万人を超えている22の地方都市を対象に、人口が多い順に取り上げる。都市の読み方はロシア語を基本とするが、ベラルーシ語読みが異なる場合はカッコ内にそれを示す。主要都市の位置は、本書冒頭掲載の地図を参照されたい。

ゴメリ（ホメリ）。ゴメリ州の州都。人口51・７万。ドニエプル川の支流、ソジ川沿いに位置する。１７７２年の第一次ポーランド分割後に、ピョートル・ルミャンツェフ大佐の所領になって以降、大きな発展を遂げた。川岸の高台に広がるルナチャルスキー記念公園では、旧ルミャンツェフ邸であるゴメリ宮殿が、今日までその麗姿を留めている。ゴメリ州がチェルノブイリ原発事故の最大の汚染地域となったことは、同じく被爆国である日本との交流を生む結果となり、ゴメリを拠点に医療・人道支援や文化交流などが行われている。

モギリョフ（マヒリョウ）。モギリョフ州の州都。人口37・万。ドニエプル川に面する街。第一次世界大戦の際には、ロシア皇帝ニコライ二世は前線に近いモギリョフに本陣を構え、

現在はゴメリ州の博物館となっているゴメリ宮殿

1917年3月に首都ペトログラードで起きた政変に関する急報を皇帝が得たのも当地においてであった。両大戦間期に、ミンスクが対ポーランド国境に近すぎることを安全保障上の脅威と見たソ連当局が、ベラルーシ共和国の首都を東のモギリョフに移す準備を進めたこともあった。ソビエト的、親ロシア的な土地柄で、市内には両国共同のベラルーシ・ロシア大学も開設されている。

ヴィテプスク（ヴィッェプスク）。ヴィテプスク州の州都。人口36・6万。西ドヴィナ川に面する。帝政ロシア末期、ベラルーシの他の都市と同様、ヴィテプスク市の人口の約半分がユダヤ人によって占められ、そのユダヤ人街で1887年に生まれたのが、のちに世界的画家となるマルク・シャガールである。ただ、1920年に街を後にしたシャガールは、最愛の故郷を再訪することはついぞなかった（第9章参照）。近年では、毎年夏に国際的な歌と踊りの祭典「スラヴャンスキー・バザール」が開催されるなど、ヴィテプスクはしばしば「ベラルーシの文化的首都」と呼ばれる。

グロドノ（フロドナ）。グロドノ州の州都。人口36・1万。ニョーマン川ほとりの街。1569年にリトアニア大公国がポーランド王国に取り込まれると、グロドノはその重要都市となり、1795年の第三次分割でポーランドが消滅した際には、最後の国王スタニスワフ・アウグストはグロドノ城で退位の署名を行った。グロドノでは、第二次世界大戦の戦災が軽微だったため、ベラルーシとしては珍しく旧市街と呼びうるものが残っている。今日でもポーランド系住民およびカトリック教徒が多く住み、市中心の広場に立つイエズス会の聖堂・修道院は、当国で最も美しい教会の一つと言える。

遷都を想定して建てられたモギリョフの行政府庁舎

ブレスト。ブレスト州の州都。人口33・6万。かつてはブレスト＝リトフスクと呼ばれた（リトアニア地域のブレストといった意味）。1596年のブレスト教会合同（ロシア正教とローマカトリックを折衷したユニエイト教会を創設）、1918年のブレスト＝リトフスク条約（ソビエト・ロシアがドイツ等と結んだ講和条約）などで、歴史にその名を刻む。1941年6月にナチス・ドイツがソ連への進撃を開始し、最初に砲火にさらされたのが最前線のブレスト要塞であり、その頑強な抵抗が称えられ戦後に「英雄都市」の称号を授かった。今日ベラルーシはロシア寄りの外交路線を採っているため、この地がロシア圏の最西端という位置付けになり（ロシアの飛び地カリーニングラード州はあるにせよ）、今も昔も地政学的な重要性を帯びている。

ボブルイスク（バブルイスク）。モギリョフ州。人口21・

ブレスト要塞内にある巨大石像

8万。地名はビーバーBobrに由来し、ベレジナ川を利用して古くから漁業とビーバーの狩猟が行われてきたことを反映。往時には「ベラルーシのユダヤ人の首都」の異名も。

バラノヴィチ（バラナヴィチ）。ブレスト州。人口17・9万。モスクワ〜ブレスト間の鉄道が1871年に開通し、バラノヴィチ駅がつくられたのがこの街の始まりで、鉄道輸送の結節点として発展を遂げてきた。

ボリソフ（バルィサウ）。ミンスク州。人口14・5万。ボリソフ自動車トラクター電装品工場（BATE）は、自動車用のセルモーターを生産する企業。同社を母体とするサッカークラブ「BATE」の活躍で、この街が国際的にも知れ渡るようになった（第27章参照）。

ピンスク。ブレスト州。人口13・8万。プリピャチ川に面した、西ポレシエ地方の歴史・文化香る古都。かつてユダヤ人が多く暮らした時代には、シオニズムの重要拠点でもあった。

オルシャ。ヴィテプスク州。人口11・7万。1514年にリトアニア大公国軍がモスクワ大公国（ロシア）の大軍を破った「オルシャの戦い」は有名。作家ヴラジーミル・コロトケヴィチの出身地であるほか、ルカシェンコ大統領も足跡を残している。

モズィリ（マズィル）。ゴメリ州。人口11・2万。モズィリ製油所は当国切ってのドル箱企業。チェルノブイリ原発事故で放射能汚染を被った地区の一つであり、日本のNGOや医療関係者が当地で支援、交流に取り組んできた。

ソリゴルスク（サリホルスク）。ミンスク州。人口10・6万。「塩の鉱山」の地名のとおり、この地の塩化カリウム鉱脈は世界有数のもので、それを採掘・加工するベラルーシカリ社は当国最大の輸出企業の一つ。

ノヴォポロツク（ナヴァポラツク）。ヴィテプスク州。人口10・2万。ソ連時代に製油所・化学工場（ナフタン社）の企業城下町として建設されたまったく新しい都市で、ポロツク市からほど近くに位置するがゆえにノヴォ（新しい）ポロツクと命名された。

リダ。グロドノ州。人口10・0万。リトアニア大公国の栄華を偲ばせる城塞は、18世紀初頭にスウェーデン軍に破壊されたあと放置されていたが、近年再建された。ポーランド系住民およびカトリックが多く住む。

モロジェーチノ（マラジェーチナ）。ミンスク州。人口9・5万。一見すると平凡な地方都市に見えるが、ロシアから退却するナポレオンがモロジェーチノ城に投宿したことがあるなど、歴史的エピソードには事欠かない。

ポロツク（ポラツク）。ヴィテプスク州。人口8・5万。現代のベラルーシ・ナショナリストたちは、9世紀から10世紀にかけて成立したポロツク公国を、ベラルーシ国家の源流と位置付けている。偉人エフロシニヤ・ポロツカヤゆかりの救世主エフロシニヤ修道院、ソフィア大聖堂など、文化・建築遺産が残る。

ジロビン。ゴメリ州。人口7・6万。ソ連時代に、ベラルーシ冶金工場などを中心に、工業都市へと変貌した。

スヴェトロゴルスク（スヴェトラホルスク）。ゴメリ州。人口6・9万。化繊産業を中心とする工業都市だが、かつて麻薬とエイズの問題が深刻化したことがある。

レチツァ。ゴメリ州。人口6・6万。ドニエプル川に臨み、地名は川を意味するスラヴ語 reka に由来。有力なビール工場がある。

ジョジノ（ジョジナ）。ミンスク州。人口6・4万。戦後に発達した街であり、大型ダンプカーなどを生産するベラルーシ自動車工場（BelAZ）の企業城下町。

スルツク。ミンスク州。人口6・2万。17世紀以降のラジヴィウ家の時代に文化が花開き、貴族用の高級織物「スルツク帯」が生産された。

コブリン（コブルィン）。ブレスト州。人口5・3万。ロシアの英雄アレクサンドル・スヴォーロフ将軍がコシュチューシコの蜂起勢力やナポレオン軍を退けた地であり、同将軍の所領となった。1948年、旧スヴォーロフ邸を再建し、スヴォーロフ記念コブリン軍事史博物館が開設された。

（服部倫卓）

コラム4

ベラルーシの都市紋章の世界

服部倫卓

ベラルーシにとって都市の紋章は特有の重要性を帯びている。独立前後の時期に、国民が自分たちの歴史を捉え直し、郷土愛を育んでいく上で、見逃せない役割を果たした。

歴史を遡ると、ベラルーシの主要都市は、ポロツクなどを皮切りに、16～17世紀に紋章を獲得している（図版1～6）。その際に、ベラルーシの各都市は、リトアニア大公、その後はポーランド国王からマグデブルク法（中世の都市自治法）の適用を受けるのとセットで、紋章も授かった。マグデブルク法に付随する紋章は、バロック型またはドイツ型と呼ばれる、盾の腰がくびれた輪郭を特徴としている。また、この時代はキリスト教（図版2、4）、騎士（図版3）、貴族の家紋（図版6）などをモチーフとした紋章が多く、現代人にも歴史ロマンをかき立てる。今日のベラルーシ知識人に言わせれば、「我々にはロシアとは異なる、ヨーロッパの文化、地方自治・民主主義の伝統があるのだ」ということになり、都市紋章がそれを象徴するアイテムになっているのだ。

しかし、18世紀後半にポーランドが分割され、現ベラルーシ領が帝政ロシアに編入されると、当地の都市紋章もロシア皇帝から授かるようになり、変容を余儀なくされた。旧来のデザインが生かされる場合が多かったものの、形状は寸胴となり、ロシアの国章である双頭の鷲が描き加えられるのが常であった（図版7）。また、伝統的なデザインとはまったく関係のない軍事的なテイストの新紋章が制定されることもあった（図版8）。

1917年のロシア革命を経て、ソ連が成立

1．ポロツク

2．ミンスク

3．モギリョフ

4．ヴィテプスク

5．グロドノ

6．クレツク

7．帝政時代のボリソフ

8．帝政時代のオルシャ

9．ソ連時代のヴォルコヴィスク

10．ゴメリ

11．ムスチスラヴリ

12．バラノヴィチ

すると、都市紋章が顧みられることは少なくなった。1960年代以降、ソ連でも都市紋章の制定が再び盛んになったものの、機械や穀物といった社会主義の経済建設を象徴するデザインが幅を利かせた（図版9）。

　1991年暮れにソ連が崩壊してベラルーシが独立を果たすと、紋章ルネサンスと言うべき状況が生じた。各都市は改めて市章を正式に制定したが、当然のことながら、その際にベースにしたのは帝政ロシアやソ連時代の無粋なデザインではなく、リトアニア大公国〜ポーランド王国時代のロマンチックなデザインだった。ただし、どういうわけかゴメリは大公国時代ではなく帝政ロシア時代のデザインを踏襲したので、今日の州都としては唯一、寸胴の形となっている（図版10）。ムスチスラヴリに至っては（図版11）、ポーランド王国時代（剣の部分）と帝政ロシア時代（アカオオカミの部分）のデザインを合成した新紋章を作ってしまった。また、バラノヴィチは街自体の歴史が浅いので、ソ連時代の1981年に制定された紋章を今でもそのまま使っている（図版12）。

13

ミール城とネスヴィジ宮殿

★ベラルーシが誇る世界文化遺産★

2017年現在、ユネスコの世界文化遺産に登録されたベラルーシの文化遺産は、ミール地方の城と関連建物群（2000年）、ネスヴィジにあるラジヴィウ家の建築的・居住的・文化的複合体（2005年）、シュトルーヴェの測地弧（2005年）の3件となっている。このうちシュトルーヴェの測地弧は複数の国にまたがる地理学・天文学の観測点群であり、観光の見所というわけではない。そこで以下では、ミールとネスヴィジについて語ってみたい。

首都ミンスクから南西に100キロメートルほど車を走らせると、グロドノ州ミール町という小さな集落にたどり着く。歴史を辿ると、ミールが最初に史料で言及されたのは、リトアニア大公国時代の1345年だった。1486年に貴族イリイニチ家の所領となり、1520年代に時の当主ユーリー・イリイニチによりミール城が築城された。イリイニチ家の断絶により、1568年に名門ラジヴィウ家がミール城を引き継ぐと、宴席・遊興が盛んに催され、これに伴い宮殿部分が建て増された。ミール城は、異教・正教・カトリックの要素を兼ね備え、ベラルーシ・ゴチックと西欧ルネサンスの様式が結合したユニークな建築であり、要塞建築史における転換点を記したと言われている。その後19世紀前半に城主の座はヴィトゲンシュテイン家に移り、さらに1891年にはニコライ・スヴャトポルク＝ミールスキーが買い上げた。ちなみに、「ミールスキー」というのは、同家のルーツがベラルーシ北西部のミオールィにあることから来たものだが、ニコライはそれに名前の似たミールの名城を手に入れて、悦に入ったのだった。ただ、この頃までに城自体はかなり荒れ果てていたようである。ポーランド支配下の両大戦間期に最後の城主ミハイル・スヴャトポルク＝ミールスキーが城の修復に努めたものの、第二次世界大戦の結果この一帯がソ連領になると、城は国有化され、荒廃が深刻化した。

ソ連時代の1980年代にミール城はようやく文化財に認定され、修復が決まった。それが実際に動き出したのはベラルーシ独立後であり、とりわけ2000年暮れに世界遺産への登録が決まったことを受けて修復作業が本格化した。現在では、城の塔の一つに博物館が設けられるなど、観光地としての整備も進んでいる。城の隣には、前出のニコライ・スヴャトポルク＝ミールスキーを祀ったユニークな形状の礼拝堂もあり、そちらも近年修復されて、世界遺産の構成資産に含まれている。

ミール城

ネスヴィジ宮殿

次に、ミール町の南30キロメートルあまりに位置するのが、ミンスク州ネスヴィジ市である（ベラルーシ語ではニャスヴィジ）。史料に初めて登場するのが１４４６年のこと。16世紀初頭から4世紀以上にわたって、名門ラジヴィウ家の根城となり、絢爛たる文化を育んだ。１５６２年に当地に印刷所を開設し、宗教改革の急進的な論客として活躍したシモン・ブドヌイは後世、ベラルーシ国民史上の偉人として称えられるようになる。１５８３年にはラジヴィウ・シェロトカにより宮殿の築造が開始され、これが今日まで継承されて当国を代表する建築遺産となっている。戦乱による破壊と再建を繰り返しながらも、「小パリ」の異名に恥じない美景が保たれた。近代に入ってからも、ベラルーシの古典作家たちの所縁の地となるなど、文芸の拠点であり続けた。

ネスヴィジ宮殿は、90ヘクタールに及ぶ庭園を有し、その全体が旧跡に指定されている。庭園は五つの区画に分かれ、そのうちの一つは「日本の庭」である（我々の目で見るとまったく日本らしくはないが）。堀に囲まれた宮殿は、様々な建築様式を折衷しており、時代の変遷を反映している。ソ連時代以降、サナトリウムとして使用されるなどして建物の傷みが進んだが、２００２年に火災が発生したことを受け、皮肉にも修築・保護が進み、２００５年に世界遺産入りを果たした。なお、宮殿の敷地内には近年「パレス・ホテル」が開設され、一般客の宿泊が可能となっている。ネスヴィジは宮殿のほかにも、ベラルーシで最も美しいカトリック寺院の一つであるイエズス会聖堂、ベネディクト会修道院、「スルツクの門」、市庁舎、商店街跡などの名所・旧跡に恵まれている。

ミール城とネスヴィジ宮殿はかなり近接しているので、その両者を組み合わせた観光に適している。ミンスクから日帰りでミール〜ネスヴィジを訪ねるツアーが出ているので、利用してみてはいかがか。なお、ミールから北西方向にさらに50キロメートルほど足を伸ばすと、リトアニア大公国揺籃の地、ノヴォグルドク（ナヴァフルダク）があり、城塞の廃墟や、ポーランドの国民詩人アダム・ミツキェヴィチゆかりの「主の顕栄祭聖堂」といった歴史遺産に出会える。ミール、ネスヴィジに加え、ノヴォグルドクを訪問すれば、さらに充実した歴史観光になるが、その場合にはミンスクからの日帰りではやや強行軍になるかもしれない。

なお、ベラルーシ政府が今後の世界遺産入りを目指して暫定リストに登録しているその他の文化遺産としては、アウグスト運河、ポロツクの救世主顕栄聖堂およびソフィア聖堂、グロドノの聖ボリス・グレブ教会堂、一連の要塞型教会建築、ポレシエ地方の一連の木造教会がある。

（服部倫卓）

14

ベロヴェージの森とバイソン

★絶滅危惧種とベラルーシ人のアイデンティティ★

かつてアルプス以北のヨーロッパ全土は人の手の入らない深い森におおわれていた。昔話に描かれる森と言えば、悪い魔女やオオカミに出会う場であった。その面影を今に残す唯一の場所と言えるのが、ベラルーシ西部のブレスト州とポーランド東部のポドラシェ県の国境をまたぐベロヴェージの原生林《プーシャ》である（ベラルーシ語はベラヴェジジャ、ポーランド語はビャウォヴィエジャ、ロシア語はベロヴェジャだが、日本ではベロヴェージと呼ばれることが多い）。その広さはユネスコの記録によれば14万ヘクタールに及ぶ。樹齢数百年の巨大なオーク、トウヒ、マツ、トネリコがそびえ、オオカミ、イノシシ、ヤマネコ、ヘラジカなどの野生動物が闊歩する。とりわけ希少種のヨーロッパ・バイソンはベロヴェージの森のシンボル的な動物であり、他にもこの森でしか観察されないような多様な動植物の生態系が保存されている。

ベロヴェージの歴史はバイソンと切り離して語ることはできない。ヨーロッパ・バイソンはアメリカ・バイソンや絶滅したコーカサス・バイソンと共にウシ科バイソン属に分類される大型の動物である。ロシア語・ベラルーシ語ではズブル、ポーランド語ではジュブルと呼ぶ。キエフ・ルーシ、リトアニア大公

国立公園「ベロヴェージ原生林」のウェブサイト（http://npbp.by）

国、ポーランド、ロシアなどの古来よりベラルーシの地を支配した権力者はベロヴェージの森でバイソンを狩ることを好んだ。しかしヨーロッパに広く分布したバイソンも原生林の消滅と共に数を減らし、近世に入るとポーランドやロシアなどの東欧でしか姿が見られなくなる。1510～20年代にリトアニアとモスクワの紛争を調停するために活躍したオーストリアの外交官ヘルベルシュタインは、有名な旅行記『モスクワ国覚書』（1551年版）のリトアニア大公国について記述した章で原生林に生息する野生動物についてページを割いている。ヘルベルシュタインはバイソンが家畜牛の野生種であるオーロクス（ウシ科ウシ属）と別物であることを丁寧に解説しており、バイソンがドイツ語圏やヨーロッパ西部ではすでに珍しい動物となっていることが分かる。ちなみにやはり森林を住処とするオーロクスもこのころ数を激らしており、17世紀初めには絶滅してしまう。

ポーランド・リトアニアの狩人の家に生まれた同じ時代の詩人ニコラス・フッソウィアヌスはラテン語の詩『バイソンの歌』（1523年）で知られる。リトアニアの大貴族ミコワイ・ラジヴィウがルネサンス文化のパトロンとして知られる派手好きの法王レオ10世にバイソンのはく製を贈る際に、珍しい野獣について正しい知識を与える作品を書くよう注文を受けたのがその由来である。バイソンの外見や生態が紹介されているだけでなく、グロテスクと崇高さが入り混じった荒々しい狩猟の場面が印象に残る。しかしレオ10世が急死したせいで、バイソンの詩はけっきょくポーランド王妃ボナ・スフォルツァに進呈されることになった。

ポーランド文学を代表する詩人アダム・ミツキェヴィチは現在のベラルーシのノヴォグルドクに生まれたが、その代表作『パン・タデウシュ』（1834年）には人間が足を踏み入れることのできない原初の森マテチュニクを描いた場面がある。そこはバイソンやすでに絶滅したはずのオーロクスが暮らす野生動物のユートピアになっている。ミツキェヴィチはベラルーシの狩人の民間伝承に着想を得たとされている。18世紀から19世紀に入るとバイソンの生息地はほぼベロヴェージの森に限定されてしまう。歴代の権力者はベロヴェージの森を特別な保護の対象としたが、それは高貴な獣であるバイソンの狩猟を独占するためでもあった。たとえば1752年にポーランド国王アウグスト三世の一行がベロヴェージで42頭のバイソンを仕留め、大規模な狩猟を記念するオベリスクを建てた。1860年にはロシア皇帝アレクサンドル一世がオーストリアやプロイセンの王族を招いた外交儀礼の一貫として狩猟会を催した。28頭のバイソンを倒した記念に巨大な野牛の銅像が鋳造されている。これらの記念碑は今でもポーランド側の森で見ることができる（野牛像はレプリカ）。

バイソンと原生林が保護される対象となったということは、その生存がすでに多くの面で人間に依存していたことを意味する。ベロヴェージの森では近隣の農民が冬季間にバイソンのための餌を用意する義務を負った。ロシア帝政下では正確な生息数の計量も行われるようになり、だいたい数百頭から2千頭の間を推移した。第一次世界大戦とロシア革命によって権力の空白が生じると、人為的に保護されていた自然環境はたちまち危機に陥った。ドイツ軍は食料確保のためにベロヴェージで大量の野生動物を捕獲し、森林の伐採も進んだ。１９１８年にポーランド共和国が成立すると原生林もその統治下に入るが、その後も密猟者の活動はやまず、とうとう１９２１年には最後のバイソン１頭が討ち取られてしまう。

しかし幸いにというべきか、ロシアの歴代皇帝は外交儀礼の一環としてバイソンをしばしば贈呈しており、ヨーロッパ各地の動物園にはベロヴェージの森の血筋をひくバイソンが飼育されていた（54頭）。早くも１９２３年にはポーランドの動物学者ヤン・シュトルツマンの主導により国際バイソン保護協会が設立され、これらの野牛を繁殖させてベロヴェージの森に戻すプロジェクトが始まった。第二次世界大戦でこの地域はいったんソ連に併合された後でナチ・ドイツに占領された。狩猟狂のヘルマン・ゲーリングがベロヴェージを自然保護区にしようと試みるが、バイソン復活の計画は中断する。終戦後にはベロヴェージの森にはポーランドとソ連（ベラルーシ）に分かれてプロジェクトは再開され、まず１９５２年にポーランド側で、翌５３年にベラルーシ側でバイソンの群れが森に放たれた。ベラルーシ側でこれを担当したのは動物学者リュドミーラ・コロチキナで、彼女はベロヴェージの森でのバイソンの繁殖と研究にその生涯を捧げたことで知られている。その後もバイソンの数は順調に増え続け、２０００年の統計によると５７１頭のバイソンがベラルーシとポーランドにまたがる原生林に暮らしており、さらにはロシア、ドイツ、ウクライナなどヨーロッパ各地に合わせて２８６０頭が存在しているという。すべてベロヴェージの森に起源を持つ個体である。

ベロヴェージの森とバイソンがベラルーシの文化的シンボルになったのはソ連時代のことである。

フッソウィアヌスの『バイソンの歌』もベラルーシ語に翻訳（1973年）され、ベラルーシ文学のなかに位置付けられた。西欧から見れば原生林とバイソンはベラルーシという辺境のプリミティブな性格を示すものだが、歴史小説家ヴラジーミル・コロトケヴィチのエッセー『ベロヴェージの森』（1975年）のようにむしろベラルーシの知識人はヨーロッパの失われた古い遺産としてアイデンティティの拠り所と考える傾向がある。ソ連時代のベラルーシを代表する歌謡グループのペスニャルィが歌った『ベロヴェージの森』（1978年）も広く知られている。一方で原生林と権力者とのつながりはソ連時代にも断ち切られることはなかった。ニキータ・フルシチョフは原生林のなかのヴィスクリに狩猟用のレジャー施設をつくり（1957年）、ソ連共産党幹部や友好国首脳を招いた。1991年にソ連の解体を決める会議が行われたのもまさにこの場所だった（第6章参照）。

独立後のベラルーシでは1992年にベロヴェージの森がユネスコの世界遺産に認定されたこともあり（ポーランド側は1979年）、原生林と野牛の象徴的意味はますます強まった。ベラルーシ政府は観光にも力を注いでおり、2003年には森のなかにサンタクロース（寒気《マロース》じいさん）の家がオープンした。人気のあるベラルーシ語歌手ドミトリー・ヴォイチュシュケヴィチのアルバム『おもちゃ屋さん』（2001年）ではベラルーシ人の性格が様々な動物に喩えられているが、バイソンは堂々とした独立独歩の気風が与えられている。ペスニャルィの『ベロヴェージの森』では絶滅に瀕したバイソンと原生林の苦難の歴史が哀愁をこめて歌われていたのと対照的である。迷走しながら独立することのできたベラルーシのアイデンティティは、ベロヴェージの森とバイソンのたどった道にうまく重なるということだろうか。

（越野　剛）

コラム5

多様なベラルーシに出会う旅

半田美穂

ベラルーシは、ユーラシアの東西を繋ぐ、また、黒海とバルト海を繋ぐ交通の要衝でもある。主だった自然障壁なしに五つの国と国境を接しているベラルーシは、陸路や空路を利用して容易に近隣諸国を往来できる便利な地理的位置にある。東のロシアから西のポーランド、ドイツ、フランスへと続く幹線道路は、約600キロメートルにわたってベラルーシ国内を通過している。五角形に近い国土のほぼ中央に位置する首都ミンスクを中心に、鉄道や道路の交通網が縦横に延びている。ミンスク中央の鉄道駅とそれに隣接するバスターミナルからベラルーシ各州の主要都市までは、列車や自動車でおよそ4～5時間で到着できる。また、ミンスクから国の周縁に向かって車で5時間も進めば、いずれかの国境にぶつかることになる。主要都市以外の町へも、列車やバスなどの公共交通機関を利用して、ほぼどこへでも行くことができる。

ベラルーシは、ロシア、ウクライナとともに

ミンスク鉄道駅

ロシア正教会古儀式派のイコン。ゴメリ州ヴェトカの博物館にて

東スラヴ民族の文化を共有しているが、その地域性に目を向けてみると、異なる民族、文化が入り交じった多様なベラルーシが見えてくる。ウクライナとの国境近くの町ではウクライナ語訛りの言葉が聞こえ、ロシアとの国境近くの町では、言葉のみならず時には人々の気質までロシア人に近いと言われることがあり、その他にも、ベラルーシ語がより多く話されている地域もあれば、カトリック教徒が多数を占めている地域、ポーランド人が多数を占めている地域などもある。また、家の造りや町並みにも、地域によって少しずつ異なる特徴が見られ、ベラルーシの代表的な伝統工芸であるリネン織物の模様にも、地域による違いが見られる。それぞれの地域に、その土地に暮らしてきた人々の、地域によっても時代によっても異なる多様な文化が残されている

のである。

ベラルーシの地方の町には、必ずといっていいほど、その町の郷土博物館がある。地方の郷土博物館では、そこに暮らしてきた人々の歴史の変遷、農業や手工業と関連した伝統工芸、第二次世界大戦の歴史などに触れながら、その地域の特徴を知ることができる。現在、全国に160以上の国立の博物館・美術館があり、郷土博物館の他、宗教や民俗文化、戦争の歴史やチェルノブイリ原発事故など、特定のテーマを持つ博物館もある。なお、地方の博物館や美術館の展示物に付されている解説文は、ベラルーシ語である場合が多い。

2016年、ベラルーシは「文化の年」とされ、歴史・文化遺産などをはじめ、観光資源の開発にも力が注がれた。また、近年、歴史的な建築物や自然遺産を巡るツーリズムの他に、アグリエコツーリズムの振興が図られている。そこでは、農村地域にある体験型の宿泊施設で、数百年前からあまり変化していないと言われるベラルーシの農村の伝統的な暮らしや文化が体験できる。

ベラルーシには、土地の支配者が変わろうとも、国の境界線が変わろうとも、古代からその土地に暮らしてきた人々がいる。それぞれの時代の影響を受けながらも、その土地の人々によって紡がれてきた文化が受け継がれ、今日のベラルーシの多様性を作り出している。

II

ベラルーシの国民・文化を知る

15

土地の人間（トゥテイシヤ）の曖昧なアイデンティティ

★ベラルーシ人ってだれ？★

ベラルーシ独自のアイデンティティを論じることは難しい。個性の強い民族や地域のひしめく中東欧のなかでは比較的影の薄い国だからである。両隣にあるロシアとポーランドの間で取ったり取られたりをくりかえすうちに、どちらの側とも似ているけれどちょっと違うという曖昧な独自性を獲得することになった。ロシアとポーランドの間ということではウクライナとリトアニアもベラルーシと似たような歴史を持っているが、こちらはキエフ大公国やリトアニア大公国という輝かしい歴史の記憶がアイデンティティの拠り所になっている。ベラルーシこそがリトアニア大公国の正統な後継国家だという議論もあるが、国の名前を持っていかれてしまった手前どうも分が悪い。ベラルーシ人はロシア人よりも強くソ連へのノスタルジーを抱いていると言われるが、それも誇ることのできる歴史的遺産が少ないせいかもしれない。しかしここでは影の薄さこそが他の東欧諸国にはないベラルーシの独自性だと主張してみたい。

ベラルーシにおいては他の旧ソ連共和国で起きたような民族紛争は起きなかったであるとか、ベラルーシ人はウクライナやロシアとは違ってユダヤ人虐殺（ポグロム）を行わなかったということがしばしば言われる。従順さを意味する「パミャルコーウヌイ памяркоўны」や我慢強さを意味する「チャルプリーヴィ цярплівы」というベラルーシ語の形容詞を用いてその温和な性格が説明されることも多い。ただしこれはベラルーシ人の民族意識やナショナリズムが微弱であるということの裏返しと見えないこともない。ベラルーシ人の従順さや我慢強さをからかうソ連時代のジョーク（アネクドート）もいくつか存在しており、たとえば、以下のようなものがある。

ロシア人・ウクライナ人・ベラルーシ人をそれぞれ釘の突き出た椅子に座らせる実験が行われた。ロシア人は怒って椅子を蹴飛ばして、出て行ってしまった。ウクライナ人もびっくりして飛び上がったが、こっそり釘を抜いてポケットに入れて持ち帰った。ベラルーシ人も座ってから腰を浮かせたが、「必要ならばしかたない」と言ってまた腰を下ろした。

ベラルーシの歴史の叙述は古都ポロツクを中心とした公国から始まることが多いが、歴史に登場した途端にキエフ・ルーシのヴラジーミル公によって征服されてしまうのは象徴的である。その後もリトアニア大公国、ポーランド、ロシア帝国、ソ連と次々に支配者が交代し、戦争が起きるたびに土地は荒廃し、第二次世界大戦ではナチス・ドイツの占領下に多くの犠牲者を出した。このような歴史を概観すると、あらゆる災いは外からやってくるという受身の世界観が抱かれがちである。隣国ウクライナにあったチェルノブイリ原発事故がベラルーシに深刻な放射線被害をもたらしたことも同じような文脈で語られてしまう。こうしたネガティブな体験から生じる被害者意識こそがすべてのベラルーシ人が共有可能なアイデンティティだと考える立場もある。こうしたステレオタイプを打ち壊すため、詩人ルィゴール・ボロドゥリンはチェルノブイリ事故を主題にした詩集『在れ』(２００６年)で、放射能の後光に包まれた聖人としてベラルーシを表現した。それは戦災や原発事故を体験してもなお我慢強く柔和なイメージで語られる祖国にあえて反逆を呼びかける挑戦的なメッセージとなっている。

ベラルーシ人の国民的性格を示すためによく使われる「トゥテイシャ тутэйшыя」という言葉がある。「トゥト」は「ここ、この場所」を意味するので、トゥテイシャは「この土地の人々」と訳すことができる。まだベラルーシという国家がなかった時代、「あなたは何人ですか?」と聞かれた農民は、自分がベラルーシ人だという意識がないため、「わしらはこの土地の人間(トゥテイシヤ)ですよ」と答えたという。出所がはっきりしないのがいささか怪しいが、ベラルーシ人の国民的なアイデンティティの希薄さを説明する際に今でもしばしば引用されるエピソードである。統一した国民意識が成立していない地域では、住民の帰属意識が日常のコミュニティを越えたところにまで広がらないというのは過去の日本でもヨーロッパでも見られた現象である。しかしベラルーシの場合はトゥテイシヤ的なアイデンティティが現在に至るまで問題にされ続けている点に特徴がある。

ベラルーシの国民詩人として、ロシアのプーシキンやポーランドのミツキェヴィチと並び称されるヤンカ・クパーラ(１８８２〜１９４２)は『トゥテイシヤ』(１９２２年)という戯曲を書いている。これはロシア革命後の内戦時代のミンスクを舞台にしており、主人公のミキータ・ズノーサクはドイツ軍、ポーランド軍、ソ連赤軍と新しい勢力が街を占拠するたびに自分のアイデンティティをころころと入れ替える。自分の名前すら、ロシア語の「ニキーチイ・ズノシロフ」やポーランド語の「ニキーチシュ・ズノシロフスキ」をその場に応じて使い分けるありさま。確固たる自意識の欠けた「土地の人間」を反面教師として滑稽に描き出すことで、クパーラの喜劇はベラルーシ人のあるべき理想に強く訴える力を持った。ソ連時代にはナショナリスティックな傾向が強すぎると批判されてお蔵入りになっていたが、1990年に由緒あるヤンカ・クパーラ国立アカデミー劇場のニコライ・ピニギン監督によって上演され、ソ連解体とベラルーシ独立という流れのなかで熱狂的な支持を得ることになった。

「トゥテイシヤ」も上演されるミンスクのベラルーシ語劇場「ヤンカ・クパーラ劇場」

トゥテイシヤという言葉そのものはベラルーシ人の国民意識の曖昧さを示す否定的な意味合いを担っているが、近年ではそれを逆手にとって「土地の人」を積極的なアイデンティティの表現と見なすケースが見られる。リャヴォン・ヴォリスキーをはじめ人気ミュージシャンを集めたロック・ミュージカル『国民のアルバム』（2000年）はポーランドとソ連によって東西分割されていた時代（1920〜1939）のベラルーシを舞台にしている。真面目なナショナリストは一人も登場せず、政治演説も戦争もほろ酔い加減の雰囲気のなかで展開する。登場人物はポーランド人だったり、ロシア人だったり、ユダヤ人だったり、その帰属意識は不確かで揺れ動く。これら雑多な集団のアイデンティティは「この土地の人々」としてしか規定できない。クパーラの戯曲では否定された曖昧な自己認識が、ここでは国家や民族の枠組にとらわれないアイデンティティとして肯定的な価値を担っている。

ソ連末期の1980年代後半には「トゥテイシヤ」というネガティブな意味合いの言葉をあえて名乗った作家のグループもあった。そのメンバーで現代ベラルーシ文学を代表する作家の一人とも言われるアダム・グロブスは後に『トゥテイシヤ』（2000年）という短編小説を書いている。語り手がミンスクにかつて住んでいたユダヤ人の知り合いたちを順繰りに思い出すというエッセー風の作品で、面白いのは「土地の人」という小説のタイトルが「この土地に住んでいたユダヤ人」を指していることだ。「ベラルーシ人」という明瞭なカテゴリーを使うことでこぼれ落ちてしまいかねない差異も、境目のはっきりしないトゥテイシヤであれば包みとることができる。ベラルーシの社会学者ヴラジーミル・アブシェンコが提唱するトゥテイシヤのクレオール性が示すように、近代に乗り遅れたようにも見えるベラルーシ人のアイデンティティが実はポストモダンの現代において意外な可能性を提示しているのかもしれない。

（越野　剛）

16

ベラルーシ語の言語学的特徴

★東スラヴ語群の一言語として★

ベラルーシ語は、ベラルーシ共和国の公用語であり、ベラルーシ本国、および隣接する地域や移住地である北米などで用いられている。ベラルーシ語はインド・ヨーロッパ語族スラヴ語派、そのうち東スラヴ語群に属し、ウクライナ語やロシア語と近い関係にある。

まず、東スラヴ語群の音韻的共通特徴として、硬・軟子音の対立が豊富なこと、スラヴ祖語の鼻母音ǫ, ęがそれぞれu, jaに変化したこと(*rǫka> ロシア：ruka, ベラルーシ：ruka, ウクライナ：ruka「手」、*jьmę> ロシア imja, ベラルーシ：imja、ウクライナ：im'ja「名」＊は再建形を示す)、スラヴ祖語の母音イェル ъ, ьが、完全母音化したときにそれぞれo, (j)eに変化したこと（*sъnъ> ロシア：son, ベラルーシ：son, ウクライナ：son「夢」、*dьnь> ロシア：den', ベラルーシ :dzen', ウクライナ：den'「日」)、スラヴ祖語の子音連続 tj、djが、それぞれ破擦音 č および摩擦音 ž に変化したこと (*světja> ロシア：sveča, ベラルーシ：svečka, ウクライナ：svіča「蝋燭」、*medja> ロシア：meža, ベラルーシ：mjaža, ウクライナ：meža「境界」)、スラヴ祖語の唇音とjの子音連続に挿入音lが現れること（*zem-ja> ロシア：zemlja, ベラルーシ：zjamlja, ウクライナ：zemlja「土地」)、スラ

ヴ祖語の *tort（t は任意の子音）の流音 r の後に母音 o が挿入され、torot に変化したこと（*korva> ロシア：korova, ベラルーシ：karova, ウクライナ：korova「牛」。ベラルーシ語の非アクセント下の母音変化 o>a は以下参照）などが挙げられる。また、スラヴ祖語のアクセントは高低アクセントであったが、東スラヴ諸語は強勢アクセントになり、かつ語頭、語中、語末のいずれの音節にもアクセントを有しうる自由アクセントに変化した。

形態論的共通特徴として、名詞類に豊富な格変化（ロシア語とベラルーシ語は6格、ウクライナ語は7格）が保たれている。一方、動詞は過去時制が簡略化され、アオリストや未完了過去が失われ、本来の完了形が過去一般を表すことが挙げられる。これは東スラヴ諸語で be 動詞の現在人称形が、3人称単数を除いて消失したこととも関連している（Heta Ø kniha.「これは本です」）。また、形容詞と動詞過去形の複数形において、単数形に見られる性の区別が失われていることも特徴的である。

ベラルーシ語の方言分類には複数の説があるが、主要方言群と西ポレシエ方言に大別されることが多い。分類の基準は主に音韻および形態であるが、統語や語彙も方言分類の特徴になる。主要方言群は1．北東方言、2．中央方言、3．南西方言に下位区分され、中央方言は北東方言と南西方言の過渡的な方言である。西ポレシエ方言は他の方言と大きく異なり、ウクライナ語と共通特徴が多いことで知られ、この方言がベラルーシ語とウクライナ語のどちらに属するのかは決め難い。実際にはウクライナ語とベラルーシ語の過渡的な方言と考えるのが妥当であるが、ベラルーシ語の学者はベラルーシ語に、ウクライナ語の学者はウクライナ語に分類することが多い。

ベラルーシ語は伝統的にキリル文字が用いられてきた。現在ベラルーシでは1933年に制定された正書法（通称「ナルコモフカ」ベラルーシ語では「ナルカマウカ」）に端を発するロシア語に近い正書法が用いられている。ベラルーシ語のキリル文字はブロニスラフ・タラシケヴィチ（ベラルーシ語読み：ブラニスラウ・タラシケヴィチ、1882～1938）によって1918年に規範化されたが（通称「タラシケヴィツァ」）、1933年以降、この正書法は主に在外ベラルーシ人によって用いられてきた。ソ連崩壊後「タラシケヴィツァ」はベラルーシ本国でも再び使われ始めたが、公的な地位は無く、使用者も少数派である。また、歴史的にポーランド語文化と深い繋がりがあったため、ベラルーシ語ではラテン文字も伝統的に用いられている。1920年代に上述タラシケヴィッチによりラテン文字も規範化されたが、ナチス・ドイツの占領下で一時的に使用された以外、ベラルーシ本国でラテン文字は用いられず、主に在外ベラルーシ人が使用してきた。その他、14世紀頃からキプチャク・ハン国などから数世紀にわたって今日のベラルーシ、リトアニア、ポーランド地域に移住し、言語的にベラルーシ化したタタール人は、20世紀初頭までアラビア文字でベラルーシ語を表記していた（コラム3参照）。

　古典的な言語類型論的分類に従うと、ベラルーシ語は曲用や活用が特徴的な屈折言語に該当する。名詞類に三つの性（男性・女性・中性）があり、数は単数と複数がある。動詞には直説法、仮定法、命令法が区別され、全ての動詞が完了体か不完了体のいずれかである。また能動相、受動相、再帰相が存在する。その他、数詞、副詞、分詞、間投詞などの品詞がある。以上はベラルーシ語の特徴であると同時にスラヴ語派の多くの言語にも該当する特徴でもある。

　今日の標準ベラルーシ語の主要な音韻的特徴として、次が挙げられる。

1．歴史的に母音oあるいはeであった非アクセント音節の母音が(j)aに対応する（アーカニエ）。

golová>**halavá**「頭」、selό>**sjaló**「村」

なお、ベラルーシ語ではアーカニエが綴りに反映される（比較せよ：nahá：女性名詞naha「足」単数主格形 vs. nóhi：女性名詞複数主格形）。

2. 歴史的に軟子音であったt', d'が、それぞれc', dz'に対応する（それぞれツェーカニエ、ヅェーカニエ）。

tixo>**cixa**「静かに」、den'>**dzen'**「日」

3. 歴史的に軟子音であったr'が、硬化しrで実現する。

por'adok>**paradak**「秩序」

4. 歴史的なl, v, uが、母音の後でかつ子音の前に位置する場合、または語末に位置する場合に音節を担わないŭとなる。

volk>**voŭk**「狼」、pisal>**pisaŭ**「（彼は）書いていた」、pravda>**praŭda**「真実」、byla u brata>byla **ŭ** brata「（彼女は）兄のところにいた」

5. 歴史的に破裂音であったgが、摩擦音hで実現する。

gora>**hara**「山」

6. l', n', z', s', dz', c', ž, č, šが子音jと結合し、それが二つの母音の間に位置していた場合、長子音として実現する。

vose**nnj**u「秋に」、ru**žž**o「武器」、no**čč**u「夜に」

7. アクセントがあるo, uに先行する語頭音vの添加がされる。

oko>**v**oka「目」、uxo>**v**uxa「耳」。

主要な形態論・統語論特徴は、以下のとおりである。

1．第二口蓋化（軟口蓋音 k, h(<g), x に前舌母音が後続した場合に口蓋化歯音 c, z, s に交代する）の維持。
ruce（ruka「手」の前置格形）、**naze**（naha「足」の前置格形）、**muse**（muxa「ハエ」の前置格形）

2．中性名詞の複数主格形語尾が男性名詞および女性名詞の語尾と同じ形式をとる。
vokny（akno「窓」の複数主格形。歴史的には vokna。比較せよ：halovy：女性名詞 halava「頭」の複数主格形。braty：男性名詞 brat「兄弟」の複数主格形）

3．男性名詞複数生格形語尾 -aŭ の使用範囲が拡大し、一部の女性名詞および中性名詞の複数生格形にも用いられる。
zjamljaŭ（女性名詞 zjamlja「土地」の複数生格形）、**myšaŭ**（女性名詞 myš「ネズミ」の複数生格形）、**imjaŭ**（中性名詞 imja「名」の複数生格形）。
なお、zjamel' や myšej という女性名詞本来の複数生格形も用いられる。

4．呼びかけの形式（呼格）の部分的な保持。とりわけ口語や詩的表現に見られる。
Sjadaj, **Jakube**, z nami!「ヤクブよ、我々と一緒に座れ」（人名 Jakub「ヤクブ」の呼格形）

5．動詞の三人称単数現在形において、語尾 c'(<t') を持つ動詞がある。
jon nosic'「彼は（あちらこちらに）運ぶ」（nasic'「運ぶ」の三人称単数現在形）
比較せよ：jon njase「彼は（一方向に）運ぶ」（nesci「運ぶ」の三人称単数現在形）

6．所有を表す二つの構文が併存する。一つはスラヴ祖語に遡る be 動詞を用いた古い構文で、もう一つは現代西ヨーロッパ諸語に広く見られる have 動詞を用いた構文である。

U mjane **josc'** bilety.「私は切符を持っている」(josc' は英語の is に相当)
Ja maju bilety.「同上」(maju は動詞 mec' の一人称単数現在形、英語の have に相当)

7．現在時制において存在を表す構文は be 動詞＋名詞主格形で、不在を表す構文は have 動詞否定形＋名詞生格形で実現されるが、過去および未来時制においてはいずれも be 動詞が用いられる。Josc' gosc'.「客がいる (be 動詞現在形)」、Budze gosc'.「客が来る (be 動詞未来形)」、Byŭ gosc'.「客がいた (be 動詞過去形)」：Njama goscja.「客はいない (have 動詞現在形)」、Ne budze goscja「客は現れない (be 動詞未来形)」、Ne bylo goscja「客はいなかった (be 動詞過去形)」

ベラルーシ語の語彙は、スラヴ祖語に由来する語を多く含み、ロシア語やウクライナ語との共通語彙が多い (たとえば、40を表す sorak は東スラヴ諸語のみに見られる共通語彙である)。しかし、ロシア語とは異なり、教会スラヴ語の語彙は比較的少なく、それらはロシア語からの借用であることが多い。またポーランド語文化との長期間の接触により、ポーランド語からの借用語が非常に多く (たとえば、videl'ec「フォーク」、sukenka「ドレス」、zdrada「裏切り」など)、加えてポーランド語を通してドイツ語やラテン語からの借用語も数多く認められる (たとえば、lancuh「くさり」、hmax「大きな建物」、dyktatar「独裁者」、aazis「オアシス」など)。ベラルーシ語固有の語彙も存在する (たとえば、asilak「力持ち」、busel「コウノトリ」、vjasjolka「虹」、vopratka「服」など)。今日では英語からの借用語の数が増えている。ベラルーシ語の暦はスラヴ語に由来するものが用いられている (studzen'「1月」、ljuty「2月」、sakavik「3月」、krasavik「4月」、traven'「5月」、červen'「6月」、lipen'「7月」、žniven'「8月」、verasen'「9月」、kastryčnik「10月」、listapad「11月」、synežan'「12月」)。

(野町素己)

ベラルーシ語のあいさつ表現

Дзень добры／ジェンドーブリ　こんにちは
Добрай раніцы／ドーブライ・ラーニツィ　おはよう
Добры вечар／ドーブリ・ヴェーチャル　こんばんは
Дабранач／ダブラーナチ　おやすみなさい
Дзякуй／ジャークイ　ありがとう
Прывітанне／プリヴィターンニェ　やあ
Да пабачэння／ダ・パバチェーンニャ　さようなら
Калі ласка／カリ・ラースカ　お願いします
Смачна есці／スマチナ・イェシチ　いただきます
Будзьма!／ブージマ　乾杯
Прабачце／プラバッツェ　ごめんなさい
Як маецеся?／ヤク・マーイェツェシャ　ごきげんいかがですか
Добра／ドーブラ　良いです
Кепска／ケープスカ　悪いです
Цудоўна／ツドーウナ　素晴らしい
Дзе?／ジェー　どこ
Калі?／カリー　いつ
Што?／シトー　なに
Хто?／フトー　だれ
Як?／ヤーク　どうやって
Чаму?／チャムー　どうして
Як вас завуць?／ヤク・ヴァス・ザヴーチ　お名前はなんといいますか
Мяне завуць …／ミャニェ・ザヴーチ　私の名前は〜です
Вельмі прыемна／ヴェーリミ・プリイェームナ　はじめまして
Сардэчна запрашаем／サルデーチナ・ザプラシャイェム　ようこそ

作成：越野剛

コラム6

ルカシェンコ、それともルカシェンカ？
――ベラルーシ人の名前

越野　剛

　名前はしばしばその人がどこの国、あるいはどんな民族、宗教に属しているのかを明らかにする。聖書や聖人のリストなどの宗教文化を共有していることの多いヨーロッパでは、英語のマイケル、フランス語のミシェル、ロシア語のミハイルのように同じファーストネームが各国語で異なるバージョンを持つことになる。民族名を冠するれっきとした公用語がありながら実際にはロシア語が優勢なベラルーシでは、普段はイーゴリやオリガというロシア名で通っている人が、パスポートを見るとイーハルやヴォリハというベラルーシ語の名前で記載されていることも珍しくない（しかしロシア語のままの場合も多いのでややこしい）。ユダヤ系の詩人レレスはイディッシュ語ではギルシュ、ロシア語ではグリゴリイ、ベラルーシ語ではリホールというように、メディアの言語に応じて名前が「翻訳」される。逆にアレシ・アダモヴィチのようにロシア語で書く場合にもアレクサンドルではなくアレシというベラルーシ風のファーストネームを名乗る作家もいる。バルバラ、カジミラ、ドミニク、スタニスラフのようにポーランド系あるいはカトリック系の名前にしばしば出会う（必ずしも本人がそうとは限らない）のも複雑な歴史を反映しているといえよう。

　エリクセン、ヨハンセンならノルウェー人、ニエミネンやヴァイノネンならフィンランド人、ダヴァヒシヴィリやチハルチシヴィリはグルジア人（ジョージア人）というように、名字はその語尾によって国民性・民族性が分かることが多い。同様にして最もベラルーシ的だとされる

コラム6

ルカシェンコ、それともルカシェンカ？

ことが多いのは「イチ、ヴィチ」で終わる名前で、作家のアレクシエーヴィチや政治家のシュシケヴィチなどが有名である。一方で「スキー」で終わるのはポーランド的、「エンコ（ベラルーシ語ではエンカ）」という語尾はウクライナ的、「エフ、オフ（エウ、アウ）」はロシア的だとされるが、いずれもベラルーシではよく見かける名字である。たとえばホッケー選手グラボフスキー、ルカシェンコ（ルカシェンカ）大統領、作家のブイコフ（ブイカウ）などが思い浮かぶ。

実際にはこれらの語尾はどれもスラヴ系の民族では幅広く見られ、どこかひとつの国や地域に限定されるわけではない。しかしそれでもベラルーシの固有性を求める語尾ナショナリズムともいえるような傾向が知識人の言説には見え隠れする。たとえば有名な言語学者ヤン・スタンケヴィチは「われらの名字」（1922年）という論文で、コズロフ（カズロウ）やコヴァリョフ（カヴァリョウ）という姓は、帝政ロシアの支配下で無理やりロシア風に変えられたものだと主張している。国民作家ヤクブ・コーラス（本名ミツケヴィチ）の大河小説『岐路にて』（1923～54年）では、登場人物のひとり猟師バランケヴィチが「ヴィチ」で終わる名字のおかげでポーランド人ではなくベラルーシ人だと自覚できたことを感謝する場面がある。

とはいえ語尾のない普通名詞そのままの姓というのもベラルーシには意外と多い。個人のあだ名から派生したものと考えられ、ジューク（かぶと虫）、コート（猫）、フルイブ（きのこ）、トゥルース（うさぎ）など動植物の名前が多いのがユーモラスだ。語尾の違いをいちいち気にするくらいであれば、これくらいシンプルな名前のほうが気楽でよいのかもしれない。

17

現代ベラルーシの社会言語事情

★危機に立たされるベラルーシ語★

ベラルーシでは現在、憲法によってベラルーシ語とロシア語の二言語に等しく国家語の地位が与えられている。しかし国内の実際の言語状況においては、ロシア語の優勢さが顕著で、ベラルーシ語の社会への普及は困難を抱えている。

２００９年の国勢調査の結果によれば、ベラルーシ国内の民族構成において基幹民族のベラルーシ人の占める割合は、83・7％と高いものの、ベラルーシ語を自身の母語であると考えているのはベラルーシ人全体の60・８％、ベラルーシ語を家庭で日常的に使用するベラルーシ人に至っては26・１％に留まる。代わりに多くのベラルーシ人、そして多くのベラルーシ国民の言語生活において大きな地位を占めているのはロシア語である。現在、ベラルーシでは、ベラルーシ人の69・８％、そして全国民の70・２％がロシア語を家庭での日常使用言語としている。

統計データを手がかりにさらにベラルーシの言語状況を見ていくと、こうしたロシア語の優勢さは特に都市部において顕著であることが分かる。一方、農村部においてはベラルーシ語が比較的優勢であり、ベラルーシ語を母語であると意識している住民の割合、家庭言語としている住民の割合が相対的に高い。

ベラルーシ共和国民の母語と家庭言語の状況（2009年、国勢調査）

		人口比(%)	ベラルーシ語をあげた構成員の割合(%)	
			母語として	家庭言語として
全人口（9503.8千人）		100	53.2 (41.5)	23.4 (70.2)
民族別	ベラルーシ人	83.7	60.8 (37.0)	26.1 (69.8)
	ロシア人	8.3	2.8 (96.3)	2.1 (96.4)
	ポーランド人	3.1	58.2 (33.9)	40.9 (50.9)
	ウクライナ人	1.7	7.9 (61.2)	6.1 (88.4)
都市・農村別	都市住民	74.3	44.1 (49.8)	11.3 (81.9)
	農村住民	25.7	79.7 (17.7)	58.7 (36.2)
州別	グロドノ州	11.3	59.2 (36.1)	35.1 (56.5)
	ブレスト州	14.7	53.7 (42.6)	26.7 (70.1)
	ミンスク州	34.3	50.1 (41.6)	20.2 (70.7)
	ヴィテプスク州	13.1	52.5 (44.2)	22.4 (73.2)
	モギリョフ州	11.6	55.1 (41.9)	19.6 (76.5)
	ゴメリ州	15.2	54.6 (41.8)	22.7 (72.0)

※括弧内はロシア語をあげた構成員の割合
※ミンスク州は首都ミンスクの状況を含んだ数値である

ただし農村部は、人口が国全体の四分の一ほどであり、都市部への人口流出も止まらないことから、ベラルーシ語を保持していく上では不利な状況に置かれている。ちなみに、州別の言語状況については、西部のグロドノ州ではやや他の州よりベラルーシ語の使用が優勢であるが、その他の州間での差はさほど大きくなく、ベラルーシの言語状況においては都市部と農村部のコントラストの方がより際立っている。

教育に関しては、ベラルーシ国民はベラルーシ語あるいはロシア語で教育を受ける権利が保障されている。すなわち、ベラルーシ語とロシア語のどちらの言語で授業を受けるかが選択可能となっている。しかし、実際にベラルーシ語による教育を受けている児童・生徒の割合は2014・15年度現在、就学前教育で10・5%、普通中等教育（日本の小中高の課程に相当）で14・5%に留まっている。高等教育ではベラルーシ語とロシア語の両方を教授言語として学ぶ学生が41・2%を占めるとされているが、両言語が具体的にどの程度の割合で併用されているかは明らかにされていない。ベラルーシ語のみを教授言語とする学生は、全体のわずか0・1%となっている。

教育における言語状況（2014/15 年度、ベラルーシ共和国教育省）

	教授言語			
	ベラルーシ語	ロシア語	ベラルーシ語とロシア語	その他
就学前教育	10.5%	89.5%	（データ無し）	0%
普通中等教育	14.5%	85.4%	（データ無し）	0.1%
高等教育	0.1%	58.3%	41.2%	0.4%

出版分野においても、国内の出版物にベラルーシ語によるものの占める割合は発行点数と発行部数の双方で概して低い。加えて、ベラルーシではロシアで出版されたロシア語出版物も広く市場に流通しており、実際に書店に並ぶ出版物を眺めてみるとロシア語によるものが圧倒的に多い。

しかし、こうした統計上のベラルーシ語使用の低さの一方で、街中の言語景観においては、ベラルーシ語は公共交通機関のアナウンス、街中の看板や案内板などで広く使用されている。首都ミンスクでは、ベラルーシ語のみの看板類、あるいは外国人向けにベラルーシ語に加え英語が併記された案内板類も少なくなく、ロシア語が併記されていないものもしばしば目にする。

またベラルーシ人自身は、個人差はあるものの基本的にはベラルーシ語とロシア語の両言語の運用能力を一定程度身につけている。先述したようにベラルーシでは、教育を受ける言語をベラルーシ語かロシア語のいずれかから選択可能であるが、一方でどちらの言語で教育を受けたとしても、科目としての「ベラルーシ語」と「ロシア語」は原則必修とされており、ベラルーシ人は必ず両言語の読み書きの訓練を学校において受ける。また、そもそも両言語はスラヴ語のなかでも同じ東スラヴ語のグループに属し、言語系統的にかなり近い関係にあることから、少なくとも、読む・聞くといった受動的な言語運用能力の獲得の障壁はかなり小さいということも背景にある。ただし、ベラルーシ人の多くは、ロシア語使用が

出版における言語状況（2014年、ベラルーシ共和国国家統計委員会）

	発行点数(点)		発行部数(部)	
	全体数	うちベラルーシ語によるもの	全体数	うちベラルーシ語によるもの
本、冊子	11613	1105 (9.5%)	3120万	360万 (11.5%)
雑誌	936	132 (14.1%)	7830万	210万 (2.7%)
新聞	619	186 (30.0%)	44540万	10740万 (24.1%)

優勢な都市部を中心に、相対的に使用頻度の低いベラルーシ語に苦手意識を持つ傾向が強い。

ベラルーシ語とロシア語の言語系統的な近さに関して言えば、ベラルーシでは現在、しばしば話者自身が両言語を明確に使い分けられないと感じる、ないし聞き手から見てそのように感ぜられるという状況が広く見られる。そうした場面で人々に「ベラルーシ語とロシア語を混成したような言葉遣い」と認識される話し方は、「トラシャンカ」（原義は干し草に藁を混ぜた家畜飼料）と呼ばれている。歴史的に見れば、ベラルーシ語は常にロシア語やポーランド語といった隣接する大言語との併用状況におかれてきたことから、それらが話し言葉において明確に使い分けられない状況自体はベラルーシにおいては新しいことではない。しかし、1980年代末、国内でベラルーシ語復興の気運が高まると、人々の意識が口語ベラルーシ語の純化へと向けられるようになり、国内に広く普及していたベラルーシ人の非標準的な言葉遣いがベラルーシ語の純粋さを害する要素と目されるようになった。それが「トラシャンカ」という概念として急速に国民の間に普及したのである。

「トラシャンカ」という用語によって指し示されることばの実体はベラルーシ語訛のロシア語、ロシア語訛のベラルーシ語、農村部で話される方言的なベラルーシ語など実に多様で、用語自体がある種のブラックボックスと化している。そもそも、「トラシャンカ」はベラルーシ人の使用することばの実態をベラルーシ語/ロシア語という単純化した二分法で捉えている点で誤謬を含む概念であると言える。しかし、一方で、こうした概念が生まれ人々の間に瞬く間に広まったことは、独立期以降のベラルーシにおいて人々の間でベラルーシ語の実質的な使用への関心そのものが急速に高まったこと、および、より「望ましい」ベラルーシ語を話すべきだという意識が広く共有されたことの左証でもある。

より「望ましい」ベラルーシ語への志向は、ベラルーシ語を恒常的に使用する人文社会系知識人やジャーナリスト、あるいは一般市民のなかの意識的なベラルーシ語話者の間で顕著で、彼らのベラルーシ語使用は、ロシア語からの借用語やロシア語との同根語彙の使用を避けようとする言語純化主義的な態度を伴うことが多い。言語純化主義的な態度は正書法の選択にも時に影響し、より「純粋な」ベラルーシ語を目指す人々は、１９３３年以前の旧正書法を用いることが多い。これは、１９３３年に実施された正書法改革が事実上ベラルーシ語の正書法をロシア語のそれに近づけることを目論んだものであったことに起因する。現行の正書法は、このソ連時代の正書法改革後に定められた正書法を基礎としていることから、純化主義的な志向を持つベラルーシ語使用者からは「現行正書法は意図的にロシア語に近づけられ歪められた正書法である」と捉えられており、彼らは敢えて旧正書法を選択する。国内の出版物やメディアでの旧正書法の使用は２００８年に採択された法律（２０１０年発効）により事実上禁止されているが、個人の言語使用やインターネット上、あるいはベラルーシ国外のベラルーシ語出版物等においては頻繁に見られる。こうした、ベラルーシ語使用者間での「真正な」ベラルーシ語をめぐる意見の不一致は、標準ベラルーシ語の安定性を揺るがしており、ベラルーシ語の社会への普及にも影響を与えている。

現在、ベラルーシ語の社会への普及が困難を抱えている現状は国際的にも認知されるところとなっており、ユネスコ（国連教育科学文化機関）は、２００1年よりベラルーシ語を危機に瀕する言語の一つとして認定している（ただし、危機の程度は評価基準上最も軽い）。

しかし、ベラルーシ語をめぐる国内の状況は徐々にではあるが、新たな変化の兆しも見られる。近年では都市部でも若者を中心にベラルーシ語使用を再評価する動きがあり、２０１３年頃からいくつかのベラルーシ語の市民講座が首都ミンスクを中心に活発に活動している（コラム7参照）。政策的なベラルーシ語復興が事実上行き詰まっているなかでこうした草の根の言語復興活動は今後のベラルーシ語の普及や発展を考える上で目が離せない動向であるといえるだろう。

（清沢紫織）

ミンスク市内の観光案内板。ベラルーシ語と英語で表記されており（固有名詞はラテン文字による転写）、ロシア語はない

コラム7

ベラルーシ語の市民講座
――草の根の言語復興活動

清沢紫織

「どうしてベラルーシ語を『死んだ』言葉などと言うのか」――20世紀のベラルーシ文学を代表する作家ヤクブ・コーラスがそう嘆いたのは1906年のことだった。それから百年余り経ち、ベラルーシ人とベラルーシ語を取り巻く社会状況は随分様変わりしたが、一方で、ベラルーシ語使用者の少なさ、人々のベラルーシ語への関心の低さ、ベラルーシ語の普及・振興に対する政府の消極的な態度などを取り上げ、ベラルーシ語の現状や将来を悲観する言説は現代ベラルーシにおいてすっかり定着してしまった感がある。こうしたなか、ベラルーシ語復興の前途に差す一筋の光明としてにわかに注目され始めているのが、近年活発化している無償のベラルーシ語の市民講座の活動である。

端緒となったのは2013年2月にミンスクで始まった「モーヴァ・ツィ・カーヴァ」という講座だ。講座名は直訳すると「ことばかコーヒーか」（「ことば」はここではベラルーシ語を指す）。「コーヒーでも片手にベラルーシ語を楽しみながら学び、話そう」というのがコンセプトだ。なお、「ツィ・カーヴァ」は「ツィカーヴァ（面白い）」とかけた言葉遊びにもなっている。当時ミンスクで留学生活を送っていた筆者は友人に誘われこの講座の正に初回の集まりに参加する機会を得た。普段街中でベラルーシ語を耳にすることはほぼ無かったため「ベラルーシ語をわざわざ学ぼうという一般市民がミンスクにどのくらいいるのだろう」と半信半疑で会場のカフェに足を踏み入れたが、なかは若者を中心に100名近い参加者が溢れ活気づいており、圧倒されたのを今でも覚えている。その後、ミンスクでの「モーヴァ・ツィ・カーヴァ」の活動はベラルーシ語やベラルーシ文化の普及に関わる多彩なゲストを招いて活況を呈し、毎週100名を超える参加者が集まる一大ワークショップとなった。

2014年以降は新たにいくつかのベラルーシ語の市民講座が活動を開始し、それぞれに工夫を凝らした活動を行っている。なかでも現在最も大規模に活動を展開しているのが、「モーヴァ・ナノーヴァ」という講座で、同講座はミンスクに留まらず国内数都市に教室を展開している他、ベルサートというベラルーシ語による衛星放送チャンネルにおいてテレビ番組版も放送している。

これらの講座は新たなベラルーシ語話者を劇的に増やしたとは言えないものの、少なくとも人々の間にベラルーシ語に対する関心を呼び起こし、ベラルーシ語話者同士の交流を促進する場として一定の機能を果たしている。今後、これらの市民講座を通じた人々の繋がりや活動が国内のベラルーシ語を取り巻く世論全体をどう変えていくかは大変興味深いと言えるだろう。

余談だが、2013年7月より筆者はベラルーシ人の知人の方々に声をかけてもらい、東京で無償のベラルーシ語講座を一緒に始め細々と続けている。当初は在日ベラルーシ人同士でベラルーシ語を学ぶ活動をという趣旨で企画をしたものの、蓋を開けてみると集まったのはベラルーシ人ではなくベラルーシ語を学んでみたいという日本人であった。遙か日本でベラルーシ語が学ばれているというニュースは現地ベラルーシで相当な驚きと歓迎を持って受け止められ話題となった。

18

ベラルーシの民衆文化

★古拙と異教文化★

ベラルーシは、ロシア、ウクライナとともにそれらと起源を共にする東スラヴ民族に属している。したがって、その民衆文化はロシアやウクライナと大きな共通性を持っているが、それだけでなく、西の隣国ポーランドの支配を長い間受け、文化的にも大きな影響を受けている。さらにポーランドとともに隣接するリトアニアから基層文化においてその強い影響も受けている。それはリトアニアの異教時代が長く続きそのキリスト教化が14世紀と極めて遅かったことと関係がある。このような歴史的経緯によって、ベラルーシの民族文化は、単に東スラヴの一部という規定にはとどまらない、多様かつ独自の特徴と魅力を備えるに至ったのである。

その民族的独立性がまだ認められておらず、ロシアの一部と見なされていた19世紀においては、ベラルーシはロシアの西の辺境であり、ポーランドにとってもその東の辺境に当たっていたため、ロシア、ポーランド双方の民俗学者の関心を引き、研究が重ねられてきた。

地理的にはベラルーシは、黒海に注ぐドニエプル川とその支流プリピャチ川、バルト海に注ぐニョーマン川、西ドヴィナ川

第18章

ベラルーシの民衆文化

の諸流域に分けられるが、海への出口を持たず、また高い山岳地方もない。その大部分は森と沼沢地に覆われている。北部は湖沼地帯で、南西部のウクライナに隣接するポレシエは、スラヴ人原住地に比定されることのある広大な湿地帯である。ここはベラルーシのなかでも最もアルカイックな民族文化を残している地域で、土俗的なホラー映画として印象深かったヴァレリー・ルビンチク監督の「スタフ王の野蛮な狩り」（1979）の舞台も19世紀末のポレシエであった。ポレシエのなかでも特に西ポレシエはその言語的・民俗学的特異性で知られ、その住民はピンチュキと呼ばれた（第20章参照）。

このようなベラルーシの地理的環境は、その民衆文化をも規定している。ベラルーシの伝統的な生業は農耕と牧畜だが、森林地域では遅くまで焼畑農耕が行われ、また狩猟も行われた。民族建築も基本的に木造であり、それらの伝統的家屋は、ミンスクの郊外にある民族建築博物館で実際に見ることができる。ここにはベラルーシ各地から移築した民家や教会、風車などが集められており、民家の内部には伝統的な生活用具や民具が展示されている。

民族衣装は基本的にウクライナやロシアと共通した特徴を持つ。その素材は手織りの亜麻あるいは麻の白い粗布であり、ロシアのルバーシカに相当する肌着はベラルーシではカシュリヤと呼ばれていた。カシュリヤには基本的に男女差はないが、女性用のカシュリヤは、刺繍の豪華さで区別される場合が多い。肩布と袖口、裾などに刺繍したものは、同じタイプのものがスラヴ全域に見出される。刺繍の色は赤が普通である。カシュリヤは夏期にはその上に上着を着けずに着ることが普通であったので、肌着といっても必ずしも下着を意味しない。カシュリヤのうえに着る上着や外套としてはスヴィータや毛皮のカジューシカなどが知られていた。ちなみにベラルーシ＝《「白」ロシア》の語源を「白

刺繍

い衣服を好むから」、とする説があるが、手織りの亜麻の白い粗布は素材としてスラヴ全域に知られているものである。

キリスト教受容以前のロシアに知られていたスラヴ神話のパンテオンは、そのままの形ではベラルーシには残されていない。しかし雷を意味する普通名詞ピャルンを用いた民間の成句は、中世ロシアに知られていた雷神ペルーンのイメージの残滓を引きずっている。またベラルーシの民間にはヤリーロの名で知られる春の神が知られていたが、この神格をペルーンの異名とする仮説も唱えられている。

キリスト教以前のスラヴ人は自然の様々な領域に住む自然の主を信仰していたが、広大な未開の森林や湖水の広がるベラルーシの自然も、そこに住む異形の存在に対する多様な民間信仰を生み出してきた。ベラルーシでは森の主はレサヴィク、リャスンなどと呼ばれ、森を支配し、人を惑わせる悪戯をしたり、子供をさらったりした。水の主はヴァヴャニークと呼ばれ、水の中に住み、人を水の中に引きずりこむ。粉屋は水小屋を建てる際に土台にヴァヴャニークに対する犠牲として雄鶏を埋めた。また女の水の精としてはルサルカが知られていた。ベラルーシの民間ではルサルカはロマンチックなニンフでは全くなく、異常に大きな乳房を持つ醜い老婆と考えられたが、これは溺死した未婚の女性

人狼（『Беларускі фальклор. Энцыклапедыя.（ベラルーシ・フォークロア百科事典）』T.1-2. Мінск.2005-2006 より）

ルサルカ（『Беларускі фальклор. Энцыклапедыя.（ベラルーシ・フォークロア　百科事典）』T.1-2. Мінск. 2005-2006 より）

や洗礼を受ける前に死んだ幼児が死後になるものと考えられた。ルサルカは精霊降臨祭の頃に水から上がり、森や野に住み、月の夜に集団で輪踊りを踊るとされた。また行き合う人間に謎をかけ、解けないとくすぐり殺すと信じられた。

ベラルーシには、魔女や呪術師信仰に加えて人狼信仰が広く知られていた。人狼はヴァウカラーク、ヴァウカラーカなどと呼ばれ、狼に変身した呪術師を意味した。また呪術師は普通の人々を狼に変身させることもできると考えられた。人狼信仰は汎スラヴ的に知られているが、ベラルーシの人狼信仰は、リトアニアの人狼信仰とも大きな共通性を持っている。人狼信仰が古くからベラルーシに知られていたことは、11世紀のポロツク公フセスラフについての伝承が示唆している。ロシアの年代記や民衆叙事詩、中世文学「イーゴリ

クリスマスキャロル（カレダ）を歌いながらの行進（『Беларускі фальклор. Энцыклапедыя.（ベラルーシ・フォークロア　百科事典）』T.1-2. Мінск. 2005-2006 より）

軍記」などによれば、彼は戦士結社を率いる呪術師的な人狼と見なされていた。

ベラルーシの民話収集はロシア民話の収集と共に19世紀に始まるが、民謡の収集も19世紀初頭に始まり、最初のベラルーシ民謡の楽譜は1817年にヴィルニュスで出版された聖ヨハネ祭の儀礼歌である。最も古いベラルーシ民謡のジャンルはキリスト教以前の年中行事に際して歌われる農耕儀礼歌であり、そのなかでは山羊を連れ歩きながら歌われるクリスマス・キャロル（カレダ）が有名だが、ベラルーシで盛んなのはヴァラチョブナヤ・ペスニャと呼ばれる復活祭期に歌われる門付けの春の予祝歌である。この儀礼歌は隣接するリトアニアにも知られている。

ベラルーシには英雄叙事詩は知られていないが、ソ連時代には無視されてきたプサルムあるいはカントと呼ばれる宗教叙事詩のジャ

人形劇「バトレイカ」(『Беларускі фальклор. Энцыклапедыя.(ベラルーシ・フォークロア　百科事典)』T.1-2. Мінск. 2005-2006 より)

ンルがある。これはキリスト教説話や聖者伝説などを内容としており、手回し撥弦楽器リラ(英語では hurdy-gurdy と呼ばれる)を伴奏に歌われ、それを歌う盲目の放浪楽士はリルニクと呼ばれた。

ベラルーシの民族音楽に用いられる民族楽器には様々なものがあるが、打楽器としてはタンバリン、管楽器としてはバグパイプ、柳製の縦笛ドゥートカ、角笛ジュレイカ、オカリナなどが知られている。撥弦楽器としては前述17世紀以降西欧からもたらされ、バラライカがロシアから入ってくるのはそれよりも遅く18世紀のことである。ベラルーシでは民間のヴァイオリン弾きを古く放浪の楽士を意味していたスコモローフの名で呼んでいた。ツィムバルィは、西のポーランドからハンガリーにかけて広く知られている楽器で、元来はロマの楽器であったらしい。箱型の共鳴胴に張った弦を小さなハンマーで打って演奏する。

舞踊の基本的なジャンルは民謡を歌いながら無伴奏で踊られるハラヴォードである。ハラヴォードはしばしば祭りの儀礼的パフォーマンスとして集団で踊られた。それとは別にヴァイオリンやタンバリンなどの楽器伴奏を伴うテンポの速い民族舞踊も盛んである。リズムは二拍子系が多く、ロシアにはあまり見られない男女のペアによるフィギュアも好まれる。

民衆劇のジャンルではクリスマス期間に演じられるバトレイカと呼ばれる人形劇を忘れることはできない。これはキリスト降誕にまつわるエピソードを二階構造の箱型の移動舞台で演じるもので、元来はクリスマスの門付けの儀礼的パフォーマンスであった。同じタイプの二階建ての舞台で演じられる人形劇はウクライナではヴェルテプと呼ばれている。映画「スタフ王の野蛮な狩り」にこの人形劇が登場していたのを覚えている方もいるかもしれない。ちなみに廃れかけているこの民衆芸術をベラルーシ文化復興のシンボルとしようとする動きが現在盛んだということである。

（伊東一郎）

19

ベラルーシの宗教事情

★ロシア正教とカトリックが共存★

キエフ・ルーシ全般と同様に、ベラルーシ地域にも10世紀の終盤からキリスト教（東方正教）が流入した。しかし、13世紀前半にバルト系のリトアニア大公国が成立し、14世紀後半までに現ベラルーシ領をすべて支配すると、東スラヴ系の農民は正教徒に留まったものの、貴族の間ではローマ・カトリックが広がっていった。1569年のルブリン合同により、ポーランド王国が実質的にリトアニア大公国を編入し、「ジェチポスポリタ（共和国）」と称する新国家が成立、支配層のカトリック化は決定的となった。

カトリックの一層の拡張をもくろむポーランドは、東西教会の合同により正教住民を取り込もうとした。1596年、現ベラルーシ西部のブレストで開催された教会会議により、ユニエイト教会（ギリシャ・カトリック、東方典礼カトリック教会などとも）が創設された。ロシア正教の典礼を維持しながらも、ローマ教皇の権威を認め、カトリックの教義を受け入れる折衷的な宗派であり、「共和国」のすべての正教徒がこの宗派に移行することを迫られた。

ルテニア（ポーランドの支配下に置かれた東スラヴ人の領域）で正

教徒の権利が侵害されていることは、「共和国」に介入する口実を帝政ロシアに与えた。18世紀後半の列強による分割で「共和国」は消滅し、現ベラルーシ領はほぼ全面的にロシアに編入された。その時点でのベラルーシ人の宗教的帰属を見ると、高・中層の貴族はカトリック、低層貴族、町人、農民の大多数はユニエイトだった。ロシアでは、当初表向きは信教の自由が認められたものの、実際にはユニエイト住民は正教会に取り込まれていった。一方、カトリック教会の側からのユニエイト教徒に対する改宗の圧力も強まった。

ロシアは、西部諸県における帝国の支配を固めるため、ユニエイト教会を廃止して正教会の勢力を拡大しようと目論んだ。1839年2月、ベラルーシ北東部のポロツクにユニエイト教会の幹部が集まり、ユニエイトがロシア正教会に吸収されることが決まった。1863年に旧「共和国」領で大規模な反ロシア蜂起が起きると、ロシアの政策はさらに硬直化、ベラルーシ地域においては「西ロシア再興」の旗印のもと、ロシアの国家性を確立するという方向性が厳格化された。ベラルーシ住民はポーランド化したロシア人であって、正教会およびロシア国民に復するべき存在とされ、正教会にはそれを住民に教化する役割が課せられた。ただし、カトリックの勢力も依然として根強く、多くのカトリック聖職者は住民の母語はポーランド語であるべきという立場をとり、教育の場でポーランド語教育を実践した。この頃ようやく台頭しつつあったベラルーシの民族運動家たちには、正教・カトリックの宗教分裂を克服する課題が、重くのしかかった。

第一次大戦とロシア革命を経て、1921年3月のリガ条約でベラルーシ地域は東西に分断され、東はソビエト領となり、西はポーランドに編入された。前者では、ユニエイト教会を再興しようとする動きが政権により弾圧されたのはもちろん、宗教全般への圧迫が次第に強まっていった。後者でも、当局はベラルーシ民族主義の温床たるユニエイト教会への迫害を強めた。1941年6月の独ソ戦の開戦後、ベラルーシの全域がナチス・ドイツに占領されると、ユニエイトは占領当局から公認され、つかの間の復活を遂げるが、戦後にソ連当局によって再び禁止された。正式に禁止されたわけではない正教も無神論政策の打撃を受け、フルシチョフ第一書記の時代にベラルーシでは約600もの正教会教会堂が閉鎖・破壊された。

1980年代後半にソ連全域で、宗教の再興と連動しつつ、各民族のナショナリズムが高まった。ベラルーシでも正教会およびカトリックの再生の動きこそ生じたものの、それがナショナリズムを高揚させ、ソ連／ロシアからの分離を促す方向に作用することはなかった。その最大の原因は、ベラルーシの多数派がロシア正教徒という同じ宗教アイデンティティをロシアと共有していることであろう。一方、ベラルーシ北西部などに暮らすカトリック系住民（かなりの部分ポーランド系住民と重なる）は、ソビエト体制とは相容れない面はあるものの、ベラルーシにおいては穏健な少数派であり、ナショナリズムの起爆剤となることはなかった。さらに、一部の民族派インテリが、かつてのユニエイト教会にベラルーシの民族理念を見出そうとしたものの、そうした訴えは大衆にはまったく響かなかった。かくして、宗教に裏打ちされたエスノナショナリズムなどとは無縁なベラルーシは、多分に「成り行き」で1991年暮れに独立を果たしたのである。

それでは、四半世紀にわたる独立を経て、現時点でのベラルーシの宗教地図は、どうなっているだろうか。ベラルーシ大統領府付属情報分析センターが2014年に全国の成人回答者を対象に実施し

グロドノ州ジロヴィチ村にある正教会の男子修道院

たアンケート調査がある。その結果を見ると、回答者の65%が「神を信じる」と答え、以下、「はっきりとは分からない」が23%、「神を信じない」が９%、「神は信じないが超自然的な力は信じる」が３%となっている（神を信じるという国民は、以前は半分にも達していなかったので、趨勢的に増大している模様）。また、自らが帰属すると見なす宗教を問うたところ、正教が84・０%、カトリックが８・５%、その他の宗教が２・０%、帰属宗教なしが５・５%だった。このように、神を信じているか否かにかかわりなく、国民の大多数が正教会かカトリックかのいずれかへの帰属意識を有しているのが、特徴的である。日常的に礼拝に参加しているという向きは、正教徒で３%、カトリックで12%しかおらず、多くの人々は年に何回かの祝日を祝う程度である。無神論のソ連時代を経て、宗教が信仰もさることながら、各人の文化的なアイデンティティへとシフトしたことがうかがえる。

正教会においては、ソ連末期の１９８９年10月に、ロシア正教会モスクワ総主教庁ベラルーシ管区が創設され、その体制が今日まで引き継がれている。ベラルーシ独立後、慣例的に「ベラルーシ正教会」と呼ばれることが増えているものの、組織上は今もロシア正教会の支部に留まっている。ルカシェンコ大統領は、「私は正教無神論者だ」という名言を残しているとおり、決して自らが信心深くはないものの、政治的には明らかに正教寄りの立ち位置をとっていた。対照的に、カトリック教徒およびポー

グロドノ市の中心部にあるカトリック聖堂

ランド系住民とは疎遠な関係にあった。しかし、大統領は次第にカトリックも重視する姿勢に転じ、２００９年４月にはバチカンを公式訪問してローマ法王ベネディクト16世と会談している。

ベラルーシは歴史的に正教のロシアとカトリックのポーランドの狭間に置かれ、両者による支配と同化にさらされてきた。今日でも、正教会の礼拝は基本的にロシア語で行われ、歴代の府主教もロシアから送り込まれている。一方のカトリック教会では、礼拝ではポーランド語が主流で、聖職者の多くはポーランドから派遣されている。正教徒＝ロシア人、カトリック＝ポーランド人というステレオタイプは、今に至るまで根強い。ベラルーシ人という独自の民族アイデンティティが育ちにくかった構造的な原因だ。だからこそ一部の知識人は、主としてベラルーシ語が用いられていたと考えられるかつてのユニエイト教会を理想視し、それをベラルーシの国民教会として復活させたいという無謀な夢を抱いているわけである。

ただ、見方を変えれば、正教とカトリックが平和的に共存しているという点こそが、ベラルーシの個性とも言える。前出のアンケート調査でも、回答者の94・5％は、ベラルーシにおける宗教間の関係は多かれ少なかれ平穏であると答えている。

（服部倫卓）

20

ポレシエの民とその言葉

★ベラルーシとウクライナの狭間で★

ポレシエ（ロシア語：Poles'e、ベラルーシ語：Palesse、ウクライナ語：Polissja）は、主にベラルーシ南部およびウクライナ北部に広がり、その両端はポーランドやロシアにも及ぶ歴史的な地域である（地図参照）。この地域の大部分は森林におおわれ、多くの沼がある湿地帯である。ポレシエの語源は諸説あるが、スラヴ語で解釈するならば、po-les-ьje であり、大体「森林（les）に沿った／覆われた（po-）場所（-ьje）」という意味になる。その他、このあたりにかつてバルト人が住んでいたことから、バルト語の「沼」を表す palá, pãlios, peleše などに語源を求める研究者もいる。

この地域に住む人々は「ポレシチュキ（ポレシエ人）」（ロシア語：poleščuki）と呼ばれる。「ポレシチュキ」は元来外部の人々からの呼び名であり、彼ら自体に明確な民族意識があったわけではない。たとえば、ポレシエ人には東方正教徒とカトリック教徒の両方がいるが、西ポレシエやポーランド東部に多いカトリックのポレシエ人は、自分たちを、同じくカトリックのスラヴ人であるポーランド人と見做すことが多い。また、ポレシエ人は自身を「ベラルーシ人」、あるいは「ウクライナ人」と見做す

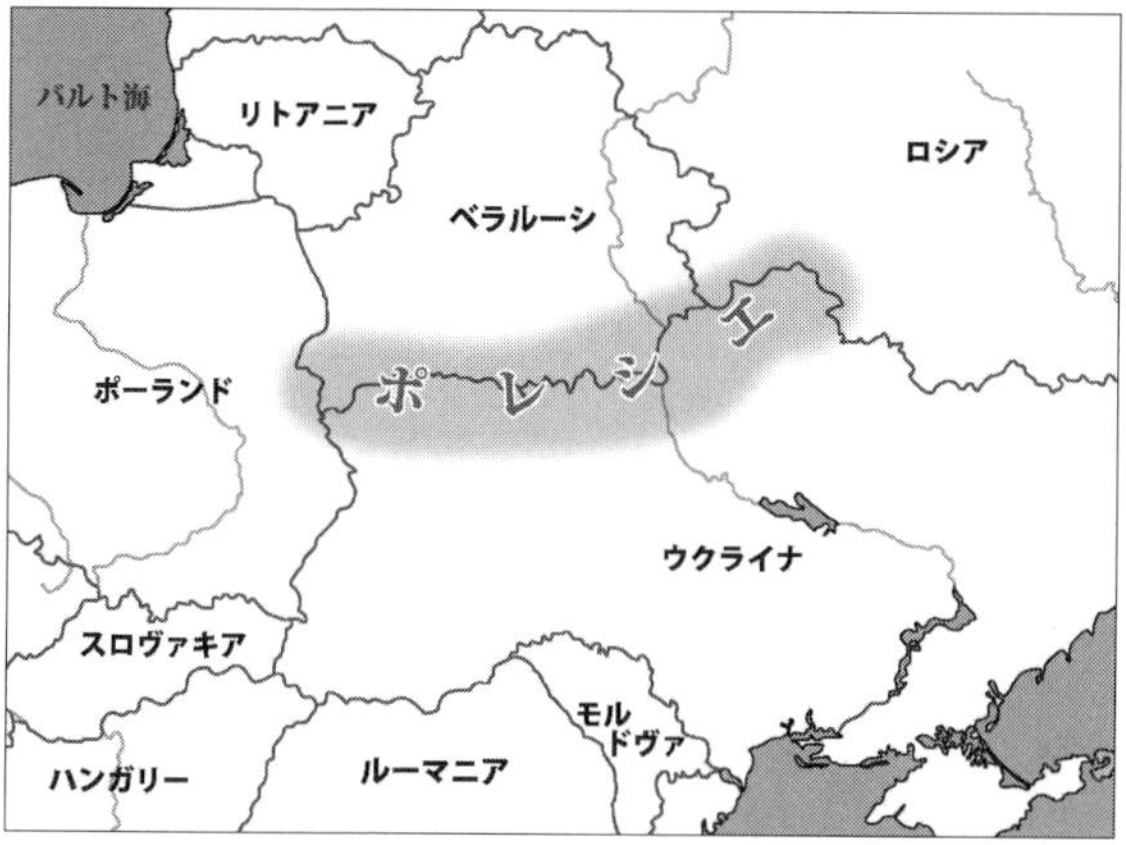

ことがあるが、これは必ずしも民族としてではなく、それぞれの「国民」という意味の場合もある。

ポレシエは10万平方キロメートル以上の広大な土地であり、ここに住むポレシエ人の伝統的な生活習慣、風習、建築、信仰、言語、フォークロアなどには、しばしば非常に古風な特徴を有している。このことから、主に19世紀以来、民俗学者、文化人類学者、考古学者、言語学者などが調査を行ってきた。たとえば、言語学者は、ポレシエ人の言葉に森林や沼、池、湖などを表す語彙が豊富にあり、それがスラヴ祖語に想定される本来的な意味に近いことを明らかにした。また、ポレシエ方言の様々な単語の意味や風習を表す慣用句が、地理的に遠く離れた西・南スラヴ諸言語の方言に残っているものと近い場合があることも知られている。さらに、ポレシエは歴史的に言語的に共通点の多いスラヴ人とバルト人の接触地域であったこともあり、スラヴ人発祥地の有力な説の一つになっている。説自体は20世紀初頭から存在したが、これが実際に説得力を持ち始めたのは１９６２年から１９９１年まで行われたロシアやベラルーシの研究者による大規模な学際的現地調査に負うところが大きい。

しかし、１９８６年に起きたチェルノブイリ原子力発電所事故は大きく状況を変えた。特に、ベラルーシおよびウクライナの東ポレシエ地方は甚大な被害を受けた。ポレシエ人の健康被害や物理的な被害は言うまでもないが、事故後に移住せざるをえなくなったポレシエ人が伝統文化から切り離され、結果として言語文化も失われることになった。合わせて1986年以降は上記の学術調査の規模もかなり縮小した。

このチェルノブイリ事故も一つのきっかけとなり、ゴルバチョフは「ペレストロイカ（建て直し）」に加えて、「グラスノスチ（情報公開）」を推進したことで、言論・思想・集会・出版・報道の自由化が進み、ソ連各共和国でこれまで抑えられてきた民族主義が台頭することにつながったが、これはポレシエ人社会にも少なからぬ影響を与えた。特にベラルーシ側の西ポレシエ地方出身の文化的エリートたちは、1980年代のこれらの一連の政治的流れを受けて言語・文化・政治活動を開始した。その中心になったのは詩人で人文学者、のちに政治家にもなるニコライ・シェリャゴヴィチ（1956〜）である。

歴史学、言語学、文学に関心を持っていたシェリャゴヴィチは、1980年代初頭から、ポレシエ人を、ウクライナ人でもベラルーシ人でもなく、西バルト族ヤトビャグの末裔がスラヴ化した独自の民族であり、その言葉も独自のスラヴ語であると考えていた。そして、「独自の民族たるには独自の言語が必要」という信念から、ベラルーシ語ともウクライナ語とも異なる書き言葉である「西ポレシエ文章語」を確立するための言語研究を行う。シェリャゴヴィチの活動は、ベラルーシからの分離主義として当時のベラルーシ民族主義者から非難も受けるが、その一方で当時の政治権力者や権威的な言語学者、文学者や作家の支持を取り付けることに成功し、言語使用の実践として、西ポレシエ語による詩作をベラルーシの主要新聞の一誌であった『赤い新世代《チルボナヤ・ズメナ》』に刊行するようになり、「ポレシエの声」という西ポレシエ語の特別コーナーを持つに至る。

１９８８年には、また同郷出身の学者や作家、さまざまな文化的エリートと協力し、ポレシエの言語文化を発展させるために、社会文化団体「ポリシセ」（西ポレシエ語で「ポレシエ」の意）を立ち上げた。その機関紙『覚醒《ズブディンネ》』は１９９０年にソ連当局公認の全国紙にもなり、そこでは言語問題、歴史、民俗学、政治を扱う記事が掲載されると同時に、様々な詩作品や古典作品の翻訳などが掲載され、注目を浴びた（写真参照）。

「ポリシセ」の活動はベラルーシにとどまらず、ウクライナ側の西ポレシエ人エリートも巻き込んだ活動に発展する。また後に、ポーランドのポレシエ人も巻き込むべく、西ポレシエ語にキリル文字に加え、ラテン文字の正書法も導入した。

ЗБУДІННЕ

N5 (23)

Газэта громадсько - культурного згуртовання "Полісьсе"

Выдаецця з 1989 рока　1991 рик, март, 1 - 15　Коштуе -- 25 коп.

Poliška Doma

Tak vyhliedav Lučkyj zamok Liubarta Hydymynovyča v 1910 rokovy

КОЖАН - ГОРОДОК
(Лунынэцькиј раён)

Čornokosa Jetvyž

Lyksandyr TRUŠKO

K U P L I A N Y

I nyma mni proščennia, i nyma mni spohady, i nyma mni radošti, bo zarodlanyj lia duły žyty, počyev žyty lia rozuma, i kynuv Domu. I kynuv Domu, kynuv Domu na samu sybe i žyv dalloko od jiji lia rozuma, i žyv byz jiji, i koly raptom vtrapyv do Domy, to narobyloso mni bydy vyfykyji i lycha nypyryžytočnoho. Vhledyv ja, šo v ryidnyńkomu krajovy ny vse bulo tak, jek tra kob bulo. Chto nyvidaje toho smutočnoho ahroprômovškoho vydoka z rosturzanyji technyky i prokyvy vyžyj plota? Chto nybačyv maličńky chatky z poroztryskanymy od čyesu šybkamy? A liude? De-ž liude, de-ž tyji dužaky, kvityń poliškyji ludnošti, šo spokon viku tut žyly i vylyku naravu do žytky maly? A de-ž liude?! Lyžyetj pokotom kaj magazyna, bo pohubyly za Savietom vse, šo maly od Boha -- ny zymni nyma, ny voly. Navytj jek zbyrucia sylom pud magazynom vypyty svoji djvi plieški horbačyivky na talona raz v misiač, to j to nyspyvajutj, a ono rozsvaracia i počnutj bytysa, bo pišniu j tuju Saviet zabrav.

1991年3月の『覚醒』第1面。タイトルはキリル文字だが、記事の一部はラテン文字で書かれている

１９９０年には西ポレシエ言語文化に関わる実務者と研究者の双方が参加する大規模な国際会議が開催され、そこでは、西ポレシエ語によるマスメディアの設立、西ポレシエ言語文化研究機関、西ポレシエ語教育導入など様々な提案が行われ、将来的な発展が見込まれたが、結論として、いずれも実現することはなかった。次第にシェリャゴヴィチは文芸活動から政治活動に重点を移し、１９９４年にはベラルーシと西ポレシエの連邦国家を目指すべく大統領選挙に立候補したが、落選した。この後、シェリャゴヴィチは西ポレシエの運動に将来を見いだせず、１９９５年ごろからポリシセの活動は下火になり、西ポレシエ文章語の活動も事

実上消滅した。活動が失敗した理由として、ポリシセの活動がミンスク中心であったため、一部のエリートを除く一般のポレシエ人にその活動の意義が広まらず、支持を得られなかったことが挙げられる。これは経済的な基盤が脆弱であったことが大きい。また、文章語としての言語の規範化が十分にできずエリートすら「正しい」書き言葉をマスターできなかったことも挙げられる。

さらに、ウクライナ側の西ポレシエ人との言語に対する温度差もあった。ベラルーシの西ポレシエ人にとって、標準ベラルーシ語と西ポレシエ方言の言語的違いは大きいが、ウクライナの西ポレシエ人にとっては、標準ウクライナ語と西ポレシエ方言との違いはさほど大きくないため、これをウクライナ語と異なる独自の言語と考える必要がなかった。

政治・文化活動としての西ポレシエ文章語は終わり、また時代変化に伴う社会構造の変化とともに方言自体も失われつつあるが、ポレシエ人の言葉に対する愛着は、様々な形で今も書き言葉となって現れる。シェリャゴヴィチと活動を共にしたベラルーシの言語学者フョードル・クリムチュークは、1995年に西ポレシエ学術・地域研究協会「ザゴロジエ」を立ち上げ、西ポレシエの文化人類学、歴史、言語に関わる学際的な研究を行う一方、自らの文学作品執筆に加え、『覚醒』に掲載していた世界文学の西ポレシエ方言への翻訳を精力的に継続、また2010年には新約聖書の翻訳も出版している。また、ベラルーシ作家同盟付属ウクライナ文学会は、2015年より、ウクライナ語、ベラルーシ語、ロシア語に加えて西ポレシエ方言のテクストも含めた雑誌『スプラヴァ（出来事）』を刊行している。なお、西ポレシエ方言のテクストは「方言――我々の宝」というコーナーに掲載されている。

（野町素己）

21

ベラルーシ語とその他の言語の文学

★ひとつなぎに語れない文学史★

ベラルーシのように政治的境界線が何度も引き直され、支配的文化が入れ替わった地域では文学の歴史も多言語にならざるをえない。現代の視点から見れば一人の作家がベラルーシを含めた複数の文学史によってシェアされるということも起こりうる。キエフ・ルーシの時代にはまだベラルーシとロシア、ウクライナの間に言語と文学の境界線はなかったと言ってよい。共通の教会スラヴ語あるいは古ルーシ語で書かれた作品のうち、現在のベラルーシ地域に関わりの深いものとしては、ポロツクゆかりの『聖女エフロシニヤ伝』(12世紀末)がある(コラム2参照)。また13世紀の聖職者キリル・トゥロフスキーの宗教説話も重要な文学作品と見なされている。

14世紀にリトアニア大公国の拡大によりルーシ人の土地は分断され、文章語の発達も異なる道を辿る。リトアニア大公国では西ルーシ語(古ベラルーシ語、古ウクライナ語)が公用語となり多くの文学作品を生み出した。15~16世紀にはいくつかの「ベラルーシ・リトアニア年代記」が書かれている。16世紀にはルネサンスと宗教改革の影響下にヨーロッパの文化がこの地域に流入した。フランツィスク・スコリナによる聖書の翻訳(1517

年）は初めて印刷されたベラルーシ語のテキストと見なされている（コラム2参照）。しばしばスコリナの後継者に位置付けられるシモン・ブドヌイはネスヴィジの印刷所でプロテスタントの立場から古ベラルーシ語やポーランド語で出版活動を行った。ポーランドやイエズス会を通じたカトリック文化の影響でラテン語の文学も発展し、たとえばニコラス・フッソウィアヌスの『バイソンの歌』（１５２３年）が書かれた（第14章参照）。17世紀にはバロック文化の影響を受けたシメオン・ポロツキーが活躍するが、アレクセイ・ミハイロヴィチ帝に招かれてモスクワに移住することにより、使用する言語も西ルーシ語から大ロシア語寄りに変化したとされる。

リトアニア大公国のエリート層の間では次第にポーランド語が優勢となり、18世紀には文章語としてのベラルーシ語は衰退してしまう。ベラルーシ語は農民の話し言葉と見なされ、滑稽な効果をもたらすものとして専ら低俗な文学ジャンルで用いられた。たとえばポーランド語やラテン語の演劇の幕間に演じられるコメディー調の芝居の台詞がベラルーシ語で書かれた。ヴェルギリウスのラテン語古典文学をベラルーシ語のパロディとして翻案した『さかさまのアエネーイス（エネイーダ）』（１８２０年代）はウクライナ語の『アエネーイス』（１７８９年）と並んでこの時代を代表する作品と言える。

19世紀初めのロマン主義の時代にはアダム・ミツキェヴィチ、ヤン・チェチョト、ヤン・バルシュチェフスキ等のポーランド語作家がベラルーシの農民のフォークロアを題材にして作品を書いた。ヴィンツェント・ドゥーニン＝マルチンケヴィチもポーランド語話者だったが、ミツキェヴィチの『パンタデウシュ』をベラルーシ語に翻訳（１８５９年）したほか、喜劇『ピンスクの士族』（１８６６年）等の作品をベラルーシ語で書き、近代文章語の基礎となるテキストを残した。１８６３年のポーランド蜂

グロドノにあるボグダノヴィチ博物館の展示（撮影：服部倫卓）

起に参加したフランツィスク・ボグシェヴィチは、国外で出版された詩集『ベラルーシの笛』（1891年）で貧しい農民の窮状を訴え、ベラルーシ人としての民族的な自覚を説いた。

20世紀初頭になると1905年ロシア第一次革命の影響で帝国内の民族運動は高揚し、ベラルーシ語の出版も盛んになる。とりわけヴィルニュスで1906年に刊行が始まった雑誌『ナーシャ・ニヴァ（われらの畑）』では、ベラルーシの国民詩人とも言われるヤンカ・クパーラとヤクブ・コーラスが活躍した。クパーラの代表作には叙事詩『塚山』（1910年）、『彼女と私』（1913年）、戯曲『パウリンカ』（1912年）、『トゥテイシヤ（この土地の人々）』（1922年）がある（第15章参照）。コーラスはベラルーシ農村の百科事典とも言われる叙事詩『新しい大地』（1910～23年）が広く知られている。今でも人気の高い夭折した詩人マクシム・ボグダノヴィチ（バフダノヴィチ）、おばさん《チョートカ》のペンネームを用いた女流詩人アロイザ・パシケヴィチなどもこの雑誌に作品を載せている。

ソ連成立後の1920年代には現地化政策《コレニザーツィア》のおか

げでベラルーシ民族文化の振興が促進されたが、1930年代になると民族派知識人の弾圧が始まる。国民詩人のクパーラですらベラルーシをソ連から分離する陰謀に加担した疑いで逮捕され、のちには謎めいた状況で飛び降り自殺を遂げている。革命後のベラルーシではベラルーシ語、ポーランド語、ロシア語と共に公用語とされたイディッシュ語の文学も盛んだった。ミンスクではイジイ・ハリクのような才能あるユダヤ詩人が活躍するが1930年代の粛清でその多くが姿を消した。

第二次大戦の過酷な体験を経たベラルーシでは戦争文学が主要なジャンルの一つとして発達した。ヴァシリ・ブイコフ（ブイカウ）は『死者に痛みはない』（1966年）等で過酷な戦場における兵士の体験を描き、アレシ・アダモヴィチはナチス・ドイツによる住民の虐殺をテーマにした小説『ハティニ物語』（1972年）や『懲罰隊』（1980年）を書いた。ブイコフは作品を自らロシア語に訳し、アダモヴィチは主にロシア語で執筆したこともあり、ベラルーシだけではなくソ連中で広く読まれる作家となった。戦争文学の系譜はノーベル賞作家スヴェトラーナ・アレクシエーヴィチにまで連なる。農村を舞台にした小説もソ連時代のベラルーシの主要ジャンルだった。その代表的な作家イヴァン・メレジは沼沢地で文明から切り離されたポレシエの村を舞台にした小説『沼の人々』（1961年）で知られている。農村における戦災の記憶をテーマにした小説『掌の心臓』（1963年）のイヴァン・シャミャキンも有名である。一方、ヴラジーミル・コロトケヴィチ（カラトケヴィチ）はミステリー的要素のあるロマンチックな歴史小説で人気を博した。代表作の『スタフ王の野蛮な狩り』（1964年）は映画版も有名である（第18章、23章参照）。詩人ではルィゴール・ボロドゥリンは常に政治社会的にアクチュアルなテーマを扱いながら抒情的な色彩の言語で読者を魅了した。演劇ではアレクセイ・ドゥダレフ（ドゥダラウ）が現代劇から歴史物まで幅広く手がけている。

ソ連解体とベラルーシ独立後には多様なジャンルの作品が書かれるようになった。ポストモダン作家として知られるアダム・グロブスはポルノとフォークロアの入り混じった『ダマヴィカメロン』（1994年）等の問題作を書いている。詩人では古典文学と現代の若者文化のジャーゴンを混ぜ合わせた特異な文体のアンドレイ・ハダノヴィチが注目を集めている。シャミャキン『不吉な星』（1991年）、ブイコフ『狼の穴』（1999年）、アレクシエーヴィチ『チェルノブイリの祈り』（1997年）、ドゥダレフの戯曲『拒絶』（1994年）、ボロドゥリンの詩集『在れ』（2006年）等、チェルノブイリ原発事故を描いた作品が多いのも注目される。

現代のベラルーシは言語的にはロシア語が圧倒的に優勢であり（第17章参照）、文学においてもベラルーシ語の作品は必ずしも多くの読者を獲得しているとは言いがたい状況にある。中国化したベラルーシを舞台にした未来小説『墨瓦《モーヴァ》』（2014年）で話題の若手作家ヴィクトル・マルチノヴィチはロシア語とベラルーシ語の両方で執筆している。詩人のドミトリー・ストロツェフは自らを含めてベラルーシ語ではなくロシア語で創作してきたベラルーシの作家を「ミンスク派」と位置付けて注目を集めている。ミンスクのクパーラ記念劇場などではドゥーニン＝マルチンケヴィチからドゥダレフまで古今の演劇がベラルーシ語で上演されているが、俳優の多くは舞台を降りればロシア語で会話している。ベラルーシ語文学はこのまま読者を失って衰退に向かうのか、それとも多言語文化の歴史的条件を利用した新たな文学の可能性を示すことができるのかが問われている。

（越野　剛）

22

ノーベル賞作家アレクシエーヴィチの文学の世界

★戦争・原発事故・社会主義★

2015年にノーベル文学賞を受賞したスヴェトラーナ・アレクシエーヴィチの著作は通常私たちが考えるような「文学作品」とはかなり異なっている。ソ連に暮らした普通の人々に取材して集めた言葉の断片を編んで作られた作品からは作者自身の言葉ができるかぎり取り除かれている。一種のノンフィクション文学と言ってよいだろう。

アレクシエーヴィチがインタビューに基づく独自の創作手法を学んだのは、ベラルーシの戦争文学作家アレシ・アダモヴィチからである。第二次世界大戦でベラルーシの多くの農村がドイツ軍により焼き払われ、住民は皆殺しにされた。アダモヴィチは同僚の作家たちと共にテープレコーダーを担いで戦禍の跡を旅してまわり、生き残った人々からの証言を『燃える村からきた私』（1975年）という本にまとめた。900日にわたるドイツ軍の包囲によって飢餓に苦しんだレニングラード（現サンクトペテルブルグ）の住民に同様の手法で取材した『封鎖の書』（1977～81年）もよく知られており、日本語でも『封鎖・飢餓・人間』というタイトルで読むことができる。事件の体験者に自ら語らせることを主眼としたこれらの作品をアダモヴィチは例

第22章
ノーベル賞作家アレクシエーヴィチの文学の世界

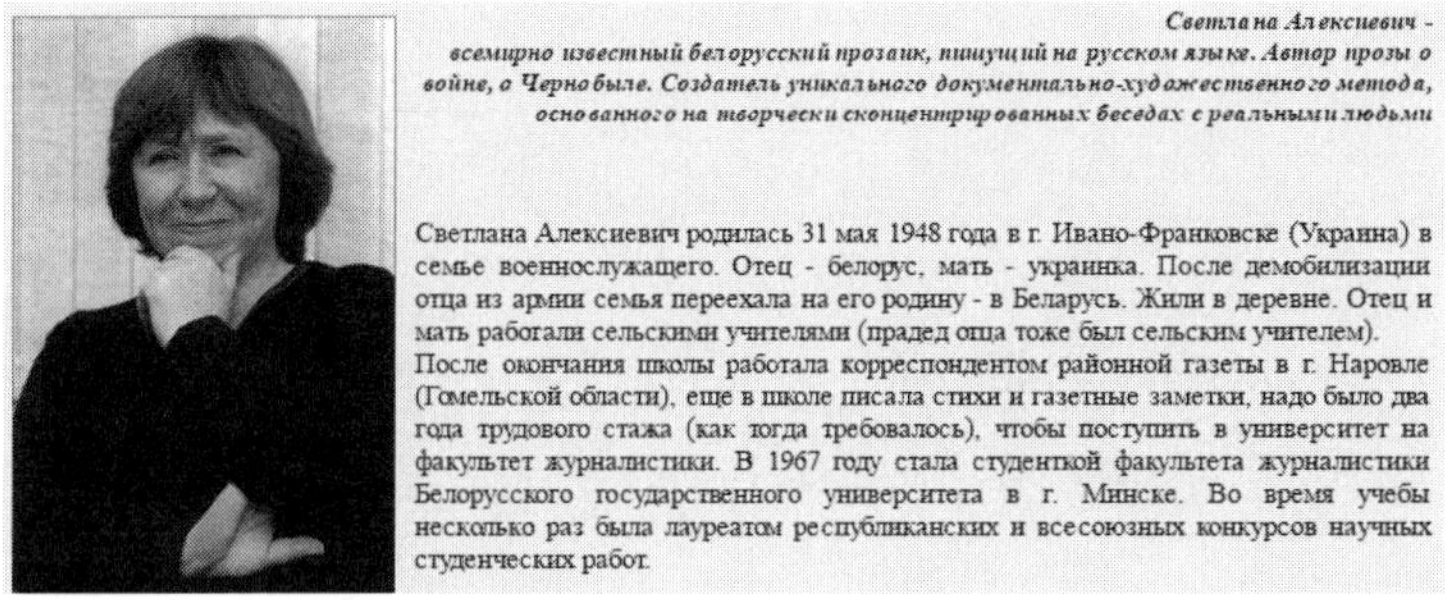

Светлана Алексиевич - всемирно известный белорусский прозаик, пишущий на русском языке. Автор прозы о войне, о Чернобыле. Создатель уникального документально-художественного метода, основанного на творчески сконцентрированных беседах с реальными людьми
Светлана Алексиевич родилась 31 мая 1948 года в г. Ивано-Франковске (Украина) в семье военнослужащего. Отец - белорус, мать - украинка. После демобилизации отца из армии семья переехала на его родину - в Беларусь. Жили в деревне. Отец и мать работали сельскими учителями (прадед отца тоже был сельским учителем).
После окончания школы работала корреспондентом районной газеты в г. Наровле (Гомельской области), еще в школе писала стихи и газетные заметки, надо было два года трудового стажа (как тогда требовалось), чтобы поступить в университет на факультет журналистики. В 1967 году стала студенткой факультета журналистики Белорусского государственного университета в г. Минске. Во время учебы несколько раз была лауреатом республиканских и всесоюзных конкурсов научных студенческих работ.

公式 **HP**（**http://alexievich.info**）より

えば「コーラス小説」と呼んでいる。テープに録音した証言が素材になっているとはいえ、あくまで作家によって創造的に構成された文学作品だという立場である。

　ジャーナリストとして働きながら文学の道を試行錯誤していたアレクシエーヴィチは、こうしたアダモヴィチの著作で用いられた方法論に深い影響を受けた。自分はアダモヴィチの弟子であるという言明を何度も繰り返しているほどである。実は『燃える村からきた私』が出版されたのと同じころに、アレクシエーヴィチは農村から都市への人々の移住をテーマにしたルポルタージュ『私は村を出た』を書いている。移動の自由を制限するソ連の国内パスポート制度に批判的な表現があったため、検閲によって出版が差し止められたという。しかし社会主義体制の崩壊後も、この作品が刊行されないままなのは、証言者の声によって作品を構成するというスタイルが完成する前の未熟な若書きだと作者自身が認めているからだろう。

　アダモヴィチは自分の「コーラス小説」の手法について論じた文章のなかで、生き生きとした証言を与えてくれるのは女性である場合が多いと述べている。男性の語り手は教科書に書かれているような「客観的」な事件の叙述をそのまま繰り返すことが多い。アダモヴィチの手法を学んだアレクシエーヴィチが最初の取材の対象に女性兵士を選んだのは正解だったと言える。第二次世界大戦では80万人にのぼるソ連の女性が従軍しており、その勇姿は映画や文学作品でもしばしば描かれてきた。しかし女性兵士自らが体験を語るような場は、アレクシエーヴィチの作品『戦争は女の顔をしていない』によってはじめて与えられたと言ってよい。女性の目に映った戦争は、過酷な戦場の様子を具体的に生々しく描き出すものであり、当局のプロパガンダが理想とするような英雄的なイメージとはかけはなれていた。そのため1983年には原稿ができあがっていたにもかかわらず刊行は差し止められた。しかしゴルバチョフの登場した1985年にようやく本が出ると、ペレストロイカの時流に乗って200万部以上のベストセラーとなり、アレクシエーヴィチは一躍時の人となった。同じ年には姉妹作とも言える『最後の証言者（邦訳：ボタン穴から見た戦争）』も出版された。戦時中にまだ子供だった人々の声を集めた作品である。

1989年の『亜鉛の少年たち（邦題：アフガン帰還兵の証言）』も大きな反響を呼んだ。戦場で過酷な体験をなめた傷痍軍人や息子を失った母親たちに取材して、アレクシエーヴィチはアフガニスタン戦争の知られざる凄惨な光景を明るみに出した。しかしソ連崩壊後の1992年、兵士の母親や帰還兵の一部が、アレクシエーヴィチの記録した「声」は事実とは違うとして、アレクシエーヴィチをミンスクの裁判所に訴えるという事件が起きた。戦死した息子を祖国のために命を犠牲にした立派な軍人として記憶したい母親たちにとって、戦争の暗い側面を暴露する『亜鉛の少年たち』が耐え難かったようだ。かつて作家に取材を受けた母親は裁判のなかで「そんな恐ろしい真実は必要ない」とまで言っている。結果としてアレクシエーヴィチを訴えた人びとは作家の前でいちど語ったはずの自分の「声」を否定したことになる。

アレクシエーヴィチが「小さな人間」と呼ぶような目立ったところもない普通の人々が、社会主義体制の崩壊後もソ連的なメンタリティーを抱き続けるという現象に作家が関心を向けるようになったのは、『亜鉛の少年たち』をめぐる裁判がひとつのきっかけだったのかもしれない。次作『死に魅入られた人びと』では、ソ連解体から急激な体制転換の時期に生きる支えを失って自殺を試みた人々を取材している。アレクシエーヴィチはまたそれと並行するようにして、ソ連に生きた人々の「愛」をテーマにした取材も行っている。後者は『永遠の狩の妙なる鹿』というタイトルだけは決まっているが、まとまった本としては出版されていない。実は最新作の『セカンドハンドの時間』は、『死に魅入られた人びと』における死と『永遠の狩の妙なる鹿』の愛という対立しながらも補い合うような二種類の声を編み合わせた作品になっている。そのせいもあって『死に魅入られた人びと』は過渡的な作品としてアレクシエーヴィチの「ユートピアの声」シリーズからは外されることが多い。

1986年に起きたチェルノブイリ原発事故は発電所のあったウクライナだけでなく、ロシアやベラルーシに広範囲にわたる放射能汚染地を作り出した。とりわけベラルーシは国土が小さい分だけ汚染地の占める割合が大きく、住民の生活に深刻な影響をもたらしている（第41章参照）。1997年に出た『チェルノブイリの祈り』は事故の原因や責任を問うのではなく、事故から10年が経って人々の意識や記憶がどのように変わってきたのかを、被災地の住民や原発事故に関わった様々な人々の声を通じて明らかにしている。

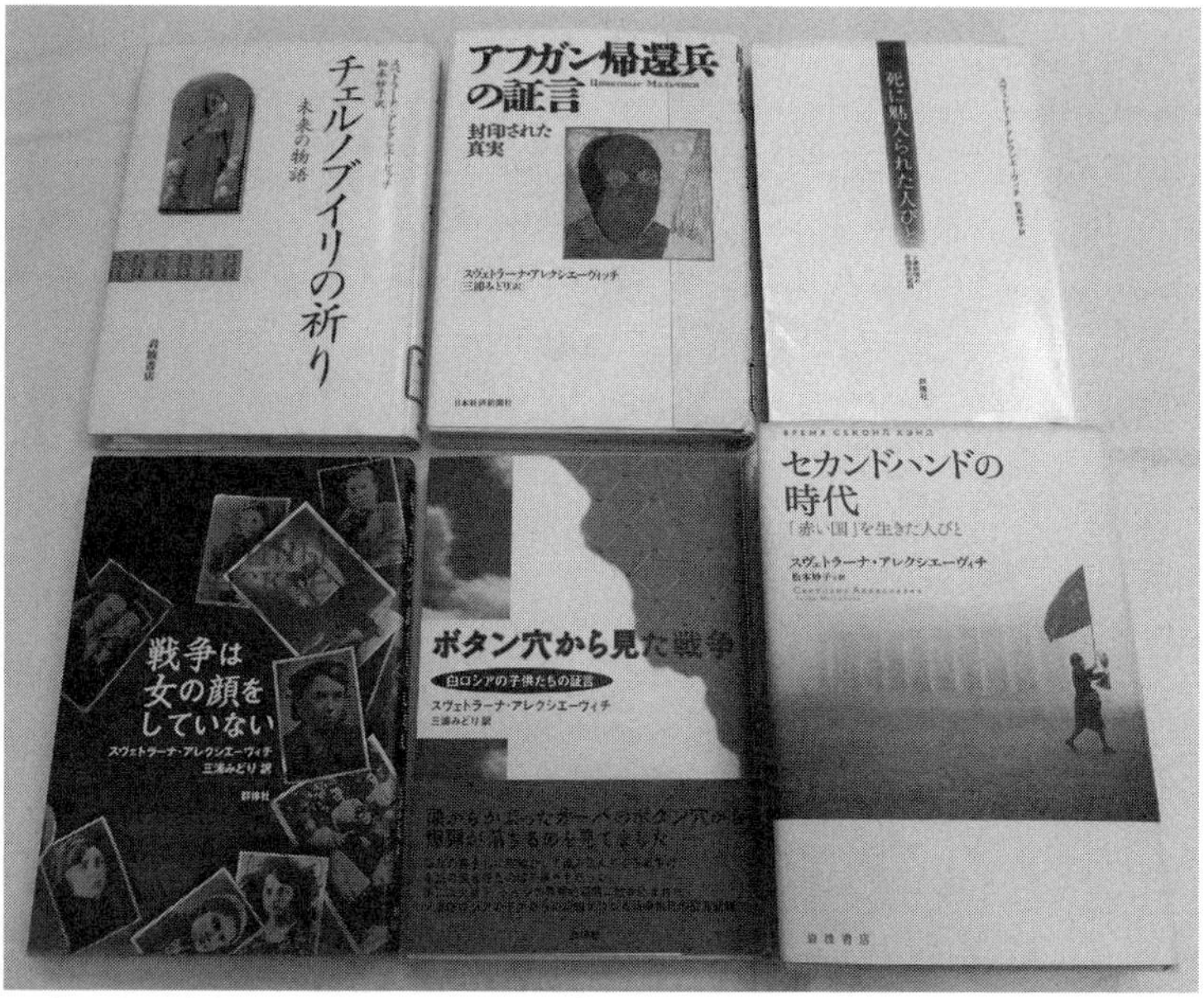

日本で翻訳出版されたアレクシエーヴィチの作品

アレクシエーヴィチはルカシェンコやプーチンの政権には一貫して批判的である。特にベラルーシではルカシェンコ大統領の就任以降はアレクシエーヴィチの作品が出版されず、『チェルノブイリの祈り』ですらロシアの出版社から出されている。2000年代にはフランス、ドイツ、イタリアなどに招かれて暮らしたが、これも迫害を避けるための政治的な亡命という側面があった。ただし2010年代に入ってからは基本的にベラルーシを生活の拠点にしている。

2015年のノーベル賞受賞をめぐってはロシアとベラルーシの対応に微妙な温度差が見られる。西欧での作家の評価が高まるのと比例するかのように、ロシアではアレクシエーヴィチは反ロシア・反愛国的な作家だとして弾劾する声が目立つようになっている。ロシアによるウクライナへの干渉やクリミア併合を批判するような彼女の勇気ある発言も、ロシア人のナショナリズム的な反感の火に油を注いでしまった。ベラルーシでは少し事情が異なってきている。ロシアによるウクライナへの軍事介入にルカシェンコは必ずしも賛同しておらず、奇しくもアレクシエーヴィチの立場と重なっている。しかもノーベル賞というブランドの力は大きい。今まで何人も受賞者を出しているロシアとは違い、ベラルーシという小国でこれほど国際的に栄誉のある評価を受けた人物はアレクシエーヴィチが初めてである。いままで作家を無視し続けてきたルカシェンコ政権も今回は彼女に祝辞を送らざるをえなかった。ベラルーシの教育省では作品を高校の授業に取り入れることさえ検討しているという。

1948年生まれのアレクシエーヴィチは、父がベラルーシ人、母がウクライナ人であり、家庭で使われる言葉はソ連諸民族の共通語であるロシア語だったはずである。彼女の作品を構成する取材相手の言葉もまた、農村のおばあさんが時おりベラルーシ語を差し挟むのを除けばほとんどがロシア語である。ベラルーシは旧ソ連において（ロシアを除いて）もっともロシア語が浸透した地域であり、ベラルーシ人はロシア人以上にソ連的な意識を培った人々だったと言われる。アレクシエーヴィチはベラルーシの作家ではあるが、それ以上に今は存在しないソ連、あるいは決して存在することのなかったユートピアを代表するその最後の作家と言ってよいかもしれない。ここで紹介したアレクシエーヴィチの作品は、幸いにも出版社と翻訳者に恵まれたため、すべて日本語で読むことができる。

（越野　剛）

23

映画で見るベラルーシ

★パルチザン映画だけじゃない★

ベラルーシにおける映画制作の歴史は、20世紀初頭に遡る。帝政ロシア末期には各地で無声の記録映画が撮影、上映されていた。革命後は映画館や機材がすべて国有化され、1924年に国家映画総局（ベルゴスキノ）、1928年にはその下に映画撮影所ソビエツカヤ・ベラルーシが設立されたものの、技術的な理由により当初はレニングラードに置かれ、1939年にようやくミンスクに移された。同撮影所ではベラルーシと無縁の映画が多数つくられた一方で、ベラルーシならではの作品も少なからず生み出された。それらの主なテーマは、帝政下における民衆の解放やポーランド・ソビエト戦争（1919〜1921年）であった。たとえば、最初の劇映画『森の物語』（1926年、ユーリー・タリチ監督、ミハシ・チャロト原作）は、同戦争におけるパルチザン部隊の抵抗を描いた作品である。また、『春の歌』（1928年、ヴラジーミル・ガルジン監督、ヤクブ・コーラス原作）、『小夜啼鳥』（1937年、エドゥアルド・アルシャンスキー監督、ズミトロク・ビャドゥリャ原作）など、ベラルーシ文学の映画化も行われるようになった。1930年代には無声からトーキーに移行し、1940年までの15年間に約60の劇映画が制作された。

第23章

映画で見るベラルーシ

1941年に大祖国戦争（独ソ戦）が勃発すると、撮影所スタッフの一部は前線で記録映像の撮影に従事、そして一部はカザフスタンに疎開してアルマ・アタ（現アルマトィ）に設立された中央合同映画撮影所で活動を続けた。終戦後の1945年にはミンスクでの活動が再開、翌1946年にベラルシフィルムと改称された。ソ連崩壊後は財政難と混乱により存続の危機に瀕したが、ロシアを中心とする諸外国との共同制作や撮影協力により何とか生き残り、国営映画会社として現在に至っている。

戦後のベラルーシ映画の主なテーマは、一貫して大祖国戦争である。主戦場となり甚大な被害を受けた当国では、戦後70年以上を経た現在も対独戦を題材とする作品がつくり続けられている。『コンスタンチン・ザスロノフ』（1949年、アレクサンドル・ファインツィンメル、ヴラジーミル・コルシ＝サブリン監督）にはじまり、『墓地の向こうへ』（1964年、ヴィクトル・トゥロフ監督）、『オギンスキのポロネーズ』（1971年、レフ・ゴルプ監督、1972年日本公開、邦題『小さな英雄の詩』）。そして、モスフィルムとの合作『来たりて見よ』（1985年、エレム・クリモフ監督、1987年日本公開、邦題『炎628』）は、観た者に強烈な印象を残す名作だ。以上はほんの一例で、いつしかベラルシフィルムは「パルチザンフィルム」の異名をとるようになった。独立後は、『44年8月に…』（2000年、ミハイル・プタシュク監督）、『ブレスト要塞』（2010年、アレクサンドル・コット監督）など、ロシアとの合作が目立つ。最近では、ドイツ、ラトビア、オランダとの合作『霧の中』（2012年、セルゲイ・ロズニツァ監督、ヴァシリ・ブイコフ原作）がカンヌ映画祭に出品された。そうしたなかで異彩を放っているのは、インディペンデント作品『占領／ミステリー』（2004年、アンドレイ・クジネンコ監督）だ。パルチザンを英雄視せず、「ベラルーシ人とは何か」を問う挑発的な作品で、国内での上映は禁止された。

子ども向け映画の制作も古くから行われてきた。今日でも旧ソ連地域では、ベラルシフィルムといえばレオニード・ネチャエフ監督のミュージカル映画『ブラチノの冒険』（1975年）や『赤ずきんちゃん』（1977年）を思い出す人も多いはずだ。現在も、子ども向けの実写映画やアニメ作品は細々ながらつくり続けられている。

もちろん、戦争物や子ども向けの映画だけではない。ベラルーシにちなんだ作品は少ないが、ソ連時代には、伝記映画『私、フランツィスク・スコリナは……』（1969年、ボリス・ステパノフ監督）、『スタフ王の野蛮な狩り』（1979年、ヴァレリー・ルビンチク監督、ヴラジーミル・コロトケヴィチ原作、日本公開1983年）や『沼地の人々』（1981年、ヴィクトル・トゥロフ監督、イヴァン・メレジ原作）といったベラルーシ文学の映画化作品、同時代の社会や親子の問題を描いた叙情的コメディ『ベルイエ・ロスイ』（1983年、イーゴリ・ドブロリュボフ監督）などが制作された。その他、ペレストロイカ期の不良青年を描いた『俺の名はアルレッキーノ』（1988年、ヴァレリー・ルィバレフ監督）は、今ではほぼ忘れ去られた作品だが、当時はソ連全土で大ヒットした。

『十字路』（© 2014 Anastasiya Miroshnichenko）

独立後はハリウッド映画が席巻し、ベラルーシ映画など見向きもされなくなった。ソ連崩壊後、戦争映画以外で若干話題になったベラルシフィルム単独の作品と言えば、歴史劇『アナスタシヤ・スルツカヤ』（2003年、ユーリー・エルホフ監督）くらいだろうか。そんななかで最近元気なのが、インディペンデント映画だ。たとえば、ゴメリのホームレス老人画家の1年を追ったドキュメンタリー『十字路』（2014年、アナスタシヤ・ミロシニチェンコ監督）は公開後すぐ話題になり、国立美術館での個展も開催された。その他にも、『悪』（2014年、イリーナ・ブレリ監督）、『**GaraSh**』（2015年、アンドレイ・クレイチク監督）、『ベラルーシのサイコ』（2015年、ニキータ・ラヴレツキー監督）など、個性的な作品が誕生しつつある。低予算という制約はあっても、自由な映画づくりが可能だからだろう（上映許可を得るための検閲はあるが）。若手の旗手として注目されるクレイチク監督は、国の補助を受けなくても国内興行収入で制作費が回収可能であることを証明するために上記作品を撮り、見事にその目的を果たした。

『**GaraSh**』（© 2015 Bez Buslou Arts）

ところで、外国映画のなかでは、ベラルーシはどのように描かれているのだろうか。まずは日本の映画を紹介したい。写真家の本橋成一監督による、チェルノブイリ原発事故で汚染された村に暮らし続ける人々を記録したドキュメンタリー作品『ナージャの村』（1997年）と『アレクセイと泉』（2002

年）だ。当のベラルーシであまり知られていないのは残念である。

ベラルーシ人がロシア映画を外国映画と考えるかはともかくとして（おそらく多くの人がそうは思わないだろう）、ベラルーシが登場する作品は無数にある。内容はベラルーシと無関係でも、コスト節約のために当国で撮影されているものが多いためだ。なかには、ベラルーシを主な舞台とする作品もある。『シャガールとマレーヴィチ』（２０１３年、アレクサンドル・ミッタ監督）は実際にシャガールの出身地ヴィテプスクで撮影され、地元の俳優や住民も出演している。ただし、この作品で描かれた時代の同地は、ほとんど帝政ロシアかロシア共和国に属していた。

西隣のポーランドにも、『パン・タデウシュ物語』（１９９９年、アンジェイ・ワイダ監督、アダム・ミツキェヴィチ原作）など、現在はベラルーシに属する地域を舞台とする作品が見られるものの、それらをベラルーシと結びつける人はほとんどいないだろう。一方、「西側」から見たベラルーシを主題とする作品もある。ポーランド国営映画会社制作、その名も『ベラルーシ万歳！』（２０１２年、クシシュトフ・ウカシェヴィチ監督）だ。主人公は政治にとくに関心がない若者だが、政治運動に巻き込まれ、その結果兵役を課せられ、その惨状を訴えるブログが評判を呼び、反体制派の中心人物に祭り上げられていく。しかし、希望のない結末。もちろん、ベラルーシでは上映禁止だ。

ハリウッドでも、ベラルーシが登場するのはやはり戦争映画だ。実話に基づき、ビエルスキ兄弟が率いるユダヤ人パルチザン組織の抵抗を描いた『ディファイアンス』（２００８年、エドワード・ズウィック監督）は、いかにもハリウッドらしい作品である。実際の舞台はナリボキ原生林だが、撮影はリトアニアで行われたということだ。最後にもう一つ、ニューヨークやミンスクを舞台とする米国・ベラルーシ合作アクション映画『コード・オブ・カイン』（2015年、ウィリアム・デ・ヴィタル監督）を紹介しておこう。実は、件のポーランド映画に対抗してベラルーシ文化省の発注により制作されたという代物で、同作にも登場する2010年の反体制派抗議デモが悪の組織の陰謀として描かれている。残念ながら、国内外の評価は散々なものだ。

紙幅の都合により本稿では映画における言語の問題について触れていないが、大まかにいえば、ベラルーシ映画において使用されている主な言語はロシア語であり、一部の作品ではベラルーシ語やトラシャンカが（戦争映画はドイツ語も）混ざっている（トラシャンカについては第17章参照）。ベラルーシ語中心の映画をお望みならば、ベラルーシ映画ではなく、『ベラルーシ万歳！』を観るとよい。（衣川靖子）

24

ベラルーシのバレエ文化

★芸術性と民族性を兼ね備える★

ベラルーシバレエの成り立ち

20世紀はロシアバレエの黄金時代と言われる。セルゲイ・ディアギレフの「バレエ・リュス」が、1909年の第1回パリ公演を皮切りに、ヨーロッパ、米国などで大成功を収め、世界中にロシアのバレエ文化を広めていった。ロシアバレエはその伝統を守り続け、1960～80年代に海外で多くの作品が上演された。

そうしたなか、ベラルーシのバレエは当初、民族の伝統的な生活と密接な形で始まり、行事や祭り、豊作を祝う際の踊りをルーツとしていたとされる。そうした民族的舞踊と、ソ連（ロシア）のバレエ芸術とを折衷したものが、ベラルーシのクラシックバレエ文化と言えよう。

1920年代、オペラのソリスト、バレエのグループと少人数のオーケストラによるベラルーシドラマ劇場での舞台が、ベラルーシバレエの歴史的な幕開けだった。当時のパフォーマンスは、民族音楽に合わせてオペラやバレエの場面をちりばめた音楽ドラマのようなものだった。この頃オペラやバレエ等のテクニックは、ミンスク、ヴィテプスク、ゴメリで学ばれていたようだ。

ベラルーシのバレエ劇団と劇場

1933年、ベラルーシ共和国の首都ミンスクに、国立のオペラ・バレエ劇場が設立され、オペラやバレエのスタジオの拠点となった。1940年に劇場は「ベラルーシ国立ボリショイ・オペラ・バレエ劇場」（http://bolshoibelarus.by）と命名される。1939年に念願のベラルーシ国立舞踊学校が創設され、1941年に初めて国家公務員として働くプロフェッショナルダンサーを世に送り出すことになった。

ベラルーシ国立ボリショイ・オペラ・バレエ劇場

1933〜39年には、世界でも上演されている主要オペラのレパートリーを上演するまでに成長した。また劇場の付属でベラルーシ各地から才能ある子供たちを育成する国立オペラバレエスタジオも設立された。バレエ団にはレベルの整った100名近くのダンサーが揃い、「白鳥の湖」、「コッペリア」、「せむしの仔馬」などが上演された。

現在でもミンスクのオペラ・バレエ劇場を訪れると、林の中の丘の上にそびえる荘厳な姿が見る人を圧倒する。ロシア構成主義の建物で、ヨシフ・ラングバルドが設計、旧トロイツキーバザールの跡地に構築されたものだ。経費削減や規模縮小などの再設計を経て、5年の年月をかけて1938年に完成した。1939～40年にはベラルーシをテーマとした作品が数々上演された。

第二次世界大戦中はボリショイのバレエ団員にも徴兵制が適用され、バレエ団自体もロシアに疎開させられた。ナチス・ドイツ軍の侵攻下で劇場は破壊を被るが、1944年には修復が開始され、バルコニー席などをあしらった造りに生まれ変わった。修復完了後の1947年に、最初に上演されたのが、ベラルーシの民族的英雄を描いた「カストゥーシ・カリノフスキー」だった。1949年までには多くの作品の上演が再開された。ベラルーシのボリショイ劇場は、名実ともにソ連全体の三大ボリショイ劇場の一つとなり（モスクワ、タシケントのそれとともに）、1950年代には「イーゴリ公」、「リゴレット」、「スペードの女王」、「イヴァン・スサーニン」等の世界的に有名なオペラ・バレエやソ連的なレパートリーが上演された。

さらに、1970年にはベラルーシ国立アカデミー音楽劇場（http://www.musicaltheatre.by）が創設され、1981年からはレパートリーの幅も広がり、オペレッタ、ミュージカル、ミュージカルコメディ、コメディオペレッタ、ロックオペラ、バレエなどが上演されるようになった。音楽劇場におけるバレエの上演数は多くはないが、1997年モスクワコンクール銀メダリストのコンスタンチン・クズネツォフや、日本人の岩切里奈（2000～11年在籍）などのレベルの高いプリンシパルによって、人気を博すことになった。ベラルーシ国立民族舞踊団「ハローシキ」（http://www.khoroshki.com）は、1974年にヴァレンティーナ・ガエヴァヤとニコライ・ドゥトチェンコによって設立された。

エリザリエフの功績

1973年、ヴァレンティン・エリザリエフが26歳の若さでボリショイ・バレエ団の主任振付家に就任した。エリザリエフは、モスクワのユーリー・グリゴローヴィチ、サンクトペテルブルグのボリス・エイフマンとともに、古典作品の改訂に着手した。エリザリエフの精力的な創作活動で生まれたレパートリーによって、ベラルーシバレエは個性的な特徴に彩られていった。ベラルーシ独立後の1992年、エリザリエフはボリショイ・バレエ団の芸術監督に就任し、世界各国で公演を行った。その作風は象徴化された自然と哲学的主題を、様々な舞踊表現と音楽で表現した劇的なバレエの世界と評されている。

こうして誕生したのが、ボリショイ・バレエ団の象徴となる一連の作品である。なかでも、10世紀のポロック公国で実際にあった公女ログネダの悲劇の物語をテーマにした「ストラスチ」は、ブノアの国際ダンス協会の賞を受賞した。エリザリエフ氏が芸術監督を務めた期間が、ベラルーシバレエの黄金時代だったと言っても過言でない。

ヴァレンティン・エリザリエフ氏

ボリショイ・バレエ団では、最近はエリザリエフ作品の上演は少なくなり、現芸術監督のユーリー・トロヤン氏が手掛けた「ヴィトフト」（ベラルーシ国民史にとって重要なリトアニア大公国のヴィタウタス大公を描いた作品）や、

「ストラスチ（ログネダ）」の舞台

「スパルタクス」の舞台

ヨーロッパやロシアから振付家やミストレスを呼び新しい作品を多く上演している。毎年行われるヴィテプスク国際振付けコンクールも世界的な注目を集め、日本からの参加者も見られる。

ベラルーシ社会に根付いたバレエ

日曜日の昼間の公演に出かけると、地方から何台ものバスがやってきて、降りてきた子供たちが楽しそうに劇場に入っていく。誕生日や卒業入学などのお祝い事にも、バレエ鑑賞は欠かせない。「チポリーノ」、「白雪姫と7人の小人」、「3匹の子豚」といった演目の公演の鑑賞を、何カ月も前から親にねだって楽しみにしている。チケットも安く、小さい時からバレエは楽しみの一時となっている。カーテンコールに花を持った子供たちが舞台に上がり、気に入ったダンサーにプレゼントしている様子は、可愛らしく微笑ましい限りだ。

大人たちも、小さい時から慣れ親しんだ劇場が出会いの場であり、劇場のロビーは気兼ねのない社交場である。チケット代は日本円に換算すると300～6000円くらいと幅があるが、演目や出演者、ゲスト等によっては即日完売ということもある。

ベラルーシ国立ボリショイ・オペラ・バレエ劇場は、9月から翌年の7月中旬までの間がシーズン。時折海外公演で休みになることもあるが、オペラとバレエが交互に、月11～13回程度上演されている。ホアイエではお目当てのダンサーの絵はがきやプログラムが飛ぶように売れている。

ロメオとジュリエット（中央がアレクサンドル・ブーベル）

日本との交流

日ロ芸術愛好協会は、1985年からベラルーシ共和国文化省を通じてベラルーシ国立舞踊学校へ日本人留学生や短期留学生を派遣している。1989年の田熊弓子、最上恵美子、1990年の藤原由美をはじめ、多くの留学生が今日に至るまで学んでいる。またベラルーシから講師を招聘し、日本各地で特別セミナーを開催してきた。

第七回モスクワ国際コンクール（1993年）で銀賞およびディアギレフ特別賞を受賞した朝枝めぐみ（谷桃子バレエ団）と、同バレエ団の齋藤拓を、ベラルーシのボリショイ・バレエ団が1994年と2000年に2度にわたって招待し、「白鳥の湖」全幕を公演し好評を得た。

筆者・渡部美季は、1997年のモスクワコンクール後（ボリショイバレエアカデミー賞受賞）、審査員であったエリザリエフ氏に招かれ、1998年にボリショイ・バレエ団の正団員ソリストとして入団した。以降8年間在籍し、すべての演目に主要ソリストとして出演した。

２００２年に日本外務省と文化庁の支援で、安達哲治率いるＮＢＡバレエ団のベラルーシ公演が実現した。２００６年には、豊田シティーバレエのソリスト三宅佑佳が舞台を披露。現在はベラルーシ国立オペラ・バレエ劇場に2名、ベラルーシ国立アカデミー音楽劇場に4名の日本人が在籍している。

日本におけるエリザリエフ作品の上演としては、２００４年ＮＢＡバレエ団で「エスメラルダ」そして日本バレエ協会公演で２０１１年「ドン・キホーテ」、２０１３年「白鳥の湖」を上演し、好評を得た。「ドン・キホーテ」および「白鳥の湖」では、ボリショイ・バレエ団の元プリンシパルのアレクサンドル・ブーベルがバレエマスター、渡部美季がミストレスを務めた。エリザリエフと長年の友人であった当時の日本バレエ協会会長、薄井憲二氏の功績も忘れることができない。

なお、筆者・渡部美季はアレクサンドル・ブーベルとともに、東京都調布市にて「渡部ブーベル・バレエアカデミー」(http://www.w-buber.com)を開設しており、ワガノメソッドにもとづくロシアおよびベラルーシのバレエ文化を日本に伝える活動を続けている。

（渡部美季）

25

ベラルーシの若者文化

★伝統の中に新しい流行が生まれる★

２００５年1月1日、ベラルーシに新しい規則が導入された。それはベラルーシのラジオ局で流れる音楽の75％以上がベラルーシの歌手やグループによるものでなければならないというものだ。理由はベラルーシのアーティストの音楽をより多く放送することで、彼らの権利を守るためである。ベラルーシ産の製品や農産物の購入を呼び掛けることで、自国製品や生産者を守ろうとすることと近いものを感じる。

それまでベラルーシ人、特に若者たちは外国の音楽やロシアの音楽を中心に聴いていた。しかし、この規則の登場以降、ラジオのみならず、テレビの音楽チャンネルでも流される音楽はベラルーシのものが中心になっていった。

一般市民の中には不満を漏らす人も多かったが、それ以上に困ったのがラジオ局の人たちである。ベラルーシの歌手が人気があるとは言えないという状況もあったが（日本で言うところの「ご当地歌手」のような扱いだった）、そもそもベラルーシにはポップスやロックの歌手やグループ自体が少なかったのである。

すると、ここぞとばかりに急造の歌手やグループが雨後の筍のように登場した。しかし、なかには音楽的にレベルの低いものが多く、皮肉なことにベラルーシのアーティストを守る規則のはずが全体的にはレベルの低下を招くという結果をもたらしたのである。となると、当然若者たちにはそっぽを向かれてしまう。若者たちは以前にも増して、外国の音楽をインターネット上で楽しむようになった。

しかし、ここ数年、中高生や大学生に好きなミュージシャンの名前を聞くと、ベラルーシの歌手やグループ名を挙げることが多くなった。ベズ・ビリェータやS°unduk などのバンドのコンサートに若者が集まるというのは以前では考えられないことだ（リャーピス・トルベツコイというパンクロックグループだけは例外で、以前から若者たちに人気があった）。ベラルーシのアーティストを守る国の政策は10～20代の若者たちの間にベラルーシのポップスやロックなどを広めることにはある程度成功していると言えるだろう。

最近はベラルーシ語で歌ったり、ロックなどの音楽のなかにベラルーシの民族音楽的な要素を取り入れたりするアーティストが増えてきている。ガロトニツァやアクーテなど、ベラルーシ語で歌うアーティストは若者たちの間で少しずつ人気を伸ばしてきている。以前であれば、ベラルーシ語で歌うアーティストは民族音楽系の人たちを除けば、ナショナリストというレッテルを張られるのが普通だったが、今はそのような捉え方をする人たちはほとんどいないだろう。それは歌詞の内容にナショナリズム的な攻撃性が全くないことや、若者たちがベラルーシ語に対して抵抗がなくなっていることが理由として挙げられると思う。以前はベラルーシ語というと田舎のイケていない言葉というイメージがあったが、最近はベラルーシ語が「オシャレ」と捉えられる傾向がある。

以前は一握りの歌手やグループがベラルーシのショービジネスの中心であったが、今はアンダーグラウンド的な存在のアーティストも増え、ライブハウス的なバーやクラブなども増えてきている。音楽業界のすそ野が広がっていくことは、無名のアーティストのなかから将来の金の卵が生まれてくる可能性が広がることになり、ベラルーシのショービジネスにとっては非常に有益なことだと思う。

ちなみに、ベラルーシでは日本のロック「J-ROCK」も人気だ。主に人気があるのはX-JAPANやBUCK-TICKなどのビジュアル系バンドである。2015年には日本の人気ロックバンド、DIR EN GREYがミンスクでコンサートを行い、満員の大盛況だった。以前、日本語学習者のなかにはアニメ好きな人「アニメシニク」、日本のドラマが好きな人「ドラムシチク」が非常に多かったが、最近は日本のロックが好きな「Jロッカー」が増えている。日本の歌の歌詞が理解できるようになりたいという理由で日本語を始める若者が多くなっている（しかし、最近は韓国のK-POPに押され気味である……）。

ここ数年、若者に人気のベラルーシの伝統文化がある。それはヴィシヴァンカというものだ（写真参照）。これはベラルーシ特有の文様をあしらった衣服などの総称だ。そのような文様はベラルーシの国旗にも描かれている。元々の意味は動詞「ヴィシヴァチ（刺繍する）」という言葉からきており、ヴィシヴァンカを直訳すると「刺繍されたもの」という意味になる。

模様はいろいろで、それぞれの模様に意味がある。魔除けや神様への願いを込めたものなど様々であり、一説にはキリスト教が伝来する以前の古代宗教の時代から存在するものだと言われている。スラヴ系の国には似たような模様が多く見られる。

若者たちのファッションのなかにヴィシヴァンカがあしらわれたものが多くなっている。それはシャツだけでなく、靴下やバッグまでいろいろだ。しかし、若者たちがヴィシヴァンカを使うのは別にベラルーシの伝統を守りたいからというわけではない。要はただ単に「かわいい」からなのだ。

２０１４年、アメリカの有名なラッパーであるスヌープ・ドッグがベラルーシのデザイナーがデザインしたヴィシヴァンカが気に入り、自分のブランドでヴィシヴァンカをあしらったデザインの服を発表したことがヴィシヴァンカ人気に拍車をかけた。

今では有名ブランドのNIKEがヴィシヴァンカのデザインの靴を発表したりしている。ヴィシヴァンカをあしらった商品を中心に扱うインターネットショップも存在する。なかには車のボンネットに貼るヴィシヴァンカのデザインのシールまで登場した。現代のヴィシヴァンカは元々の異教的なもの、伝統的なものという意味合いは影を潜め、純粋に「かわいいデザイン」という違う意味を持って生まれ変わったと言えるだろう。

ヴィシヴァンカ

流行というものの本質が「今までと違う新しいもの」ということにあるとすれば、ヴィシヴァンカは本来ベラルーシのものでありながら、それまでは注目されていなかったということが今の流行につながっていると言える。伝統的なものに新しい「かわいさ」を見出すというのは、日本の若者たちが浴衣を着ることが多くなったことと近いものを感じる。

ベラルーシ文化に若者たちが注目するように

なったのは確かだが、その割にはベラルーシ語で話す若者がそれほど増えていないというのも注目すべきところである。ベラルーシ語や文化は好きだけど、普段の言葉はロシア語という若者が多い。以前なら、ベラルーシ語・文化にこだわるあまり、頑なまでにベラルーシ語しか話さないという若者が少数派ながら見受けられたが、今ではそこまで硬い若者に出会うことはほとんどない。ベラルーシ語や文化が緩やかに、そして穏やかに若者に受容されつつあることを示す好例と言えるだろう。

以前は「ベラルーシ文化」や「ベラルーシ語」というと、政治色やナショナリズムがつきまとう感覚があった。しかし、今、ベラルーシ風であることが「かわいい」と捉えられるように若者たちの感覚が変化してきている。若者たちが無意識のうちにベラルーシ人としてのアイデンティティを探し求めているのではないかと考えるのは考えすぎかもしれないが、あながち間違いとは言えないだろう。

いつかベラルーシの「かわいい」が世界に広がり、日本にも届く日が来るのだろうか。（古澤　晃）

26

ベラルーシの食文化

★大地の恵みと歴史に育まれた家庭の味★

ベラルーシの食文化は、ベラルーシの豊かな自然、寒さ厳しい風土、慎ましい人々の生活文化、そして周辺諸国・諸民族との長い歴史的交流が織りなしてきた、ベラルーシ文化の縮図のような存在である。現代のベラルーシでは、首都ミンスクを中心に街中にはハンバーガーショップ、ピザレストラン、寿司レストラン、カフェなどが急速に増え、若者を中心に人気だが、一方で日本と比べるとベラルーシでは外食はまだそれほど一般的でなく、ベラルーシ人の食生活の根幹を成しているのはやはり家庭料理だ。

現代ベラルーシの家庭料理に欠かせない食材は、何と言ってもジャガイモである。ベラルーシにおけるジャガイモの年間消費量は実に一人当たり約１８０キログラムと世界一を誇り、ベラルーシ人はベラルーシ語でジャガイモを意味する「ブリバ」に因んでしばしば「ブリバシュ」と呼ばれる。親しみと少々の皮肉の入り交じったこの愛称を好ましく思わないベラルーシ人も中には一部いるが、一方でジャガイモを好まないベラルーシ人は恐らくいない。その証拠にベラルーシに根付き発展してきたジャガイモを用いた料理は実にバラエティに富んでいる。

なかでも磨り下ろした生のジャガイモに小麦粉と卵を混ぜて揚げ焼きにしたジャガイモのパンケーキ「ドラニキ」は、ジャガイモを使ったベラルーシ料理の代名詞とも言うべきメニューで、カリッと香ばしく焼き上げた表面と中のモチモチとした食感の絶妙なコンビネーションが日本人の口にも良く合う。中にひき肉を入れたボリュームのあるドラニキも定番で、肉入りのドラニキは現地では「カルドゥヌイ」（直訳：魔法使い）という愛嬌のある名前で呼ばれる。いずれもサワークリームをたっぷりとつけて食べるのがお決まりである。ドラニキは元々、19世紀前半にユダヤ人を介してドイツからベラルーシへ伝わったとされ、隣国ポーランドなどでも食されるが、今ではベラルーシ料理と言われればベラルーシ人が真っ先にその名を挙げる代表的な料理の一つである。

この他、ジャガイモを用いたベラルーシ料理は、マッシュポテトに塩胡椒で味付けした牛肉やレバーを入れ小判型に成形し焼いた「ズラズィ」、磨り下ろしたジャガイモに小麦粉と卵、刻んだたまねぎを混ぜて胡桃ほどの大きさに丸めて茹で上げた「クリョツキ」、同しく磨り下ろしたジャガイモの生地にじっくり炒めて旨味を引き出したサーロと玉ネギ、豚肉を加えて壷に詰め、かまどで焼き上げた「バプカ」などが代表的である。また、ジャガイモは裏ごししてピューレにしたり丸ごとゆでたりして他の料理の付け合わせとされたり、スープやサラダの具材とされたりと食卓では主役としてだけでなく名脇役としても活躍する。

このように、今ではベラルーシの食文化に欠かせぬ存在となっているジャガイモであるが、ベラルーシに普及したのは帝政ロシアがベラルーシ地域を治めていた18世紀頃からのことで、実はその歴史は比較的新しいものである。ベラルーシの人々の主食として最も古い歴史をもってきたのは、パンであ

新年を祝う食卓（左手前が鯉料理）

り、「パンと塩」が古くから客人へのもてなしの象徴であったことは同じ東スラヴのロシア、ウクライナと共通する。ベラルーシにおけるパンはライ麦を使った黒パンが主流であるが、小麦とライ麦を混ぜたパンも広く普及している。また、パンは日々の食事に欠かせないだけでなく、祝い事の際にも欠かせない。特に結婚式などでは、「カラヴァイ」と呼ばれる美しい装飾を施した大きなパンが今でも参列者にふるまわれる。

さて、長く寒い冬に特徴付けられる寒冷な気候に加え、肉体労働を中心とする農業従事者が多かったベラルーシでは、肉類ではしっかりとエネルギーを蓄えられる脂ののった豚肉が好まれ、その加工品であるハム、ソーセージ、ベーコン、そして隣国ウクライナでも好んで食される「サーロ」（豚の脂身の塩漬け）などが普及している。骨付きの豚肉をソーセージやサーロなどと一緒にサワークリームで煮込んだ濃厚なシチューにブリヌイを浸して食べる独特の料理「マチャンカ」は、豚肉を使った代表的なベラルーシ料理である。また、ベラルーシは内陸国で海がないため魚料理は多くないが、豊富な河川や湖沼に生息する淡水魚を使った料理が古くから食されてきた。野菜や香草を詰めて蒸し焼きにしたカワカマスや鯉はユダヤ人の料理がルーツであるというが、今でもしばしば祝い事の際に食卓に上る。

また、ベラルーシでは庶民の間で正教が広く信仰され、年に四回、肉食を控える一種の断食が行われてきた。こうした生活文化から、森の恵みであるベリー類やキノコ類、畑の恵みである野菜や穀類なども人々の食生活になくてはならないものとして根付いてきた。

特に野菜は、キャベツや蕪類が伝統的に広く栽培されてきた。キャベツは生の物をそのまま調理することも多いが、多くの家庭がザワークラウトに加工し保存食としており、肉料理の付け合わせやスープやサラダの具として幅広く活用している。また蕪類では、色鮮やかなレッド・ビーツが好んで用いられる。レッド・ビーツをたっぷりの野菜や肉と一緒にじっくり煮込んで作る「ボルシチ」は、元はウクライナ発祥ではあるが、ベラルーシでも家庭料理の定番で寒い冬には凍えた体を芯からあたためてくれる。また、短いながら額が汗ばむほどの暑さになる夏には、ゆでて刻んだレッド・ビーツをサワークリームベースのピンク色の冷製スープに仕立て、そこに刻んだキュウリやゆで卵、ディルを加えた「ハラドニク」と呼ばれる冷製ボルシチが大変人気で、街中のカフェや食堂でも広く夏限定メニューとして登場する。付け合わせにはバターとディル、ひとつまみの塩でシンプルに風味付けをしたゆでた熱々のジャガイモが良く合い、さっぱりとした冷製スープとのコントラストは格別である。ハラドニクは、呼称は異なるが隣国リトアニアやラトビアでも夏期の定番料理であり、ベラルーシと古来より縁の深いバルト諸国の食文化との接点の一つでもある。さらにレッド・ビーツを使ったメニューとしては、ゆでて刻んだビーツに塩漬けのニシンとマヨネーズをたっぷりと使ったサラダ「毛皮のコートを着たニシン」がある。ソ連時代にロシアからもたらされて普及したこのサラダも現在のベラルーシの家庭料理にすっかり定着している。

また、料理と共に食卓を彩る存在として欠かせないのがお酒である。現代ベラルーシではビールやワインなどが幅広く普及しているが、伝統的に冠婚葬祭などで重要な位置を占めてきたのはウォッカである。宴会の席では必ず招かれた客人一人一人が主人にウォッカをついでもらい、杯を手に乾杯の辞を述べることがマナーとなっており、文学作品にもありふれた情景として描かれる。ウォッカ自体はそのまま飲むだけではなく、ベラルーシではハーブやベリーを漬込んで浸酒にしたり、スパイスと蜂蜜を加えて煮出し「クラムバムブーリャ」と呼ばれるお酒に加工するなど、独自

冷製スープのハラドニクとたっぷりのジャガイモのソテー

に風味付けをして楽しむことも一般化している。

以上、駆け足でベラルーシの食文化をかいつまんで紹介してきたが、実は日本には本場のベラルーシの家庭料理を体験することのできる貴重なレストランがある。ベラルーシ出身のヴィクトリア・バリシュクさんが切り盛りする東京都港区麻布台のレストラン「ミンスクの台所」だ。メニューに並ぶのは、本章で紹介したドラニキやマチャンカ、バプカなどベラルーシオリジナルの料理はもちろん、現地ベラルーシの人々の日々の食卓に実際によくのぼるロシアやウクライナ由来の料理も豊富で、よりリアルなベラルーシの食文化の多様性を存分に味わうことができる。店主ヴィクトリアさんのこだわりから料理はどれもベラルーシの家庭で実際に食べられている味そのもので、日本人だけでなく祖国の味を懐かしむ在日ベラルーシ人も足繁く店を訪れる。読者の皆さんも、機会があれば是非実際にベラルーシの食文化に触れベラルーシの豊かな自然や歴史、そして人々の暮らしに思いを馳せていただければ幸いである。

（清沢紫織）

27

小国でも存在感を発揮するベラルーシのスポーツ

★アイスホッケーやバイアスロンが国技★

ベラルーシは小国ながら、スポーツの分野では存在感を発揮している。「国民一人当たりの五輪メダル獲得数」といった指標を見ると、世界のなかでも上位に来る。特に人気が高い種目は、アイスホッケー、サッカー、バイアスロン、テニスなど。2014年のアイスホッケー世界選手権の誘致もあり、近年はスポーツ競技施設の整備が精力的に進められている。

アイスホッケーは、元々盛んである上に、無類のホッケー好きであるルカシェンコ大統領の促進策もあり、国技の地位を占めるようになった。ちなみに、ルカシェンコはこれまでに一度だけ来日したことがあるが、それは1998年の長野五輪に出場したホッケー・ベラルーシ代表チームを応援する目的だった（「長野に派遣した代表は自分が編成した」と豪語していた！）。そして大統領の悲願が叶い、2014年5月にベラルーシはアイスホッケー世界選手権の開催国となる栄誉にあずかった。むろん、ベラルーシ代表は世界選手権トップディビジョンの常連で、これまでの最高成績は2006年の6位、自国開催の2014年は7位だった。冬季五輪にも三度出場しており、2002年のソルトレイクシティの4位が最高である。

ディナモ・ミンスクの試合の様子

クラブレベルでは、ロシアを中心とした国際リーグ「ＫＨＬ（コンチネンタルホッケーリーグ）」に、ディナモ・ミンスクが参戦している。ディナモは、優勝歴などはないものの、ミンスク市民に絶大な人気を誇り、観客動員はリーグで一、二を争う。一方、プレーヤー個人のレベルでは、北米ＮＨＬなどで活躍している点取り屋のミハイル・グラボフスキー選手の人気が高いようだ。

これに対しサッカーは、確かに国民の関心は低くないものの、実力はまだ発展途上。サッカーのベラルーシ代表は、ワールドカップおよび欧州選手権（ユーロ）という二大大会の本大会に出場したことがない。ただし、育成年代では一定の戦績を収めており、ベラルーシの21歳以下代表は２０１１年の欧州大会で3位に入り、翌２０１２年のロンドン五輪出場を果たした。

クラブレベルに目を転じると、ＢＡＴＥボリソフがベラルーシリーグで２００６年から連覇を続けており、国内では敵なし。ＢＡＴＥは、２００８／０９シーズンのＵＥＦＡチャンピオンズリーグに出場して以来、欧州カップ戦の常連となっている。さすがに外国のビッグクラブには派手に負けることが多いが、２０１２年にはかのバイエルン・ミュンヘンをホームで撃破して世界を驚かせた。ＢＡＴＥの躍進には、ヴィクトル・ゴンチャレンコ監督（２００８〜２０１３年）の果たした手腕が大きかった。アーセナルやバルセロナを渡り歩いた名選手のアレクサンドル・グレブも、キャリアの実質的な出発点はＢＡＴＥだった。

UEFA チャンピオンズリーグにおける **BATE** ボリソフの雄姿

　サッカーの分野では、ベラルーシと日本の間に、ごくわずかな出会いもあった。古くは、１９６０年に日本代表がソ連に武者修行に出かけ、ミンスクで日本代表と「ベラルーシ」が親善試合を行ったという記録がある（３：１で日本代表が勝利）。ただし、「ベラルーシ」というのは共和国代表チームなどではなく、クラブチームの名であり、その後「ディナモ・ミンスク」と改名したチームのことである（実態として共和国代表チームに近かったのは事実）。時代は下り、そのディナモ・ミンスク出身のセルゲイ・アレイニコフ選手が、Ｊリーグ黎明期にガンバ大阪でプレーしている。アレイニコフは当時ロシア人として紹介されることが多かったが、実際にはベラルーシ人であり、「20世紀最高のベラルーシ人サッカー選手」の呼び声が高い。さらに時は流れ、２０１３年にザッケローニ監督率いる日本代表がベラルーシに遠征し、両国間で初の国際Ａマッチが行われた。これといった強みのないベラルーシ代表に０：１で敗れた２０１３年10月15日は、ザック・ジャパンのバイオリズムが最低値を記録した日として、サッカーファンの記憶に刻まれている。２０１２年のロンドン五輪では、ベラルーシが３戦目で勝つか引き分ければ日本と当たるはずだったのだが、惜しくも実現しなかった。

余談ながら、かつて中田英寿がＡＳローマでプレーしていた頃、チームメイトにセルゲイ・グレンコというベラルーシ人がいた。同僚の故郷が緑美しき国だと聞いて興味を覚えた中田は、２００３年に単身ふらりとベラルーシを訪問している。中田英寿の旅人人生は、ベラルーシから始まったのである（？）。

閑話休題。クロスカントリースキーとライフル射撃を組み合わせたバイアスロンは、北欧や旧ソ連圏で非常に人気が高い。当然ベラルーシでも人気だったが、２０１４年のソチ五輪においてダリヤ・ドムラチェヴァが一人で三つの金メダルを獲得したことにより、国民のバイアスロン熱は決定的となった。彼女は現在ベラルーシで最も人気のあるスポーツ選手であり、なおかつ世界でも最も傑出した女性アスリートの一人に数えられている。なお、その他のウインタースポーツでは、ベラルーシはフリースタイルスキー（特にエアリアル）が強く、五輪で６つのメダルを獲得している。

テニスは、旧ソ連には元々存在しなかった文化ながら、社会主義崩壊後に、ロシアやベラルーシで急激にポピュラーになった。もっとも、有名選手たちが本格的な成長を遂げたのは、主に米国のアカデミーに渡ってからである。ベラルーシからはヴィクトリヤ・アザレンコが台頭、全豪オープンで2度の優勝を果たし、一時は女子シングルスの世界ランキング1位に登り詰めた。ちなみに、「ロシアの妖精」ことマリア・シャラポヴァも、そのルーツはベラルーシにある。シャラポヴァ家は元々ベラルーシのゴメリに暮らしていたが、1986年4月にチェルノブイリ原発事故が起きると、身ごもっていた母親は夫の勤務地であるロシアのシベリアに一時避難、そこで1987年4月に生まれたのがマリヤだったのだ。男子プレーヤーでは、シングルスの世界ランキングで18位まで上がったことのあるマックス・ミールヌィが有名。ミールヌィはむしろダブルスが得意で、2012年のロンドン五輪の混合ダブルスではアザレンコと組んで見事優勝した。

陸上競技では、2004年アテネ五輪の女子100メートルで、ユリヤ・ネステレンコが衝撃の優勝を果たしている。アフリカ系の選手が圧倒的に優勢な短距離において、特筆すべき快挙だ。砲丸投、円盤投、ハンマー投といった投てき種目は、男女ともにベラルーシのお家芸。特に、五輪や世界陸上のハンマー投でヴァジム・ジェヴャトフスキーおよびイヴァン・チホンが日本の室伏広治と繰り広げた名勝負は、我々にも忘れがたい。ただし、ジェヴャトフスキーとチホンにはドーピング問題がつきまとう。

男子の体操競技では、1990年代に活躍したヴィターリー・シチェルボ以降、これといったタレントが育っていない。なお、体操に近い分野では、2016年のリオ五輪のトランポリンで、ヴラジスラフ・ゴンチャロフが金メダルを獲得した。女子では、体操競技よりも、新体操に圧倒的な強みがある。五輪の新体操団体でベラルーシは、2000年シドニーで銀、2008年北京で銅、2012年ロンドンで銀と、メダルの常連となっている。個人でも、2012年のロンドンで銅のリュボーフィ・チェルカシナをはじめ、3人が五輪の表彰台に立っている。新体操の分野では、日本との交流も続けられている。

柔和な民族性のわりには、ベラルーシ国民は格闘技系のスポーツも好む傾向がある。「レッド・スコーピオン」の異名を持つ往年のK－1ファイター、アレクセイ・イグナショフもベラルーシ出身。五輪のレスリングではこれまで11人の、ボクシングでは二人のメダリストを輩出。柔道では、2004年アテネ五輪の男子100キロ級で、優勝確実と言われた日本の井上康生らを押しのけ、ベラルーシのイーゴリ・マカロフが優勝を遂げている。

（服部倫卓）

コラム8

プロサッカー選手として
ベラルーシでプレーした経験

斎藤陽介

私は18歳で日本の横浜Fマリノスでデビューしたのち、23歳の時に小さい頃から抱いていた「海外でプレーする」という夢を叶えるべく、日本から旅立った。シンガポール、ラトビア、ロシア、ベラルーシを渡り歩き、2017年現在はオーストラリアでプレーしている。

ベラルーシに渡ったのは、ロシアで1年間プレーをした後のことだった。その時の私は、ロシアで結果が残せず、怪我やロシアの生活環境、プライベート上の問題が重なり、一度はサッカー選手を引退する決意をしていた。そんな辛い状況の時に励まし応援してくれ、もう一度サッカーしているところを見たいと言ってくれたのがファンの方であり、たくさんの友人だった。契約している代理人から、無言で新しいスパイクを渡された時、「まだ自分はプレーをしなければいけない。応援してくれるすべての人のために。そして自分のために」と、再びピッチに立つ決意を固めた。

そのタイミングで、代理人が紹介してくれたのが、ベラルーシのFCスルツクだった。ミンスクの南100キロメートルほどのスルツクという田舎街にあるクラブで、その年に2部リーグから初めて1部リーグに上がってきた新しいチームだった。最初はテスト生としての合流だったが、練習でのパフォーマンスが評価され、正式に契約することに。デビューから3戦目で初ゴールを挙げ、次のホームでの最初の試合で私のゴールにより1：0で勝利すると、サポーター、街の人たちから高い評価を受けることになった。

外に出れば写真やサインを求められ、観光に行けばそれだけでニュースになり、私のブログをわざわざロシア語に変換し記事にしてくれたりもした。いつも応援の言葉をかけ、困ったことがあれば何でも助けてくれたベラルーシの方々には、感謝の気持ちで一杯だ。試合の翌日はリラックスのため首都ミンスクへと2時間ほどかけ出かけていたが、帰りのバスで私に気付くと、停留所の位置など関係なく、家の前までバスで送ってくれることもあった。数カ月前にサッカーを辞めたいと思い、人生の岐路に立たされていた自分が、まさかこんな扱いを受けるとは、思いもよらなかった。私はベラルーシの地で再び、サッカー選手としての自信と戦う気力をもらったのである。

シーズン途中の加入だったが、17試合で8ゴールと結果を残し、チームも1部初参戦にもかかわらず14チーム中7位の好成績を挙げ、1

部残留を果たした。しっかり結果が出せたのは、拙いロシア語しかしゃべれない自分をサポートしてくれたベラルーシ人の優しさのおかげ。正直、ロシアにいる時は、言葉が下手なだけでよそ者扱いを受け、監督からの信頼も得られなかったが、ベラルーシは違った。

その後、翌シーズンの契約更新の打診をもらったが、ウクライナ危機によりベラルーシ経済も打撃を受け、私も他の国で新たな挑戦をしたいという想いから、契約更新は見送った。ベラルーシを去り2年あまり経った今でも、ベラルーシの友人やファンの方からメッセージが届く。機会があればまたベラルーシでプレーして恩返しできればと思う。プレーできなくとも、また訪れて直接「ありがとう」と伝えたい。そんな想いにさせてくれたのが、ベラルーシという国だった。

28

世界的な美人の名産地

★シャラポワを産んだ美女大国★

ベラルーシは美人の産地で知られる。何故美女が多いのかについては諸説あるが、ロシアとヨーロッパの間に挟まれながらも、タタールやモンゴルなどほかの民族との混血が少ないため、スラヴ民族のなかでもとりわけ美人が多いといわれている。反対に山がなく平坦な土地のため、昔から人の移動が頻繁で混血が多く、だから美人が多いという説もある。

ベラルーシの女性の特徴をいえば、透き通るような白い肌、目を見張るような金髪、青い瞳にすらっと伸びた足である。アジア人が持っていないモノをすべて持っている。決して、そういう人ばかりと言うわけではないが、街中を歩いていると、モデルかと見間違えてしまうほど美しい体形の女性を見かけることがある。一瞬人形かと見間違えてしまうほど整った顔や大きな瞳の女性もいる。

同時に「性格美人」であることが多い。筆者は2006年から2008年にかけて首都のミンスクに駐在した。ベラルーシの女性を一言でいえば、穏やかでまじめ。ロシア人と比べて余計なひと言がないという印象がある。仕事への態度も勤勉で、ロシア人よりも親しみやすく、付き合いやすかったというのが正直な感想である。

ベラルーシ人は、ロシア人などの近隣諸民族に比べ、物静かで温厚である。また、歴史上まとまった国家としての経験がなく、常に強大な周辺諸国の支配に置かれてきたこともあり、国民の間に民族意識や国家意識が希薄なことも特徴的である。

1991年末の独立も、決してベラルーシ国民が自ら勝ち取ったものではなく、むしろ民族的な自意識の希薄なベラルーシ人にとっては、ソ連という有無を言わせない絶対的な枠組みの方が、ずっと居心地の良いものだった。第二次世界大戦で住民の四分の一を失い、1986年のチェルノブイリ原発事故では最大の被害を受けた。こうした、苦難に満ちた歴史が、ロシア人、ウクライナ人などの同じスラヴ民族に比べて従順で忍耐強いとされるベラルーシ人の国民性に影響しているといわれている。

ミス・ミンスクの広告（2007年）

現地の女性も、自分たちの容姿がいいのを知っている。ベラルーシの女性が美人であることは、ルカシェンコ大統領自身が認める事実となっており、政府高官から一般市民まで誰もが遠慮することなく堂々と自慢する。政府関係の会議に出席した際、会議後に180センチくらいの長身の美しい女性のファッションショーがあったのには驚いた。ベラルーシ人と雑談していると、いつの間にか美しい女性の話題になっていることがあるほどだ。それを横で聞いている女性は嫌な顔一つしない。自分たちの美しさを自覚していることにほかならないが、あまりいい気持ちではない。

そんなベラルーシ美人の秘密は、食文化にあるのかもしれない。ベラルーシ料理の特徴と言えば、ジャガイモを多く使うこと。生のジャガイモをすりおろし、少しの小麦粉と塩で混ぜ、多めの油で焼く「ドラニキ」というパンケーキをよく食べる（第26章参照）。ジャガイモにはカリウムやビタミンCが豊富に含まれる。ビタミンCはミカンに匹敵するほど含まれており、美容に良いとされる。

美人をつくる要素は一つではない。遺伝、生活環境、幼少期の教育などいろんな要素が複雑に絡み合って、しかも一朝一夕にできるものではなく時間をかけて、世界で一つの自分らしい美しさにつながる。

どこの国の女性とも同じくベラルーシの一般女性も綺麗になる努力をしている。お肌に問題があれば、美容皮膚科に行きプロの診断を仰ぐ。ミンスクには美容皮膚科（косметология）や美容サロンが多くて驚いた。

ベラルーシの美人で一番に思いつくのは、プロテニス選手のマリア・シャラポヴァである（日本では「シャラポワ」という表記が一般的）。彼女の両親はベラルーシ南部のゴメリ州の出身で、チェルノブイリ原発事故でロシアのシベリア地方に移住した。シャラポヴァはその翌年に生まれた。彼女のすらっとした体形、整った顔、明るい髪の毛は典型的なベラルーシ美人である。

美人過ぎるムエタイ選手として有名なのがエカテリーナ・ヴァンダリエヴァ。彼女はミンスクで活動している現役選手で、世界チャンピオンに輝いたことも。強いだけではなく、その美貌からモデルもこなす才色兼備な女性である。

モデルでは、ターニャ・ディアヒレヴァ、オルガ・シェレール、カトシア・ジンガレヴィチなどが有名である。プラダやH&Mなど世界的有名ファッションブランドのモデルとして活躍する一方、世界的なショーに出演し続けている。

子供服メーカーの広告（2008年）

ベラルーシの女性の体形は頭が小さくて、すらっと背が高く凹凸があまりないモデル体型で、ロシア人やウクライナ人に比べ体の凹凸が少ない。また、真面目に働く性格なので、柔らかい物腰や話し方から、より美人に映るのかもしれない。

ベラルーシに美人が多いことを象徴するのは、モデルとして海外で働いた経験があるベラルーシ人女性と知り合う、または何らかの形で関わる確率が極めて高いことである。

駐在中に知り合ったユーリャさんは15歳からパリでモデルをしていた。17歳に拒食

これが噂の「美の国民学校」（2008年）

症になりモデルをやめたそうだが、栗色の髪の毛でこれまた美しく性格が明るくて元気。身長は180センチ近くあった。普通の女性とまったく変わらず、悩んだり、ダイエットしたり、彼氏がいないと言ってパーティーに出かけたりしていた。

ミンスクで通訳の仕事をしている女性も元モデルだった。背が高くこげ茶色のロングストレートヘアーで、とにかく背が高くスタイルの良い女性だった。知り合いの外交官の女性も元モデルで、美しい金髪の華奢な典型的な女性であった。

このように、そこら中にモデルまたは元モデルがいるのがベラルーシ。嫌でもモデル大国で、美人の産地だと気づかされる。

ミンスクにはモデル養成学校、通称「美の国民学校」(http://www.belarusmodels.by) がある。海外で活躍するトップモデルを多く輩出している。学校は、「若い世代の審美的育成と調和のとれた人格形成を育てる」ことを目指して、1996年にルカシェンコ大統領の命令により設立された。モデルコースのほか、スタイルコース、ビューティーコース、さらにはスタイリストやメイクアップアーティストになるためのコースなどがある。また、エージェントとしてモデルをテレビCM、広告、カタログ、イベント、雑誌、映画などの出演に派遣している。たとえば、モデルコースの場合、13～16歳を対象に週2回のレッスンがある。期間は9カ月間。レッスンではウォーキング、セルフプロモーション、ポージング、ヘアメイク、ファッションスタイリングなどモデルとしての実践的なスキルを身につける。レッスンの終わりには終了証明書がもらえる。優秀な生徒は上級コースに進み、トップモデルになるためのスキルを身につけるという。

毎年行われる「ミス・ベラルーシ」のコンテストには、スーパーモデル級の美女が参加する。まさに美の競演である。国民的行事の一つであり、コンテストの模様はテレビで全国に生中継される。世間が言うように、確かにベラルーシの女性に美しい人は多い。だが、それは単なる見た目の評価である。外見的な美しさというのははかないものである。彼女たちがそれだけでなく、豊かな知性に裏づけされた内面美を兼ね備えている点にも注目してみてほしい。

（斉藤いづみ・齋藤大輔）

29

ベラルーシのファッション事情

★伝統的スタイルと現代的スタイル★

「人は服装で出会い、心で見送る」というロシア語の諺がある。この諺は、「人は見かけによらぬもの」を意味しているが、文字通り読めば、最初は見かけが肝心という意味でもある。実際に、ベラルーシの女性は身なりによく気を遣い、近所への買い物やゴミ捨ての折でもラフな格好では出かけない。最近、当地を訪れた欧州人は、ベラルーシの女性はパリの女性よりも概してよい身なりをしていて、自分たちの外見を重視していると指摘した。ベラルーシ人によれば、それは今に始まったことではなく、ソ連時代にも、ベラルーシの女性は、自分たちはロシア人よりも服装に気を遣っているという自負があったそうだ。そこに明確な理由があるわけではないが、一つには、ベラルーシはロシアよりも西に位置しており、歴史的にも西欧の文化がより多く流入しており、西欧のファッションがロシアより容易に入手可能だったこと等が考えられる。

ベラルーシ人は、主にヨーロッパのファッションを身近に感じながら、ベラルーシの歴史、経済、社会状況に応じたファッション文化を創ってきた。現在、ファッション文化のグローバル化が進むなか、ベラルーシのファッションもその例外ではな

ベラルーシの民族衣装。古代ベラルーシ文化博物館（ミンスク）

い。昨今のベラルーシ人のファッションは、大きく三つのタイプに分けて見ることができる。一つは、主に地方の農村部や小都市の高年層に多く見られる、言わば伝統的なスタイルである。それは、ベラルーシの伝統的な民族衣装のスタイルを少し現代風にアレンジしたようなスタイルであり、女性で言えば、ブラウスにカーディガン、ひざ下丈のスカートと、時には前掛けを付け、三角に折ったスカーフを被り、長靴や黒いブーツを履いている。現在、このような伝統的スタイルは、都会ではあまり見かけない。

他の二つは、主に都市部で見られるスタイルであり、そのうちの一つは、中高年層に多く見られるソ連的とも言える都市型スタイルのファッションである。このソ連的な都市型スタイルの基本となる衣服は、主にソ連時代から続く国営の大型縫製工場で作られ、デザインも当時からあまり変化がない。その特徴は、大抵、体にぴったりしたデザインで、赤と黒の組み合わせなど目立つ配色のものや大胆な柄物も多い。工業が盛んなベラルーシでは、人々が身につけている衣服やコート類、時計、靴、鞄、化粧品に至るまで、自国製品で一通り揃えることができる。国営の繊維・アパレルメーカーは、ベラルーシ全体で200社以上にのぼる。なかでも、綿衣料品メーカーの「クパリンカ」は、国内最大の縫製企業の一つである。また、ベラルーシ最大

女性用下着メーカー「ミラヴィッツァ」の店

のニット製品メーカー「スヴィタノク」や、毛糸製品では「アレーシャ」、「ポレーシエ」などが国内でよく知られている。ベラルーシの大部分のアパレルメーカーの市場が主に国内向けであるのに対し、女性用下着メーカー「ミラヴィッツァ」は、製品の7割以上をロシア・CISの他、欧州などへも輸出している。また、靴や鞄など皮革製品のメーカーも多い。代表的な革靴メーカーは、「ベルウェスト」、「マルコ」などで、ロシア・CIS諸国へも製品を輸出している。鞄メーカーでは、「ガランテア」、「マッティオーリ」などが有名で、皮革製品部門は、ヨーロッパ企業との技術協力が比較的進んでいる。また、「ミンスク時計工場」が「Luch」ブランドの腕時計を製造している。

もう一つの都市型スタイルは、若年層に多く見られるファッション性の高い現代的スタイルであり、ファッションのグローバル化と切り離すことのできない現代的なヨーロッパ・スタイルとも言える。ベラルーシの短い夏期には、ミニスカートやショートパンツ、ノースリーブやキャミソールなど、肌の露出度の高い服装の女性が多い。冬が長く日射量の少ないベラルーシでは、人々は夏の間にできるだけ日光を浴びようとする。厳冬の季節には、ダウンや毛皮のコートに身を包み、毛糸や毛皮の帽子、手袋などの防寒具が欠かせない。ただ、真冬でも建物内は集中暖房が効いて暖かいため、

第29章

ベラルーシのファッション事情

厚いコートの下は、比較的薄着であることも多い。また、ファッション性を重視して、厳冬の季節でもハイヒールで歩く女性が少なくない。ソ連的なスタイルと同様、男女ともゆったりしたデザインではなく、体にぴったりしたものを好む。髪型は、若い女性にロングヘアーが多く見られる。多民族の融合の歴史を物語る多彩な長髪は、女性の美しさを象徴するものの一つと考えられている。また、ピアスなどのアクセサリーの他、マニキュアも欠かさない女性が多い。特に若い女性たちは鮮やかな色のマニキュアを好んでいるようだ。そして、若者の多くは、ベラルーシ製の衣料品は全体的にデザイン性が低いと感じており、ヨーロッパのブランドを好む傾向にある。ただし、価格を比較すれば、ベラルーシ製が廉価であるため、ヨーロッパのデザインを取り入れたベラルーシ製の衣料品や、新鋭のベラルーシ人デザイナーによる衣料品などは人気が高い。価格で言えば、中国製やトルコ製などの比較的安い衣料品が多く輸入されているため、ベラルーシ製は価格競争では厳しい状況にある。

ベラルーシは、リネン（亜麻）の産地でもあり、ベラルーシの伝統的な織物や民族衣装はリネンから作られてきた。リネン素材を使ったファッションは、現在でもベラルーシで人気が高い。ベラルーシ北東部に位置するヴィテプスク州オルシャには、旧ソ連圏およびヨーロッパ地域で最大規模のリネン製品メーカー「オルシャ・リネンコンビナート」があり、製品の7割以上が輸出されている。2010年以来、首都ミンスクで開催されている「ベラルーシ・ファッション・ウィーク」では、年2回のファッション・ショーが催されている。このファッション・ショーでは、ベラルーシの伝統的なリネン素材を使用したファッションも紹介されている。

ベラルーシの化粧品メーカーについても少し触れておきたい。代表的な化粧品メーカーは「ベリー

化粧品メーカー「ベリータ・ヴィテクス」の店

タ・ヴィテクス」で、スキンケア用品、基礎化粧品、メーキャップ化粧品などを生産しており、ロシアやEUへも輸出している。ベラルーシ製の化粧品は、品質ではヨーロッパ製品に劣らず、価格ではその十分の一程度と言われ、ベラルーシの若い女性のみならず、ロシア人にも人気が高い。

　ベラルーシの国営デパートへ行けば、人々が身につけている一連のものがほぼすべてベラルーシ製品で揃えられる。ベラルーシ製品の多くは、必ずしも洗練されたデザインとは言えないが、その代わり、概して品質が良く、丈夫で長持ちすると定評がある。一般的に、ベラルーシ人は、たとえ着古したものであっても、きちんと洗濯され、アイロンがけされた衣服と、よく磨かれた靴を身につけている。洗練されたデザインではなくとも、丈夫なものを長く大切に着るのがベラルーシのファッション・スタイルの特徴と言えるかもしれない。

（半田美穂）

30

首都ミンスクの日常生活

★変化する「ソ連的な街」★

ベラルーシの首都ミンスクは、人口２００万弱と、日本で言えば札幌と同程度の規模を持ち、旧ソ連では6番目、ヨーロッパでも10番目の大都市である。しかしながら、街の中心部にも公園や街路樹の緑が多く、道幅が広いためにゆったりとした印象を受け、通勤ラッシュ時の地下道でもなければ人混みで息が詰まるということもそう多くはない。自動車は急速に増え、駐車スペースは明らかに不足しているものの、交通渋滞の発生もモスクワなどに比べれば限定的で、現時点でそれほど深刻な状況には至っていない。またミンスクは、自他共に認める清潔な街として、表通りの外壁修復や通りの整備・緑化、清掃などに失業対策を兼ねて力を入れている。

ミンスク市は、南北15キロ、東西20キロほどの楕円形をした環状自動車道路が囲む地域にほぼ収まっている。見た目の印象に反し、その人口密度は1平方キロメートル当たり5千人以上と、アジアの大都市に迫る水準である。都心部にも平屋の古い戸建て住宅が残っているが、こうした家は撤去し、高層住宅に建て替えていくのが市の方針である。画一的なアパート群は旧ソ連の都市ならどこにでも見られる光景であるが、近年は国の

地下鉄終点駅付近。**2000** 年以降に建てられた高層アパートが並ぶ

奨励策が功を奏して出生率が上向きになっており、またミンスクへの人口集中が進んでいることから、住宅需要を満たすべく、市の外縁部では続々と大型の高層アパート建築が進んでいる。三人以上子どものいる家族や、一人当たりの居住面積が一定基準を下回る場合、優遇金利でのローン利用などの方法で、こうしたアパートの部屋が優先的に割り当てられる。住居が賞品として当たる宝くじも人気である。

集合住宅の特徴は、外観から中身が想像できないことである。新築であっても廊下や階段など共有部分のつくりは概して簡素で、修繕や清掃が行き届いていない場合も多いが、ドアから中は（ドア自体も含め）、家主が手（費用）をかけているか否かで全く様相が異なるのである。しかし、「ユーロレモント」（西欧水準リフォームの意）を施された部屋であっても、古い家の場合は水回りなどのトラブルは避けがたい。冬に備えて暖房システムを点検するため、夏のうちにアパート単位でお湯の供給が停止されるが、これはベラルーシの夏の風物詩とも言える。

アパートの他に、ダーチャと呼ばれる郊外のセカンドハウスを持つ者も多い。豪華なコテージ風の場合から、電気や水道・ガスもない簡単な物置小屋程度のものまで様々で、費用を節約するには、出来る限り自ら手を入れて整備することとなる。夏場は金曜に仕事が終わってから日曜の午後までダーチャで過ごす人も多く、金曜と日曜の夕方は、市内から郊外へ、郊外から市内への道路が、それぞれダーチャ行き／帰りの車で渋滞するのである。大多数の市民にとっては、野菜などを自給自足する生活防衛の面が大きいものの、都会の喧騒を逃れ、田舎の空気を吸って過ごすのはある意味で贅沢である。

もちろん週末だけでなく、夏の長期休暇をダーチャで過ごすこともできる。北国であるベラルーシの人々には、暖かい土地や海に憧れ、短い夏を徹底的に楽しもうという志向が強い。5月上旬の連休（メーデー及び戦勝記念日）が終わると、そろそろ夏季休暇の予定が人々の話題に上る。勤め人の夏休みは2～3週間というのが普通だが、学校は丸3カ月休みである（宿題もないに等しい）ため、この間子どもをどうするかというのが親にとって悩みの種である。ダーチャや農村部の実家などがない場合、サマーキャンプを利用することもできる。ただし、労働組合などがスポンサーであったソ連時代と違い、親にとっての経済的負担は大きくなっている。遠出をするなら、旧ソ連時代からの定番であるクリミアに加え、ブルガリア、トルコ、エジプトなどが、比較的近いリゾート地として人気である。本物の海に行かずとも、市内や郊外の貯水池などがビーチとして整備され、天気のよい週末などは海水浴場のような賑わいを見せる。

8月も下旬になれば街に人が帰り、夏の間は休日ダイヤだった公共交通機関も通常に戻る。9月は新学年の開始月で、まだ夏の名残を楽しめる時季でもある。「黄金の秋」と呼ばれる美しいが短い日々が過ぎると、10月半ばには雪がちらつくことも珍しくない。近年は温暖化の傾向が顕著ではあるが、暦の上では12月からが冬とされ、雪が積もっていない場合、街の外観はかなり殺風景で寂しいものとなる。日照時間も短いところに曇天が続くため、精神状態にも少なからず影響する。給湯システムによる集中暖房のお陰で屋内は概して暖かく、場合によっては外が氷点下の寒さでも窓を開けるほどである。クリスマス（ロシア正教の1月7日に加え、カトリックの12月25日も祝日）や正月、スキーやスケート、観劇など冬の楽しみもあるが、2月ともなれば寒さにもうんざりし、春を待ち望む心持ちとなる。暖房が切られてからの寒さに耐え、ようやく木々が緑になり、花が咲き始めるのは例年5月に近い。

インターネットや携帯電話の普及に伴う面が大きいが、20年程前と比べるとミンスクでの日常生活は見違えるように便利になっている。日々の買い物について言えば、旧ソ連式の勝手が悪く購買意欲をそそられない商店もまだ少なからず残るものの、西側のものに遜色ないスーパーマーケットやショッピングセンターも街中に増え、品揃えも充実してきており、一時期盛んに行われていた近隣諸国への買い出しツアーも下火になった模様である。新しいスーパーでは、期間限定の特価品や各種キャンペーン（試食やプレゼントなど）などの販売促進活動も行われている。一方、屋外で野菜や果物を売る市場（バザール）は、徐々に屋内の店舗に切り替わっている（個人が駅前などで品物を売る姿は今でも普通だが、これは違法である）。日本食も人気を反映して、他の一般的な西洋料理に加えてスシメニューを提供する外食店のほか、一般のスーパーでも醤油や総菜コーナーの巻き寿司などが見られるようになった。宅配のスシも人気であるが、その他にもネットや電話一本でさまざまなサービスが受けられる時代である。売り手が上という旧ソ連的な接客態度も改善されつつあるが、これはベラルーシ人元来の人当たりの良さに因る部分が大きい。また、商店やサービス機関の営業時間が長く、大型スーパーなどの多くが無休であるところは、西欧の多くの国とは異なっており、利用者からすれば利便性が高い。また、銀行のデビットカードは給与振込みに付帯して発行されるケースも多く、発行数は人口を上回

第30章
首都ミンスクの日常生活

る水準に達している。小さな売店や地下鉄の定期券売り場でもカード払いができるので、物価上昇が激しく、また2016年7月のデノミ実施以降コインが導入されたベラルーシにあっては便利な支払い手段である。ただし、ガム一個のような少額の買い物でもカード使用をはばかることがなく、レジの行列で後ろに並んでいて閉口することもある。

ミンスクの生活においてありがたいのは、治安が比較的よいことである。街中にパトロールする警察官の多さは若干威圧感を与えるが、これで秩序が保たれている側面は否定できない。2011年のテロ事件発生後は、地下鉄でも改札口前に警官が常駐するようになり、大きめの荷物を持っていると呼び止められて検査される。公共の場での飲酒も、秩序を乱すとして現在は禁止されている。また、表通りでは装飾目的で建物をライトアップするようになり、住宅周辺の照明も増えたため、従来の「暗い街」というイメージは大幅に改善された。

ベラルーシが「ソ連的」な国と言われるのは、ソ連時代の建築物が大半を占める街並みや、国家統制の強さばかりではなく、かつての社会保障制度がある程度維持されていたり、人々が素朴さを失っていないからなのであろう。生活様式が変化しても、こうした郷愁を感じさせるようなミンスクの魅力が失われないことを願いたい。

（花田朋子）

III

現代ベラルーシの政治・経済事情

31

国旗・国章・国歌から見えてくるベラルーシの国情

★ソ連の名残をとどめる★

1991年8月のモスクワにおける保守派クーデターの失敗を受け、それまでソ連のなかで最も慎重に振る舞っていたベラルーシも、連邦中央に距離を置くようになる。同年9月、共和国最高会議の決議により、正式国名が「白ロシア・ソビエト社会主義共和国」から「ベラルーシ共和国」に変更になり、同時に共和国の新しい国旗と国章が制定された。国旗は上から等幅に白赤白というデザイン。国章は「パゴーニャ」と呼ばれる馬上で剣を振りかざす騎士の図柄であった。これらは、1918年に創設を宣言しながら挫折した「ベラルーシ人民共和国」の国旗・国章を踏襲したものであり（さらに言えば国章は中世のリトアニア大公国のそれに由来）、ベラルーシ・ナショナリズムを反映していた。

しかし、ソ連時代に植え付けられた価値観が抜け切らなかった住民の多くは、反ソビエト的／民族主義的な国旗・国章のデザインに違和感を抱いた。そこに登場したのがアレクサンドル・ルカシェンコであり、同氏は1994年に大統領に就任すると、白赤白国旗とパゴーニャは第二次大戦時に敵国ドイツに協力した民族主義者が掲げていたものだとするキャンペーンを張った。

これが効いたのか、1995年5月に実施された国民投票は、投票者の75％が政権側の提案した国旗・国章の案に賛成する結果に終わる。こうした制定された「新しい」国旗・国章は、かつての白ロシア・ソビエト社会主義共和国時代のデザインに酷似している。なお、国章については2012年に微修正がなされている。

ちなみに、2014年6月に民間シンクタンクが実施したベラルーシ国民へのアンケート調査で、「どちらの国旗・国章がベラルーシの歴史的・文化的伝統に合致していると思うか？」と尋ねたところ、「現在使われている（ソ連時代を想起させる）国旗・国章」と答えた者が54・9％、「1991〜1995年に存在した国旗・国章」と答えた者が31・7％、分からない・無回答が13・4％だった。そもそも、多くの国民にとって国家的シンボルの問題は大きな関心事ではなく、民族主義的な国旗・国章にこだわっているのは都市部のインテリや青年層に限られるようだ。

ベラルーシの国章の変遷

1991年9月まで

1991年9月〜1995年6月

1995年6月以降
（2012年に微修正）

一方、ベラルーシの国歌はどうなっているだろうか？　かつてのソ連では、ソ連全体の国歌とは別に、15共和国それぞれのアンセムがあった。1955年に制定されたミハシ・クリムコヴィチ作詞、ネストル・ソコロフスキー作曲の白ロシア・ソビエト社会主義共和国歌は、次のような歌い出しだった（原詩はベラルーシ語）。

我らベラルーシ人は、兄弟ロシアと
ともに幸福への道を追い求めた。
自由を求める闘い、幸いを求める闘いにおいて
我らはロシアと勝利の御旗を手にした。
……
我らを結び付けしはレーニンの名、
「党」は我らを幸福への歩みへといざなう。
「党」に栄光あれ！　郷土に栄光あれ！
汝に栄光あれ、ベラルーシ人民よ！

1991年暮れにソ連が崩壊すると、さすがにこの歌詞は実情にそぐわなくなり、新しい国歌の制定が検討された。ところが、新国歌をめぐる議論は紛糾する。国旗・国章問題では民族派にしてやられた共産党系の議員や保守派官僚が、「国歌だけは譲らない」と抵抗した結果だと言われている。こ

うしたことから、新しい国歌の制定は棚上げになり、昔ながらの共和国歌が、歌詞なしでメロディーだけ演奏される状態が、独立後10年以上続いた。

ようやく2002年になって国歌制定コンクールが実施され、同年7月に大統領令によって晴れて新国歌が承認された。ただし、新国歌とは言っても、ヴラジーミル・カリズナ氏という詩人がソコロフスキーのお馴染みの曲に新しい歌詞をつけただけであり、しかもクリムコヴィチの詩の補作にすぎない。そしてそこには、ロシアと名指しこそしていないものの、相変わらずの兄弟愛を吐露した次のような一節が見られる。

栄えあれ、諸国民の兄弟連合！
……
兄弟たちとともに勇敢に長きにわたり
我らは生家を守り、
自由を求める闘い、幸いを求める闘いにおいて
自らの勝利の御旗を手にしてきた。

ある程度の年齢のベラルーシ国民であれば、ソコロフスキーの曲を聞くとどうしても昔の歌詞を連想する。民主独立国家として処していくためには、曲ごと変えなければだめだという意見も当然あった。実際、くだんのコンクールでもいくつかの新曲が提案された。しかし、結局メロディーはそのま

「ベラルーシ国旗広場」に設置されているベラルーシ国歌の歌碑

まで、詩を部分的に変えるだけの最低限の手直しに終わったわけである。

ところで、本件は10年も宙に浮いていたのに、なぜ2002年になって急に決着がつけられたのだろうか？ 管見によれば、それは2000年暮れにロシアが旧ソ連国歌（アレクサンドル・アレクサンドロフ作曲）に新しい歌詞をつけてロシア国歌として制定したことに関係している。言うまでもなく、ベラルーシ国民の多数派は、ソコロフスキーの曲などよりも、旧ソ連国歌の方に愛着を感じている。ソ連を再興して再びアレクサンドロフの曲を共有したいと夢見ていたベラルーシ人は、少なくなかったはずだ。ところが、アレクサンドロフのメロディーがロシア一国のものになってしまった以上、ベラルーシとしても未練を断ち切って独自の国歌についての態度を固めざるをえなくなった。その際に、とかくロシアに右へ倣えをするベラルーシ国民のこと、古い曲に新しい詩をつけるという方式も踏襲したということではないだろうか。

（服部倫卓）

32

アレクサンドル・ルカシェンコの肖像

★「欧州最後の独裁者」と呼ばれて★

アレクサンドル・ルカシェンコ（ベラルーシ語ではアリャクサンドル・ルカシェンカ）大統領は、1994年に行われたソ連解体後の初のベラルーシ大統領選挙により、39歳の若さで初代大統領に選出された。それから23年、ルカシェンコ大統領は欧米諸国からの民主化要求をはねつけ、政権を維持している。野党勢力が国民の支持を得られず、政権交代の受け皿になる可能性が低い中で、独裁体制を一段と強化している。国内に敵はなく、「ベラルーシ政治における唯一のプレーヤー」と認識されている。

ルカシェンコ大統領が政治の表舞台に立ったのは、1990年のベラルーシ共和国最高会議選挙に当選してからである。他のCIS諸国の元首は、ソ連時代にも政府の要職に就いていた者が多いが、ルカシェンコ大統領は1990年まで地方のモギリョフ州のソフホーズ（国営農場）の所長を務めていた。共産党の活動家ではあったが、モギリョフ州コルホーズ（集団農場）の党委員会書記を務めたくらいで、中央政界とは無縁の変わり種である。

議会の汚職追放委員会議長を務めていたルカシェンコは、1994年7月の大統領選で、汚職追放、国家主導の経済改

【ルカシェンコ略歴】

1954年8月30日	ヴィテプスク州オルシャ地区コプィシ村生まれ（最近になり公式バイオグラフィ上は8月31日生まれに変更されている）
1975年	クレショフ名称モギリョフ教育大学卒
1985年	ベラルーシ農業アカデミー卒　歴史学者、経済学者
1975～1977年	ソ連軍勤務
1980～1982年	ソ連軍勤務
1982～1985年	モギリョフ州建築資材コンビナート副所長
1985～1987年	モギリョフ州コルホーズ（集団農場）党委員会書記
1987～1994年	モギリョフ州ソフホーズ（国営農場）「ゴロジェツ」所長
1990～1994年	ベラルーシ共和国最高会議代議員 「民主主義を求める共産主義者」会派を創設 汚職追放委員会議長
1994年7月	ベラルーシ共和国大統領当選
1996年11月	国民投票により3選禁止条項を削除
2001年9月	再選
2006年3月	3選
2010年12月	4選
2015年10月	5選

革、ロシアとの統合など大衆迎合的な公約を掲げ、本命と言われたケビッチ首相（当時）を破って当選した。それ以降、大統領権限の強化、3選禁止条項を削除する憲法修正の強行、反対派への排除を通じて、強権体制を造り上げた。2015年には83％という圧倒的な得票で、5回目の当選を果たした。さらに5年の任期を務めることになり、四半世紀以上にわたって長期政権が続くことになる。皮肉にもベラルーシ国民が最初の民主的選挙で選んだ大統領は、「欧州最後の独裁者」と欧米から呼ばれている。

一国の元首でありながら奇異な言動が目立つのが特徴で、政権当初の1990年代には大統領公邸を拡張するため、隣接する外交団公邸用敷地から大使らを退去させたり、1998年に長野で冬季オリンピックが行われた際には自国のホッケーチームの応援に急遽来日したりするなど「予想のつかない人物」という評価を受けてきた。ただ近年は、奇異な発言くらいで、以前と比べると、落ち着いた感がある。

国民への立ち振る舞いや発言は、「ポピュリスト」、「独立を守る大統領」として、自分は常に国民の側に立っているというもので、この点は昔から変わらない。一例を挙げると、2006年にロシアとの間でガス価格の引き上げをめぐる対立が起きたが、「兄弟国からの恐喝」とロシアを痛烈に批判するとともに、「独立を守る大統領」というイメージを国民に植え付け、そして、価格引き上げ後は、ポピュリストとして、国民の側に立って政府の経済対策を批判した。そうすることで、国民に痛みを強いる政策であっても、国民の間にルカシェンコ離れや批判が起こらないようにしている。

「大統領が優秀でも閣僚・官僚が無能で怠け者」といったイメージが広められている。大臣や地方首長らは、「職務履行に対する能力不足」との理由で解任されることが多い。政策の失敗は担当大臣の責任とされるため、「能力不足の人物」を要職に据えた大統領や、無理な政策目標や方針を指示した大統領や大統領府に責任が及ぶことはない。

ベラルーシでは毎年達成すべき経済目標が大統領令によって定められる。その達成状況について、首相が大統領に報告することになっており、達成状況が悪いと大統領から叱責を受け、ときには大臣が解任されることもある。ルカシェンコ大統領は大臣に高い目標を掲げさせ、檄を飛ばし続けている。

ルカシェンコ大統領の周りは、忠誠心の高いイエスマンで占められている。かつては大統領に意見する閣僚もいたが、そのような人物はすでに政界から排除されてしまった。大統領に異を唱えられる者はなく、もし異を唱えれば、解任か、酷い場合には国外追放、刑務所行きが待っている。ただ実際には解任されても別のポストに就く場合が多く、政権幹部の固定化が見られる。

ルカシェンコ大統領はアイスホッケーを趣味とし、プロ選手と練習試合を行う姿がテレビ・新聞等で報道される。時折行われるスポーツ大会にも積極的に参加し、ほとんどの場合優勝して力強い大統領のイメージをアピールしている。２０１４年には世界アイスホッケー選手権をベラルーシで開催してしまうほどの熱の入れようである。

ルカシェンコ大統領は、ベラルーシは富める者、オリガルヒのいない国家、平等国家であると、国民を信じさせることに成功した。その一方で、大統領こそがベラルーシ唯一のオリガルヒとして、金と富を吸い上げている。石油精製ビジネスの収益だけでなく、大統領基金や国民発展基金など予算外の資金が存在し、ベラルーシの兵器販売や大統領府が独占する商業分野、政府庁舎の家賃収入などが流れ込んでいるといわれる。それを大統領とその周辺にいる一握りの人間たちが独占し、大統領を頂点とする富のピラミッド構造ができあがっている。

ルカシェンコは、民族的には純粋なベラルーシ人というわけではない。父親がロマ（ジプシー）系であるとか、母親がウクライナ系であるとかいった情報も伝えられているが、詳細は不明である。いずれにしても、ルカシェンコはベラルーシの民族的ルーツが多様であることを強調し、エスニックなベラルーシ・ナショナリズムとは距離を置いている。年次教書や式典での演説などの国家行事ではロシア語を話しており、ベラルーシ語を話すことはめったにない（ただし、そのロシア語には強いベラルーシ訛りがある）。

ガリーナ夫人との間には二人の息子がいる。長男のヴィクトルは１９７５年生まれで、安全保障問題担当の大統領補佐官と安全保障会議メンバーを務め、内務省やＫＧＢ等の「力の省庁」を掌握しているとされる。次男のドミトリーは1980年生まれで、大統領スポーツクラブを率い、大統領府直属の宝くじ基金の収益金やスポーツ利権を握っているといわれる。ベラルーシ五輪委員会の委員も務めている。

ガリーナ夫人は1955年生まれで、ルカシェンコ大統領とは中学校の同級生で1975年に結婚した。地元のヴィテプスク州オルシャ地区の行政府などで勤めた後、現在はモギリョフ州シクロフ地区ルシケヴィチ村に住んでいるとされる。夫とは別居状態にあり、会うこともしていない。大統領は以前、ミンスクに来た妻に対し、大統領公邸内に入ることを許可せず、警備に追い返すよう指示したといわれる。

二人の息子以外に愛人との間に子供（婚外子）が一人いる。ニコライという2004年生まれの男の子である。ルカシェンコ大統領は2007年頃から、ニコライ君を公の場に連れ出すようになった。大統領自身、愛人との子であるとは公言したことはないものの、自分には息子が三人いると発言していたこともあり、三番目の子供がいることは、国民の間では周知の事実となっている。

ニコライ君の母親は元大統領府共和国病院主任医師のイリーナ・アベリスカヤ氏である。ルカシェンコが大統領に就任した直後に専属医師となり、2001年に大統領府病院の主任医師となった。大統領に同行する姿が度々見られたが、2007年頃に別居し、ニコライ君は大統領に引き取られた。子供を公の場に連れ出すようになった理由について、大統領は2008年7月のロシア紙『コムソモリスカヤ・プラヴダ』のインタビューに「彼を一人にさせておくことはできない。着替えさせるのも、食べさせるのも、私がやらなければならない」と述べている。大統領はニコライ君を「聖人以上の存在」

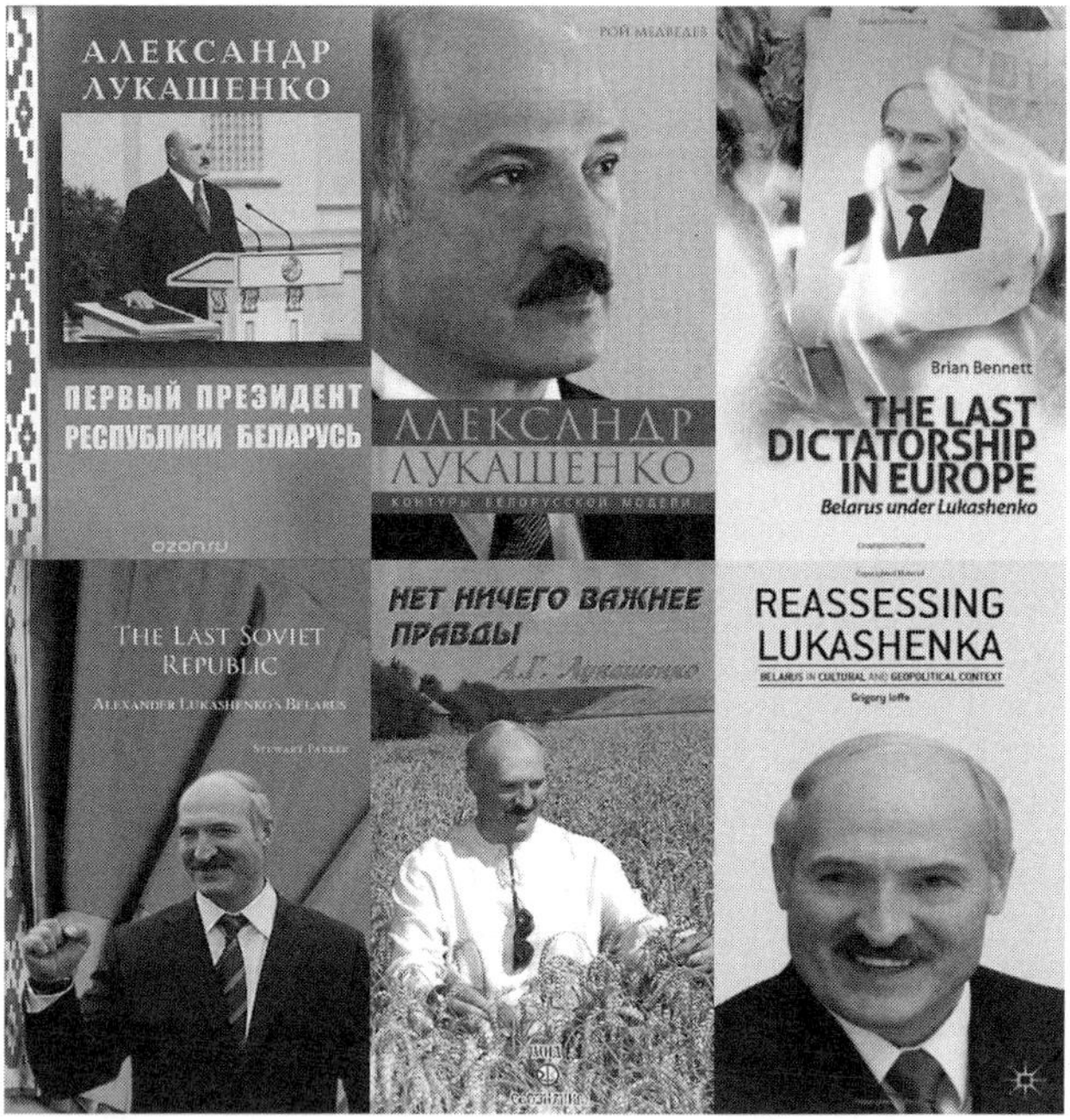

自伝を含め、内外で多くのルカシェンコ本が出版されている

と溺愛する。別居後、イリーナはミンスク市第九病院に異動した。その後、2009年に大統領府病院の主任医師に再び戻ったが、現在はミンスク郊外の「がん・放射線医療センター」の院長として働いているとされる。

一時、ルカシェンコ大統領は、力の省庁を握り、野党勢力の集会デモを首尾よく一掃してきた長男ヴィクトルを誰よりも信頼していると見られていたが、長男と次男の能力を批判し、二人の後継の可能性を否定している。と同時に、ニコライ君を後継にするような発言を繰り返している。

2007年4月、ルカシェンコ大統領は次のような発言を行っている。

「近い将来のベラルーシの大統領は自分、アレクサンドル・ルカシェンコである。（中略）自分と比べて、長男のヴィクトルは弱すぎるし、将来も弱いであろう。何故に弱い人間を後継者とするであろうか。私は小さい子供を後継者として養成するつもりだ。1番目（長男）でも2番目（次男）でもない。しかし、3番目（三男）はあり得るかもしれない」。

２００８年4月にも「未来の大統領は私の上の息子達ではない。下の息子がベラルーシの大統領になる」と発言。さらに２０１２年にはベネズエラのチャヴェス大統領（当時）との会談にニコライ君を同席させて、「隣に座っているのは私の子供である。私たちが築いた協力関係を20～25年後に誰が引き継ぐかということを示している」とも述べている。

これに対し、本人はと言うと、２０１６年12月のマスコミのインタビューに「将来何になるかは決めていない。しかし、大統領にはなりたくない」と答えている。医者や軍人の仕事に興味があると答えるごく普通の少年である。

ルカシェンコ大統領に代わる人物がまったくいないなかで、後継者ニコライ君が現実味を帯びる時はくるのだろうか。ニコライ君が被選挙権（35歳）を獲得するまでには20年以上が必要であるため、可能性は低いものの、大統領がニコライ君を可愛がる姿は、国民の噂の対象となっている。ただ、２０１７年現在63歳のルカシェンコ大統領は非常に自信に満ちており、後継問題は切迫したものとはなっていない。

（齋藤大輔）

33

ルカシェンコ政権下のベラルーシ

★政治体制の形成プロセス★

1991年にソ連邦が崩壊したことにより、連邦の一共和国であったベラルーシは独立国家となった。そして、1994年に制定されたベラルーシ共和国憲法に基づき、新たに大統領制が導入され、同年、国民の直接選挙によるベラルーシ初の大統領選挙が実施されることになった。1994年当時のベラルーシは、ソ連崩壊後の急激な生産低下や物価の高騰、失業者の増加、汚職や犯罪の増加等により社会・経済は混乱し、国民の不満が募っていた。そのような状況の下で、当時、最高会議の代議員であったアレクサンドル・ルカシェンコは、国が苦境を脱し、社会の安定化を図るために尽力することをスローガンに掲げて大統領選に出馬し、決選投票の末、国民の大多数の支持を得て初代大統領に選出された。

大統領の就任後、経済立て直しをはじめ、早急に解決すべき課題が山積していたが、早々に着手されたわけではなかった。大統領の誕生により、それまで国の唯一の最高機関であった最高会議と大統領が対峙することになった。新憲法では、行政・立法・司法の三権分立が謳われてはいたものの、行政府と立法府の機能及び権限の境界が不明瞭であり、実質的には最高会議により多くの決定の裁量が委ねられていた。そのため、大統領と最高会議は互いに権限の拡大を標榜し合い、軋轢が生じた。

　１９９５年、ルカシェンコ大統領の主導による国民投票が実施され、ロシア語にベラルーシ語と同等の国家言語の地位を付与することや、ロシアとの経済統合を推進すること、大統領に最高会議の解散権を付与すること等について、国民の大多数の支持が得られた。ソ連時代からの経済・産業構造を引き継ぎ、独立後も依然としてロシアへの経済的な依存度が高かったベラルーシにとって、ロシアとの同盟は、ソ連崩壊後の経済危機を克服するための重要な手段でもあった。

　大統領と最高会議の間の権力争いが続くなか、憲法改正をめぐり両者の対立が先鋭化した。１９９６年、大統領と最高会議のそれぞれから提出された憲法改正案が国民投票に付されることになった。ルカシェンコ大統領が憲法における権限配分の不均衡を是正すべく最高会議の権限を縮小し、大統領の権限を拡大する内容を盛り込んだ憲法改正案を提出したのに対し、最高会議は大統領権限を縮小する憲法改正案を提示した。この憲法改正の国民投票までに、ルカシェンコ大統領は、徐々に政権の主要ポストを自らの陣営で固めていった。他方の最高会議は、大統領に反対する議員グループが中心となって大統領を憲法裁判所に訴え、大統領の弾劾手続を開始した。両者の対立は、隣国ロシアが当時のチェルノムイルジン首相らを仲裁のためにミンスクへ派遣するまでに先鋭化したが、同年11月に国民投票は実施され、国民の大多数が大統領の提案した憲法改正案を支持する結果となった。

　１９９６年の憲法改正によって、大統領、議会、政府、裁判所それぞれの権限の再配分および明確化が図られ、大統領により多くの裁量権が与えられることになった。そして、ルカシェンコ大統領は、改正された憲法に基づいて最高会議を解散し、上院（共和国院）・下院（代表者院）から成る二院制の国民議会を創設した。この時までに、ルカシェンコ大統領に反対する政府高官や最高会議の人民代議員らが辞職した。当時、一連の欧米諸国や国際機関は、ベラルーシの反体制派を支持し、国民投票の結果および新設された国民議会の合法性を認めなかった。

１９９６年の国民投票が実施される1カ月前、ルカシェンコ大統領は第一回全ベラルーシ国民会議を開催し、そこで大統領により策定された最初の社会・経済発展プログラムが承認された。全ベラルーシ国民会議は、憲法に則り国民に依拠した政権を実現するという趣旨で実施され、当時、それは最高会議との政治対立を解決する手段の一つでもあった。以来、この会議は5年に1回開催されており、地方行政や国営企業、教育・研究機関、軍事施設等の代表者の他、全国から住民の代表者らが参加している。この全ベラルーシ国民会議では、5年に1度大統領が打ち出す「社会・経済発展プログラム」の5カ年計画が承認されており、ルカシェンコ体制の論理的な基盤ともなっている。１９９６年にルカシェンコ大統領が最初に採用した5カ年計画の政策方針は、ソ連型経済を解体して民営化や急速な市場経済化を進めることではなく、国が混乱期を脱し、安定した国家体制を構築するために、国営企業を維持する国家管理型の経済モデルであった。ルカシェンコ大統領は、就任当初から、ソ連時代の遺産を全て否定することはしておらず、その一部を現代の政治的文脈に適するように作り変える方策をとってきた。

ルカシェンコ大統領の第一期目の任期は、大統領任期が5年に延長された１９９６年の憲法改正時から再計算され、２００1年までとされた。続く２００４年の国民投票により、大統領の憲法上の三選禁止が解かれた。その後、２００１年、２００６年、２０１０年、２０１５年の大統領選挙において、いずれもルカシェンコ大統領が7〜8割を超える高得票率で再選を果たしてきた。しかし、欧米や欧州安全保障協力機構（ＯＳＣＥ）等は、ベラルーシのいずれの選挙においても、選挙が国際基準を満たしていなかったと評した。さらに、２００６年の大統領選挙以降、米国およびＥＵは、ベラルーシの大統領および政府高官らに対して当該地域への渡航禁止等の制裁を科してきた。両者の政治的関係が改善に向かった２０１６年、ＥＵによる制裁の大部分が解除された（第43章参照）。

第５回全ベラルーシ国民会議の看板

ベラルーシは、国民の直接選挙により選出される大統領を国家元首とする共和制国家である。ルカシェンコ大統領は、いかなる政党にも政治団体にも属していない。現在、国内で登録されている15政党のうち、7政党が政権支持派、8政党が非政府系あるいは反体制派と言われているが、いずれの政党もほとんど政治的影響力を有していないと言える。実際、現在の下院議席に占める政党出身者数はわずか数名に過ぎず、議会において自らの所属政党の利益・関心を表明する議員もいない。したがって、一部の活動的な反体制派の政党を除いては、社会的知名度も極めて低い。

現在のベラルーシの政治体制は、大統領府が政治決定の中心にあり、経済のみならず社会のあらゆる分野において政府が関与する度合いが大きいと言える。ルカシェンコ大統領は1994年の就任以来、20年以上の長期にわたって安定した政権を維持してきた。現在、医療・教育の無料化、小中高生の公共交通機関の利用の無料化が実現されている。しかし、昨今の急速に変化する世界情勢のなかで、引き続き国家の安定を維持していくために、これまでの温情主義的な国家モデルから、国民や企業がより自立したモデルへと移行する必要性が強調されている。最近では、リベラルな考えを持った若者も政府の重要ポストに起用されるようになり、ルカシェンコ大統領は、若手のリベラル派を通じて、グローバル化のなかで生じている様々な変化や諸問題に対処する方法を新しい角度から検討することも試みているように見える。ルカシェンコ政権下のベラルーシでは、今後も安定した政権を維持していくために、これまでに築き上げられた国家システムを維持しつつ、いかに新たな問題に対処していくかが求められている。

（半田美穂）

34

ベラルーシの軍事力

★独立と対露関係の狭間★

ベラルーシ国防法によると、ベラルーシの軍事力は国軍であるベラルーシ共和国軍とその他の準軍事部隊（内務省の国内軍や国家保安委員会の国境軍）から構成される。最も有力な軍事力はベラルーシ共和国軍（以下、「ベラルーシ軍」）であるが、2016年4月時点におけるアンドレイ・ラフコフ国防相の発言によると、総人員は6万4932人とされ、決して大規模な軍事力ではない。しかも、このうち文民1万6400人あまり、各種学校生徒が3500人あまりとされることから、実質的な兵力は4万5000人ほどにしかならない。準軍事部隊についても、国内軍が約1万1000人、国境警備隊が1万2000人程度と推定されている。

これはベラルーシという国家自体が小国であることに加え、ルカシェンコ政権が過度の軍事負担を回避してきた結果でもある。ストックホルム国際平和研究所（SIPRI）によると、2015年のベラルーシの軍事支出（前述したベラルーシ軍や準軍事部隊に関わる支出の合計）9兆1000億BR（約4億8700万ドル）でGDPの約1・2％に相当すると見積もられているが、これはロシアなど他の旧ソ連諸国に比べてかなり低い負担率である。

兵員充足については、職業軍人である将校（準将校を含めて2万1300人あまり）を除き、徴兵が基礎となっている。徴兵対象年齢はロシアと同じく18～27歳であるが、高等教育を修了した者は12カ月、それ以外は18カ月と、学歴によって徴兵期間に差がつけられる点がロシアと異なる（ロシアは一律に12カ月）。徴兵は春と秋の年2回実施され、2015年の場合は春期徴兵で約9000人、秋期徴兵で約1万人が徴兵された。1年～1年半ほどしか勤務しない徴兵では高度な技能を習得することは難しく、戦力としてもあまりアテにはならないが、有事の予備役を確保できることから、今後も徴兵制は廃止しないとの方針をベラルーシ国防省は示している。

このほかには契約軍人と呼ばれる志願兵も一定数勤務しているが、こちらは給与を支払う必要があるため、ベラルーシの国防費では採用できる人数に限界がある。詳しい数は公表されていないが、総兵力から将校と徴兵の数を引けば5000人以下というところであろう。限られた国防予算ではどれだけ契約軍人を増加させても1万5000人が限界とされており、今後ともベラルーシ軍は徴兵を主体とする小規模な軍事力に留まると見られる。

組織面で見ると、ベラルーシ軍は陸軍（1万6500人）と航空・防空軍（1万5000人）の2軍種に加え、特殊作戦軍（6000人）、国防省直轄部隊及び国防省中央機構（1万500人）から構成されている。内陸国であるため、海軍は保有しない。

前述のラフコフ国防相の発言によると、平時におけるベラルーシ軍の構成（陸軍・空軍その他合計）は以下のとおりである。

●3個航空基地
●2個電波技術旅団
●4個防空ロケット旅団・3個防空ロケット連隊
●4個機械化旅団
●1個ロケット旅団（戦術弾道ミサイル装備）
●1個ロケット砲兵旅団（多連装ロケット装備）
●3個砲兵旅団
●2個機動旅団
●2個特殊任務部隊

このほかには装備保管基地と呼ばれる予備兵器の保管基地が多数あり、有事に備えてソ連軍から受け継いだ大量の兵器を備蓄している。ベラルーシ国防省の公式サイトなどによると、実際に装備保管基地から装備を搬出して運用する試験なども時折行われているようだ。

ちなみにベラルーシ軍の保有装備についてはラフコフ国防相が以下のように発言しているものの、兵力の規模に対して明らかに過大であるため、保管されている予備兵器がかなりの割合を占めると見られる、

●航空機54機
●ヘリコプター32機
●防空ロケット大隊27個

●トーチカ戦術弾道ミサイル発射機12基
●多連装ロケット・システム、野砲、自走砲700門以上
●戦車602両
●歩兵戦闘車886両
●装甲兵員輸送車192両

装備調達費が限られているため、ここで挙げた装備の大部分はソ連軍から受け継いだものである。しかも老朽化する一方の旧式装備を維持することは年々難しくなっており、2013年には空軍の主力戦闘機Su-27が資金不足から運用停止となってしまった。この結果、現在ベラルーシ空軍が保有している戦闘機は40機弱のMiG-29のみとなっているが、これも近代化改修を受けた一部を除いて老朽化している。

一方、ベラルーシとロシアの間では新型装備の導入に関する交渉が続けられてきた。ベラルーシはロシア主導の集団安全保障条約（CSTO）の加盟国であり、ロシアとの大規模な合同演習をほぼ毎年実施するなど、安全保障上の関係が深い。装備調達について言えば、ベラルーシはCSTO加盟国の特典としてロシア製兵器を国内価格（利益率を低く抑えた割引価格）で購入できるほか、中古のS－300防空システムを無償供与されるなどしている。最近ではYak-130高等練習機の配備が始まっているほか、今後はMi-8ヘリコプターやブーク中距離防空システムなどが割引価格でベラルーシに供与される見込みである

しかし、戦闘機の後継機問題は政治的な理由から難航している。当初は、より新しいSu-30戦闘爆

撃機をロシアから割引価格で購入するということになっていたのであるが、その代わりにベラルーシ国内にロシア空軍基地を設置させるようロシア側が要求してきたためである。ロシアは２０１３年末の段階でベラルーシ空軍の基地に数機の戦闘機を派遣していたが、２０１４年２月にベラルーシを訪問したショイグ国防相は、最終的にはロシア軍独自の基地を設置し、１～２個戦闘機連隊を常駐させるとの構想を示していた。

ベラルーシはロシアの同盟国ではあるものの、ロシア軍の常駐については極めて否定的な態度を取っており、現時点では弾道ミサイル警戒レーダーと通信システム用拠点が設置されているだけである。また、ロシアとの「連合国家」条約を結び、ＣＳＴＯにも加盟してはいるものの、自国領内を「非核地帯」とし、さらに「中立国家」であるとする憲法第18条の規定を現在も維持している。

ベラルーシ軍の機関誌『アルミヤ』

その背景にあるのは、ベラルーシがロシアと西側の対立に巻き込まれ、ロシアの「前線国家」化されることへの懸念である。特にウクライナを巡ってロシアと西側の緊張が激化するなかで、あまりにロシア寄りの立場を示せば自国も西側から孤立しかねない上、万一武力衝突に至った場合には自国が戦場となってしまう。このためにベラルーシとしてはロシア軍基地の設置には消極的にならざるを得ず、また名目上の「中立」を維持する動機ともなっているのである。

実際、ロシア軍基地の設置問題についてはベラルーシ国民の強い反対世論を生んだ。この結果、ルカシェンコ政権はロシア空軍基地の設置に否定的な態度を示すようになっており、本稿の執筆時点では問題は進展していない。一方、基地の見返りであったSu-30戦闘爆撃機については2020年までに少数機を供与するとの合意が2016年に成立した。ロシアとしては正式の基地設置は当面あきらめ、ベラルーシ空軍基地への派遣などを増加させる方針と見られる。

一方、ベラルーシは中国との軍事協力にも踏み出しており、最近では中国製300ミリロケットを使用する多連装ロケット・システムの配備が開始された。兵器供給をロシアに握られることを回避するためのヘッジ策と考えられるが、ここにもベラルーシとロシアの微妙な関係が見てとれよう。

最後に軍需産業についても触れておきたい。ソ連時代からベラルーシは兵器の電子コンポーネント生産などを担当しており、兵器システムそのものを独自に生産する能力はほとんど有していなかった。この結果、現在もベラルーシの軍需産業はロシアとの強い繋がりによって成り立っており、2015年時点では99社が1800品目の軍事関連製品をロシアに供給しているとされる。一例を挙げるならば、ロシアの移動式ICBMを搭載する大型シャーシや、戦車の夜間暗視装置などがベラルーシ製であり、ロシア軍の発注する装備品の15％には何らかの形でベラルーシ製品が使用されているという。

（小泉　悠）

コラム9

元祖KGB国家のベラルーシ

服部倫卓

ソ連時代、帝都モスクワの国家保安委員会（KGB）本部の前に立っていた、秘密警察の創始者フェリックス・ジェルジンスキーの銅像。保守派クーデター失敗後の1991年8月22日に、そのジェルジンスキー像がデモ隊によりクレーンで引きずり下ろされる光景は、ソ連崩壊を象徴する場面として記憶されている。秘密警察の否定とともに、ソ連が瓦解し、新生ロシアおよびその他の新興独立諸国が誕生したのである。

とはいえ、どんな国にも情報機関は存在するものであり、旧ソ連諸国ではKGBが形を変えて今も残っている。ただ、KGBという名前はあまりに忌まわしいので、各国とも組織名を微妙に変えている。たとえばロシアであれば、現在は連邦保安局（FSB）という名称になっている。ところが、1カ国だけ、KGBという社会主義時代の名前をそのまま保持している国がある。それがベラルーシである。

実は、KGBの生みの親であるジェルジンスキーは、ベラルーシの地の生まれである。帝政ロシア時代の1877年、現在のミンスク州イヴェネツ町近郊のジェルジノヴォ村で、ポーランド系貴族の家庭に生まれた。ロシア革命に身を投じ、1917年12月に「反革命・サボタージュ取締全ロシア非常委員会（チェーカー）」を創設、その委員長に就任する。ジェルジンスキー自身は1926年に亡くなるものの、チェーカーは組織的変遷を経て、1954年に国家保安委員会（KGB）に改組されたのである。

1932年、イヴェネツから程近いコイダノヴォ市が、ジェルジンスキーの功績を讃えるために、ジェルジンスク市へと改名された。また、イヴェネツ町には、1957年にジェルジンスキー記念博物館が開設された。この博物館は、1963年にジェルジノヴォ村に設けられた分館も含め、現在も稼働を続けている。ミンスク市内の目抜き通りには、ジェルジンスキーの立派な胸像が据えられており、ソ連崩壊の時期にデモ隊に引き倒されることもなく、今日でもミンスク市民ににらみを利かせている（写真参照）。

アレクサンドル・ルカシェンコ大統領は保守的・強権的体質で知られるので、旧ソ連のなかでベラルーシだけにKGBが残っているというのは、いかにも合点が行く話だ。ところが、KGBという名前を残すことに決めたのは、1994年に大統領になったルカシェンコではなく、その前の時期に国を支配していたヴャチェスラフ・ケビッチ首相らであったという。それだけ当時のベラルーシという国はまだソビエト的な価値観が根強かったわけで、ルカシェンコは単にその精神を踏襲し強化しただけだったようだ。なお、今日のベラルーシにおいて確かにKGBは一定の権威を誇っているものの、ルカシェンコ大統領は自らによる一元的な国家権力を志向し、またKGBをはじめとする武力省庁による謀反を恐れているので、頻繁にそれらの省庁の幹部を入れ替え、統制に余念がないと言われる。

ミンスクにあるジェルジンスキーの胸像

35

ベラルーシ経済の軌跡

★表面的な安定と成長の陰で★

第二次世界大戦後の焦土を強行的な工業化で復興し出来上がったベラルーシ経済は、他のソ連構成共和国との分業関係で成り立っていた。特に、天然ガス・原油といった原燃料をロシアから移入し、機械や消費財等の製品をロシアに供給することこそ、ベラルーシ経済の根幹であった。こうしたことから、ソ連解体に伴う他の共和国との経済関係の分断は、ことのほか大きな打撃をベラルーシ経済に与えた。独立後の1994年に実施された初の大統領選は、新生ベラルーシ国家のこうした苦難を反映した結果となった。現状に不満を募らせる国民は、汚職追放、ロシアおよびウクライナとの統合、国家主導の経済再生などを大衆迎合的に唱えるアレクサンドル・ルカシェンコ氏を選択した。

こうして成立したルカシェンコ政権のモットーは、「社会的志向の市場経済」。その原則は、無条件な市場経済化は拒み、漸進的・選択的に市場原理を導入するというもの。マクロ経済安定化を最優先することはせず（実際、ベラルーシの過去20年のインフレ率は、世界的に見てもジンバブエに次ぐ高さだという）、国家主導で生産部門を強化することを通じ、経済・社会問題の解決を図る。このような路線を標榜し、冷戦後の時代精神たる民主化・市場化に背を向けたルカシェンコ体制は、欧米諸国から改革の落第生と見なされ、国際金融機関等による支援も実質的にストップした。

図表1に見るように、ソ連崩壊後に落ち込みを続けていたベラルーシ経済は、１９９６年以降回復に転じる。その最大の要因は、ロシアとの経済関係の再構築だった。１９９５年の国民投票でロシアとの経済統合への同意を国民から取り付けたルカシェンコ大統領は、ロシアと関税同盟を結成し、対ロシア貿易の拡大を実現した。しかし、１９９８年８月のロシア通貨・金融危機を受け、ベラルーシはハイパーインフレと通貨下落、生産停滞に直面し、ロシア一辺倒路線の危うさを露呈した。

２０００年代に入ると、ベラルーシの経済成長は加速したが、自助努力の賜物というよりは、やはり石油高に沸くロシアの「おこぼれ」にあずかっている側面が強かった。また、ベラルーシの産業構造、輸出構造も変容していくことになる。元々ベラルーシは「ソ連の組立工場」と呼ばれ、機械製品こそが当国の主要輸出品だった。それが、２０００年代になるとロシアから輸入した原油を加工して

図表１　ベラルーシの実質ＧＤＰ水準の推移
（1991 年＝ 100）

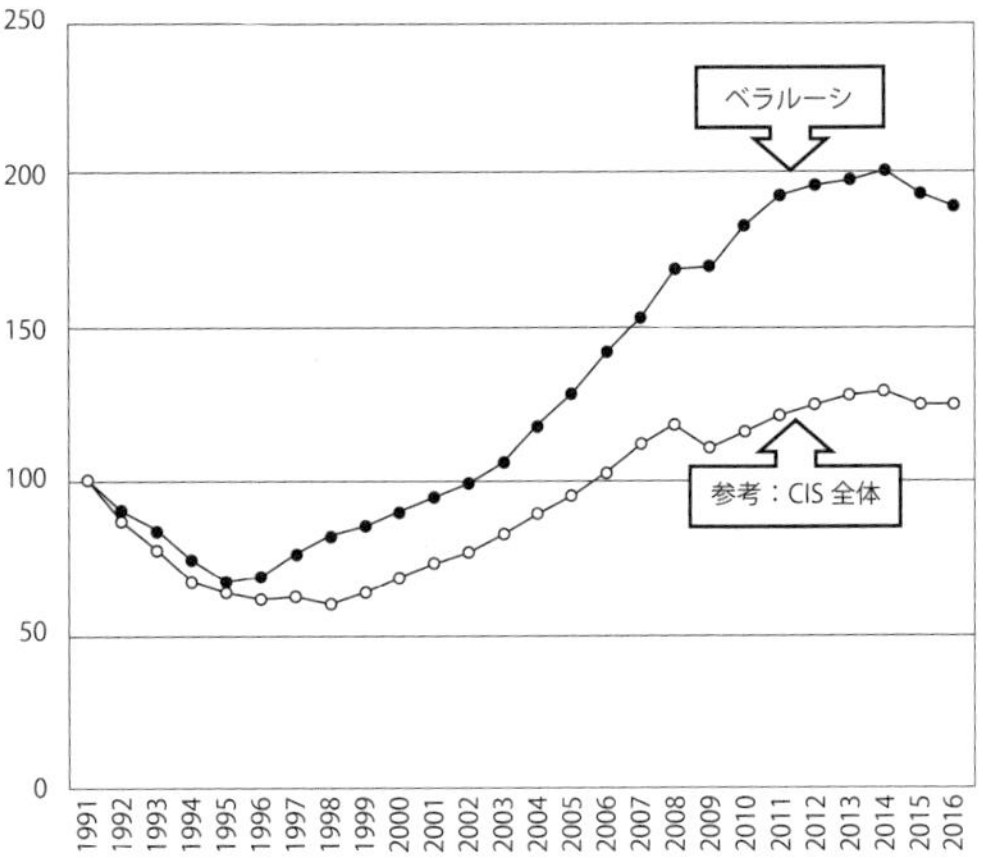

図表２　ロシア・ベラルーシの経済成長率と石油価格の相関

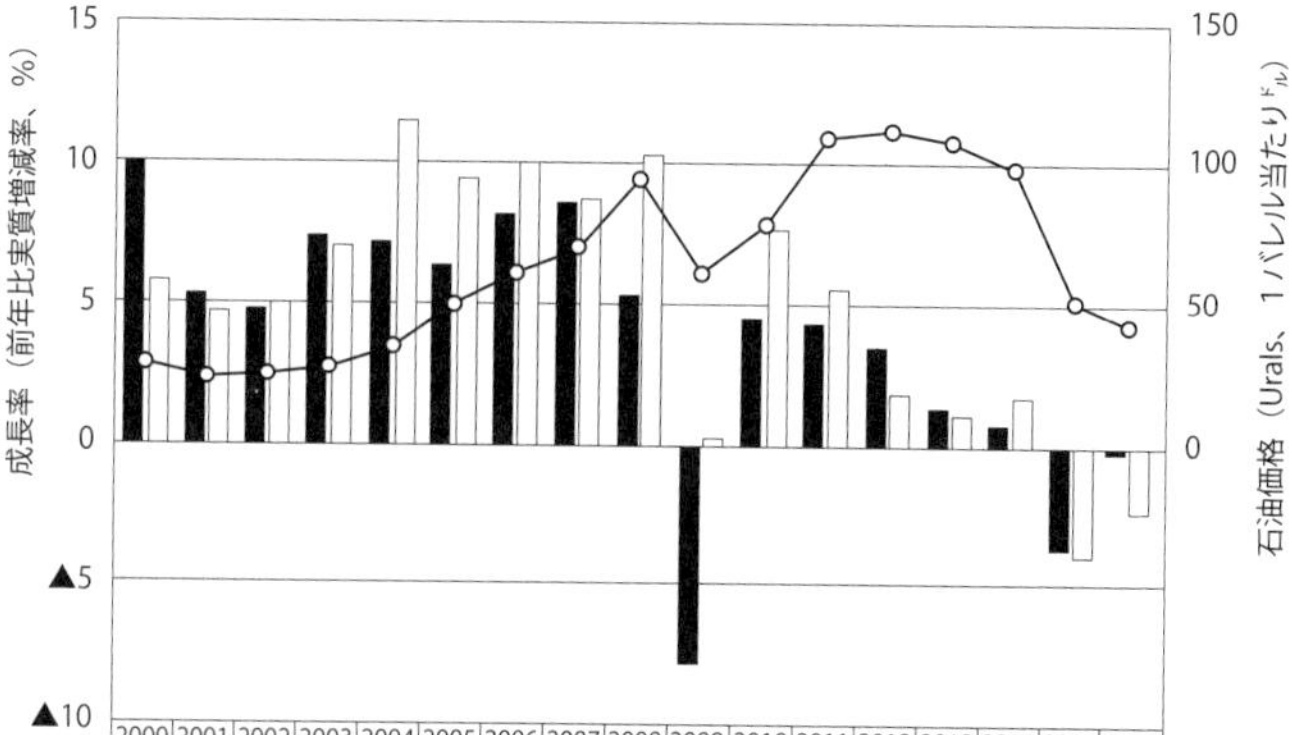

	2000	2001	2002	2003	2004	2005	2006	2007	2008	2009	2010	2011	2012	2013	2014	2015	2016
■ ロシア成長率	10.0	5.1	4.7	7.3	7.2	6.4	8.2	8.5	5.2	▲7.8	4.5	4.3	3.5	1.3	0.7	▲3.7	▲0.2
□ ベラルーシ成長率	5.8	4.7	5.0	7.0	11.4	9.4	10.0	8.0	10.2	0.2	7.7	5.5	1.7	1.0	1.7	▲3.9	▲2.6
─○─ 石油価格	27.0	23.0	24.0	27.0	34.0	50.0	61.0	69.0	95.0	61.0	78.0	109.0	111.0	108.0	98.0	51.0	42.0

輸出するビジネスが拡大し、石油製品がベラルーシの最大の輸出品目に躍り出た。２０００年代半ば以降は、エネルギーがベラルーシの輸出総額の３分の１程度を占めるようになり、石油・ガスの供給を全面的にロシアに依存しているベラルーシのような国にとっては異常な状況となった。実際、ベラルーシでは石油精製業以外の産業競争力が衰退し、産油国がかかるはずの「オランダ病」を患っているとする指摘もある（第37章参照）。

　ロシアの経済成長率が油価の増減率と強い相関関係を示していることは、広く指摘されている。そして、図表２に見るように、ベラルーシのＧＤＰもロシアのそれとほぼ連動して動いており、油価に左右される度合いが大きい。ベラルーシの場合は、石油価格が下がると、二重のショックが生じると言える。一つは、油価下落→ロシアの景気後退→ロシアへの輸出低下およびロシアでの出稼ぎ収入低下、というメカニズム。もう一つは、油価下落→自国の石油精

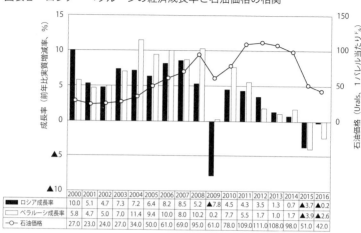

製業がもたらす外貨収入の縮小、というメカニズムである。

ベラルーシでは、ルカシェンコ政権が本格化した1996年以降、2014年に至るまで、一貫してプラスの経済成長率が続いてきた。1998年のロシア通貨・金融危機の余波を受けた際も、2008年のリーマンショックの後も、マイナス成長はかろうじて回避していた。むろん、ベラルーシのような権威主義的な国家の場合には、経済統計の信憑性自体が疑われるわけだが、少なくとも国が発表する公式統計上は、ベラルーシは常に成長し続けている建前になっていた。しかし、2015年はついに公式統計上も3・9%のマイナス成長を記録、2016年も2・6%のマイナス成長に甘んじることになった。

国際通貨基金（IMF）のデータによれば、ベラルーシの国民一人当たり国民総生産（GDP）は2015年現在1万7654ドルで、これは世界66位であり、「高中所得国」と位置付けられる。旧ソ連の独立国家共同体（CIS）諸国のなかでは、ロシア（2万5411ドル、48位）、カザフスタン（2万4268ドル、52位）、アゼルバイジャン（1万7993ドル、65位）といった産油国に次ぐ位置につけており、「資源を持たざる国」としては上々と言える。特に、元々は同じような水準にあったウクライナが、7519ドル、115位と凋落していることを考えれば、ベラルーシは比較的上手く立ち回っているという見方もできよう。

確かに、石油精製業をテコに、巨大な隣人ロシアの成長の波に上手く相乗りし、ベラルーシの経済水準を引き上げたことは、ルカシェンコ大統領の功績である。ロシアやウクライナのような極端な貧富の格差は生じておらず、いわゆる「オリガルヒ」（政治と癒着して成り上がった新興資本家）が利益をほしいままにするような現象もあまり目立たない。マイナス成長の渦中にあっても、2015年10月の大統領選挙で、国民がルカシェンコ氏の再選を選択したのは、国民が自国の経済的境遇を決して最悪ではないと評価していることの表れと受け取れる。しかし、やはりベラルーシの負った代償も小さくない。ベラルーシはロシアと一体の関係を築いた結果として、CIS諸国のなかでロシアのネガティブ・インパクトを最も受けやすい国となり、産油国ではないにもかかわらず、石油相場に翻弄されがちな経済が形成されてしまった。

欧州復興開発銀行（EBRD）が2014年に発表したレポートに、旧ソ連・東欧諸国の市場経済移行進捗度に関する評点が掲載されている（最高が4＋、最低が1）。ベラルーシは、大規模民営化が2－、小規模民営化が2＋、企業統治・リストラが2－、価格自由化が3、貿易・為替管理が2＋、競争政策が2という評価であり、いずれの項目も同諸国中でほぼ最低レベルにあった（ベラルーシよりも進捗が遅れているのは中央アジアのトルクメニスタン、ウズベキスタンくらい）。

ただ、このようにEBRDの評価は依然として厳しいものの、現実にはベラルーシでは過去数年で大規模国営企業を株式会社化・民営化する動きも少しずつ進んでいる。2008年にIMFとの協力関係を再開するなど、徐々に開放的な経済体制に転換しつつある。世銀グループは、毎年発表している『Doing Business』という報告書のなかで、世界各国のビジネス環境を比較してランキングしているが、ベラルーシは2008年版では110位であった順位を、2017年版では37位にまで高めている。

（服部倫卓）

36

製造業立国のベラルーシ

★勤勉でまじめなモノづくりへの姿勢★

1994年から権力の座にあるルカシェンコ大統領は「社会志向型市場経済」と呼ばれる独自の管理経済を推進。経済の70〜80%は国営セクターといわれ、ソ連時代の国営企業がそのままの形で残っている。ロシアとの政治的・経済的一体性、自国の地政学的な重要性を強めながら、ロシアから安価なガス供給を受け、代わりに工業製品をロシアに輸出することで経済を成り立たせている。

地図を広げると、ポーランドとロシアの間で欧州の中心に位置し、交通の要衝にある。資源が乏しいため、原材料や資源を輸入して、それを加工・輸出することで、経済が成り立っているという点で、日本とよく似ている。

ソ連時代のベラルーシは、天然ガス、石油といった原燃料をロシアから移入し、機械や消費財等の製品をロシアに供給する、いわゆる「加工基地」の役割を担っていた。ソ連の経済連関に密接に組み込まれ、とりわけ原料調達先および製品販売市場としてのロシア・旧ソ連諸国に全面的に依存していた。

独立後は、輸入代替の成長戦略を推し進め、貿易赤字の縮小とともに、産業の近代化、製品のレベルアップに努めてきた。

ベラルーシ10大企業（2015年）

	会社名	分野	売上高（100万BYN）	利益（100万BYN）	従業員（人）
1	ガスプロムトランスガスベラルーシ	輸送	5,562.4	606.0	6,526
2	ナフタン	石油精製	4,845.7	10.0	10,730
3	モズィリ製油所	石油精製	4,170.5	431.3	4,641
4	ベラルーシカリ肥料会社	肥料販売	3,814.6	2.2	93
5	ベラルーシカリ	肥料製造	3,652.3	1,358.5	16,906
6	ベラルーシ製鉄所	鉄鋼	1,658.0	▲262.4	11,183
7	グロゾノアゾト	肥料製造	1,298.8	6.0	7,749
8	ベラルーシ発展銀行	金融	1,205.2	178.0	299
9	グルボキー酪農工場	食品加工	1,088.0	▲9.6	930
10	ミンスクトラクター工場	機械	1,021.9	▲87.9	16,994

（注）BYNはベラルーシ・ルーブル。2015年の年平均為替レートは1ドル＝16,254ベラルーシ・ルーブル。

この結果、表面上は周辺諸国よりもレベルの高い製品を生産する国となった。

面積が日本の約半分の国に、石油精製工場とテレビ製造工場が二つずつもあり、洋服から家具、さらには兵器まで何でもつくっている。ソ連時代の産業配置のおかげだが、機械、家電から繊維、自動車までつくれないものは何もないといわれるほど、あらゆる産業が整っている。売れるか売れないかは別にして、数年前からは乗用車や携帯電話の生産まで始めた。

代表的な企業としては、石油精製のモズィリ製油所とナフタン、テレビ製造のゴリゾントやヴィチャージ、大型トラックとバス製造のミンスク自動車工場、カリ肥料製造のベラルーシカリ、窒素肥料製造のグロドノアゾト、トラクター製造のミンスクトラクター工場などが挙げられる。

こうした何でもつくってしまう特徴はベラルーシの強みとなっている。日本では、とかくロシアの企業ばかりがクローズアップされがちだが、ベラルーシにもこれぞという先端企業が多くある。しかし、すべての面が揃っているというプラス面とそこで生産された製品が内外の商業ベースに乗るということは別物であった。

貿易収支は赤字が常態化している。ロシアからの石油やガスの価格が上昇したのが原因であるが、同時に生活水準の向上に伴って、外車や最新機器・設備の輸入が増えたことも赤字拡大につながっている。輸出品を見ても、石油・石油化学製品や大型輸送機械のような重工業品が主力であり、繊維製品や軽工業品はそこまでにはなり得ていない。機械にしても輸送機器が中心であり、それらを製造するための機械設備は輸入に頼っているのが現状である。

家電産業でも同様のことが言える。ベラルーシ国内には、大手だけでも3社が活動している。カラーテレビ、DVDプレイヤーから冷蔵庫まで、ほぼすべての家電製品を製造しているものの、実際には、技術で立ち遅れが目立つ。主な販売先は国内もしくはロシア・CIS諸国の旧ソ連地域に限られ、ヨーロッパ諸国への輸出は少ない。たとえば、テレビは装置産業化の波に乗って、液晶画面や部品を輸入して薄型テレビを製造している。その見た目は、欧米メーカーと遜色のないレベルだが、売り場に行くと、その違いは歴然である。ソニーやサムソン社製の横にベラルーシ製のテレビが並べられていると、残念ながらみすぼらしく見えてしまうのだ。外観は同じだが、画質はまったく違う。その分、価格は安いため、ある程度のシェアを持っている。

ベラルーシの企業を見ていると、つくりたいものをつくって、それを販売するという意識が強い。外国製品との競争や他の地域の同業他社との競争などにより、マーケティングに力を入れつつあるものの、グローバル市場での競争に勝ち抜くとの意識は弱い。そのため、ロシア・CIS諸国のマーケットで販売していくことが現実的な目標となる。

ベラルーシ人を一言で言えば、穏やかでまじめ。仕事への態度も勤勉である。ロシアとベラルーシ両国に駐在した経験がある人ならわかると思うが、ロシア人よりも優秀で、仕事が非常にしやすかったというのが正直な感想である。ベラルーシ人は、生きて行くためには何かつくらなければならないと発想する。こうした「モノづくり」の発想は資源大国のロシア人にはない。

道路建設機械製造会社「アムコドール」の生産ライン（2011年2月）

主要メーカーのほとんどは国営である。ルカシェンコ政権は、国営企業を民営化する方針を掲げているが、株式売却は遅々として進んでおらず、国営セクターが70～80％を占める経済構造に変化はない。ルカシェンコ大統領は欧米諸国の民営化要求を「国営＝非効率、民間＝効率」という固定観念に基づくものと非難。企業は国営のままで利益を上げており、民営化の必要はないという姿勢を貫いている。民営化は中小企業ばかりで、石油精製や石油化学、機械などといった戦略企業には手をつけておらず、国営セクター主導の管理経済の根幹は維持されたままである。

競争力強化のための外資導入については、首相や中央銀行総裁をはじめ政府幹部の間でもその必要性が叫ばれているが、抵抗が強く踏み込めないでいる。政府は、外国投資誘致の重要性は認識しているものの、投資環境の改善のための政策実行が伴わないままである。民間セクターへの国家の不当な介入、不透明な税制、官僚主義・汚職・腐敗、中小企業の未発達、社会部門への不当な支出要求など、外資誘致の障害は依然として立ちはだかっており、ビジネス環境は良いとは言えない。外国投資家もそのことを十分に承知しており、製造分野への大規模な外国投資は皆無である。

ロシアと関税同盟を結ぶベラルーシは、製品をロシア市場に無関税で輸出できる利点を強調して、外国企業に投資を呼びかけているが、大きなインパクトを及ぼすまでには至っていない。ベラルーシの各地域に経済特区やテクノパークをつくり、最先端企業を誘致して世界的なＩＴ国家に育てるアイデアなどがあるが、どれも時間と資金を要する。

ベラルーシの製造業にとっての脅威は、中国や東南アジア勢など新興国の台頭である。品質は多少落ちるものの、価格の安い中国や東南アジア製は近年、急速にレベルを上げている。ベラルーシ製品の生きる道は、品質のわりには低価格という点にあり、コスト削減を図りながら、新しい設備の導入と技術者のスキルアップは欠かせない。

一例をあげると、鉱山用や大型トラック用など特殊車両の大型タイヤを生産するベルシナは、品質のわりに価格が安いという点を武器に、世界市場のなかで一定のシェアを占めてきた。しかし、近年は中国やインド勢の台頭で競争は激しくなっている。また、下着メーカーのミラヴィッツァは、ロシア・ＣＩＳ諸国に販売ネットワークを構築する一方、ヨーロッパ諸国には相手先ブランドによる委託生産で規模拡大を図っている。

ベラルーシのテレビ生産は販売減から２０１５年に一旦壊滅したが、外国の大手メーカーによる委託生産の形で復活を目指す。一方、最大の民営化案件とされ、ロシア最大手のトラックメーカー「カ

ベルシナの鉱山用タイヤ（2011年2月）

マズ」による買収が噂されるミンスク自動車工場は、ロシアの景気低迷などにより生産が激減し、経営悪化に直面する。

ベラルーシをウォッチしていると、よく出てくる経済単語が二つある。Инновация（イノベーション）とИмпортозамещение（輸入代替）だ。イノベーションという単語は、ロシアのメドヴェージェフ大統領（当時）が呼びかけた「経済の近代化」以降、盛んに使われるようになったが、ベラルーシでは昔からルカシェンコ大統領をはじめ政府幹部が、企業に品質の向上に励むよう指示するなかで使っていた。資源の乏しいベラルーシにとって、輸出拡大が唯一の生き残る道であり、ルカシェンコ大統領は会議や視察先で、事ある毎に輸出拡大と品質向上に励むよう指示している。輸出を増やすことは毎年大きなテーマとなっており、国をあげて輸出促進に力を入れている。そのため、企業は条件さえ合えば、多少価格が高くても、性能の良い西側製の設備を買う姿勢を持っている。この点が、とかく国産を優先してしまうロシアと違うところである。工場訪問をすると、日本やドイツ製の比較的新しい設備を目にすることがある。それだけ品質向上に熱心ということである。

（齋藤大輔）

37

エネルギー政策のジレンマ

★脱ロシア依存が永遠のテーマ★

ベラルーシのエネルギー自給率は約15%。これは旧ソ連構成共和国の中でも極めて低く、エネルギー資源のほとんどをロシアからの輸入に頼っている。国内でもごくわずかに生産するが、原油の生産量は国内需要の約2割に満たない。天然ガスは全量をロシアに依存する。

調達先の多角化の必要性が叫ばれているが、輸送手段のパイプラインをロシアが牛耳っているため、なかなか踏み込めないでいる。原発を導入してロシア依存脱却を図る動きがあるものの、発電燃料はロシアから輸入せざるを得ないため、ロシアに頼る構造は変わらない。ベラルーシという国家の生殺与奪はロシアに握られているのであり、エネルギー資源の調達先を広げることは、ベラルーシの永遠のテーマである。

まずは天然ガスから見てみよう。2015年のベラルーシの天然ガス輸入量は188億立方メートル。2012年の関税同盟発足以降、価格はロシア国内並みとする取り決めがあるため、2014年は1000立方メートル当たり約170ドルとなった。265ドルだった2011年と比べて約100ドルも下がったことになる。

表1　エネルギー資源の輸入

	2000	2001	2002	2003	2004	2005	2006	2007
原油（100 万 t）	11.9	11.9	13.9	14.7	17.7	19.2	20.9	20.0
石油製品（1,000 t）	1,075.4	376.2	500.6	1,004.6	1,143.4	573.0	1,233.6	908.8
天然ガス（10 億 m^3）	17.1	17.3	17.6	18.1	19.6	20.1	20.8	20.6
電力（10 億 kWh）	7.2	8.3	6.8	7.6	4.0	4.9	5.5	4.3
	2008	2009	2010	2011	2012	2013	2014	2015
原油（100 万 t）	21.5	21.5	14.7	20.4	21.6	21.1	22.5	22.9
石油製品（1,000 t）	2,516.8	3,795.7	1,577.7	5,731.8	8,474.2	124.9	420.5	1,652.7
天然ガス（10 億 m^3）	21.1	17.6	21.6	20.0	20.3	20.3	20.1	18.8
電力（10 億 kWh）	2.4	4.5	3.0	5.7	7.9	6.7	3.8	2.8

（出所）ベラルーシ国民統計委員会。

表2　ロシアからのガス輸入

年	数量（10 億 m^3）	金額（1,000 ドル）	1,000m^3 あたりの価格（ドル）
2002	17.6	538,549	30.6
2003	18.1	669,215	37.0
2004	19.6	937,353	47.8
2005	20.1	949,525	47.2
2006	20.8	990,074	47.6
2007	20.6	2,088,716	100.0
2008	21.1	2,675,509	126.8
2009	17.6	2,601,173	147.8
2010	21.6	4,045,970	187.3
2011	20.0	5,308,713	265.4
2012	20.3	3,410,808	168.0
2013	20.3	3,358,056	165.4
2014	20.1	3,411,018	169.7
2015	18.8	2,714,812	144.4

（注）ベラルーシは全量ロシアから輸入している。
（出所）ベラルーシ国民統計委員会『ベラルーシ共和国における対外貿易』（各年）。

振り返れば、2007年から2011年まで、ベラルーシはロシアとの間でガスの供給価格をめぐって対立を繰り返してきた。ロシアはエリツィン大統領時代に、政治・経済的負担覚悟で親ロシアのベラルーシとの関係を特別に強化。価格をヨーロッパ向けと比べて低水準に設定してきた。ロシアとウクライナの間でガス紛争が勃発した2006年の47ドルという価格は破格だった。しかしながら、ルカシェンコ大統領は、連合国家や国営企業の民営化などロシアにとって重要な問題については自らの立場を譲らず、それでいて、経済的な優遇措置は引き続き要求するという姿勢を貫いてきた。プーチン政権はこのようなルカシェンコ大統領に失望し、「特別な存在」であったベラルーシの位置付けを他の旧ソ連諸国と同様に実益主義、市場経済の原則に重きを置いた関係に変化させた。それが2007年以降の価格引き上げへとつながった。

ロシアは旧ソ連諸国の天然ガスの供給価格を見直すなかで、同盟国のベラルーシに対しても、2007年からの大幅な引き上げを通告。交渉は年末までずれ込み、その期限だった2007年1月1日午前0時の2分前に合意に達し、隣国ウクライナで2006年に起きたような供給停止という事態は、ぎりぎりのところで回避された。結局、価格は2倍以上の100ドルに引き上げられた。

その後も両国は次の年の価格や支払方法をめぐって対立を深めた。それはまるで「片手で握手しながら片手で殴り合っている」ようだった。といっても、そこは兄弟国同士。くっ付いたり離れたりを繰り返しつつも、最後は、ロシアはベラルーシを支援してきた。ベラルーシ向けの供給価格はヨーロッパ諸国や旧ソ連諸国のなかで最も低かった。

天然ガスはパイプラインを通じて運ばれている。ベラルーシ国内の総延長は7920キロメートル

表3　ベラルーシのパイプライン総延長（km）

	2005	2009	2010	2011	2012	2013	2014	2015
パイプライン	12,237	11,280	11,262	11,235	11,264	11,571	11,635	11,657
ガスパイプライン	7,678	7,490	7,483	7,502	7,530	7,837	7,880	7,920
石油パイプライン	2,995	2,983	2,972	2,983	2,983	2,983	2,983	2,983
石油製品パイプライン	1,564	807	807	750	751	751	772	754

（注）ガスパイプラインのうちヤマロ・欧州パイプラインは525km、旧ベルトランスガスのパイプラインは約7,800km
（出所）ベラルーシ国民統計委員会『ベラルーシ共和国における輸送と通信』（2014）。

にもなる。文字通り、ベラルーシの生命線である。

パイプラインはロシアからベラルーシを通過しヨーロッパまで延びていて、ロシア産ガスのドイツやポーランドなどのヨーロッパ諸国への輸出ルートの一つとなっている。輸送量は年間691億立方メートル（2013年）である。そのうち約30％はベラルーシ向けであり、70％強がヨーロッパ諸国向けのトランジットである。パイプラインはロシアのガスプロムの掌中にあり、輸送、需要家への供給、輸出まですべてを支配している。ルカシェンコ大統領は2010年、ガスパイプライン運営会社「ベルトランスガス」の株式をガスプロムに売却した。財政不足を賄うための売却であったが、この結果、ガス輸送部門への影響力は著しく弱まることになった。

次に原油。天然ガスと同じく全量をロシアから輸入する。国内生産量165万トンに対して、輸入量は2290万トンに達する。一方で、年間1300万トン以上の石油製品を英国、オランダ、ウクライナなどに輸出している。石油製品の生産量は2015年でガソリンが397万トン、ディーゼル燃料が821万トン、重油が674万トンである。

ベラルーシ経済は「非産油国の石油景気」と揶揄されているほど、精製ビジネスに依存している。石油製品は輸出の約3割を占め、国庫に外貨収入をもたらし、ルカシェンコ大統領の権力の源泉の一つとなっている。べラルーシにはソ連の産業配置のおかげで、幹線パイプライン沿いに製油所が2カ所あり、両製油所合わせ年間2200万トン前後（2015年は2300万トン）を精製しているが、そのうち国内消費量は600万トンだけで、残りを輸出に回している。

原油供給でもロシアと対立を深めた。本来、ロシアとの間では無関税で原油供給を受ける代わりに、石油製品の輸出時に関税の70％をロシアに配分することになっていた。しかし、ベラルーシはこれを無視し、数年間にわたって年間30億ドルとも40億ドルともされる輸出利益を独り占めにしてきた。業を煮やしたロシアは、ガス価格の引き上げを要求したのと同じ時期の2006年末に、ベラルーシ向け原油に輸出関税を一方的に導入。これに対し、ルカシェンコ政権は、欧州諸国に送られる石油に通過関税を課すという対抗措置に踏み切り、原油供給が一時停止される事態に陥った。その後も価格や関税収入の分配などをめぐり対立を深め、原油供給がストップする事態が何度か発生した。2012年の関税同盟発足以降、石油製品の輸出関税収入は全額、ロシアの国庫に入るはずだったが、一定金額をベラルーシの国庫に残すことで落ち着いた。ベラルーシ経済を支援するためのロシアの思いやりであったが、むしろ、ウクライナの混乱を尻目にベラルーシの地政学的重要性を利用してロシアから有利な条件を引き出そうとする、ベラルーシの巧みな戦術が光った。

貿易構造を見ると、ロシアからの石油・天然ガスの輸入は輸入総額の27・6％（2015年）、対ロ輸入の48・9％（同）を占めており、貿易赤字の原因の一つとなっている。エネルギー価格の上昇にリーマンショックによる経済の落ち込みが重なった2010年には93億ドルに達した。価格が下がった2012年以降も慢性的な赤字が続く状況で、当然ながら、その支払いはベラルーシにとって大きな負担となっている。

ベラルーシでは、同国初の原子力発電所が建設中である。エネルギー資源をめぐってロシアと対立を繰り返してきた苦い経験から、ベラルーシ政府は2009年にリトアニアとの国境に近いオストロヴェツ地区（グロドノ州）に1200メガワット級の原子炉2基の導入を決め、2013年と2014年にそれぞれ着工した。ロシアの国営原子力企業が建設する。建設資金100億ドルについてもロシアが融資するという破格の条件で、1号機は2018年、2号機は2020年の稼働開始予定である。

ベラルーシは1986年に起きたチェルノブイリ原発事故の最大の被害国であり、事故後30年になる現在も放射能汚染による健康被害は広がり続ける。国民の間に原発導入への反発はあるものの、当局が反対派を抑え込んでいるため、大きな反対運動は起きていない。

ベラルーシはエネルギーバランスの65％近く、電力バランスの98％を天然ガスに依存する。しかもその全量をロシア1カ国から輸入する。この構造を変えることは、エネルギー安全保障上、そして、この国を語る上で欠かせない「ロシアからの真の独立」を実現する上でも、避けて通れない課題である。原発を導入したとしても、運転支援から燃料調達までロシアに頼らなければならない部分は多い。エネルギー自給率30％を目標に掲げるベラルーシにとって、原発導入はロシア依存脱却に向けた一歩となる。

（齋藤大輔）

38

ベラルーシの農業と食品産業

★ジャガイモと乳製品が名産★

ベラルーシは、今日でこそ都市・工業を主体とした国だが、国民性には農民的な気質が色濃く残っている。週末や夏休みに郊外や田舎のダーチャ（簡易な別荘）でのんびり過ごしたり、あるいはそこで家庭菜園にいそしんだりする市民が多いのも、そうした気質の表れではないか（ダーチャ熱はロシアよりも高い印象を受ける）。かのアレクサンドル・ルカシェンコ大統領のキャラクターにしても、ソフホーズ（国営農場）議長という経歴抜きには語れない。

そんな具合に、農村・農業なしには語れないベラルーシだが、ウクライナやロシア南部のような大穀倉地帯が広がっているというわけではない。ベラルーシの土壌はあまり肥沃でないため、穀物の収穫高はそれほど大きくなく、農作物ではむしろジャガイモの生産が盛んである。そして、何と言ってもベラルーシを特徴付けているのが、酪農である。ジャガイモ、乳製品といった特産品は、日本の北海道のイメージと重なる（ただしベラルーシではトウモロコシはそれほど採れないが）。私がベラルーシの風景を眺めていて、ロシアやウクライナとの違いを感じる点は、とにかく放牧されている牛が至る所にいるということである。ちょっと田舎に行けば牛だらけだし、私が在ベラルーシ日本大使館で働いていた十数年前には、首都のほぼ中心部にある大使館の窓からも、緑地で草を食む牛の姿が見られたほどである。

ベラルーシの種類別の食品自給率（%）

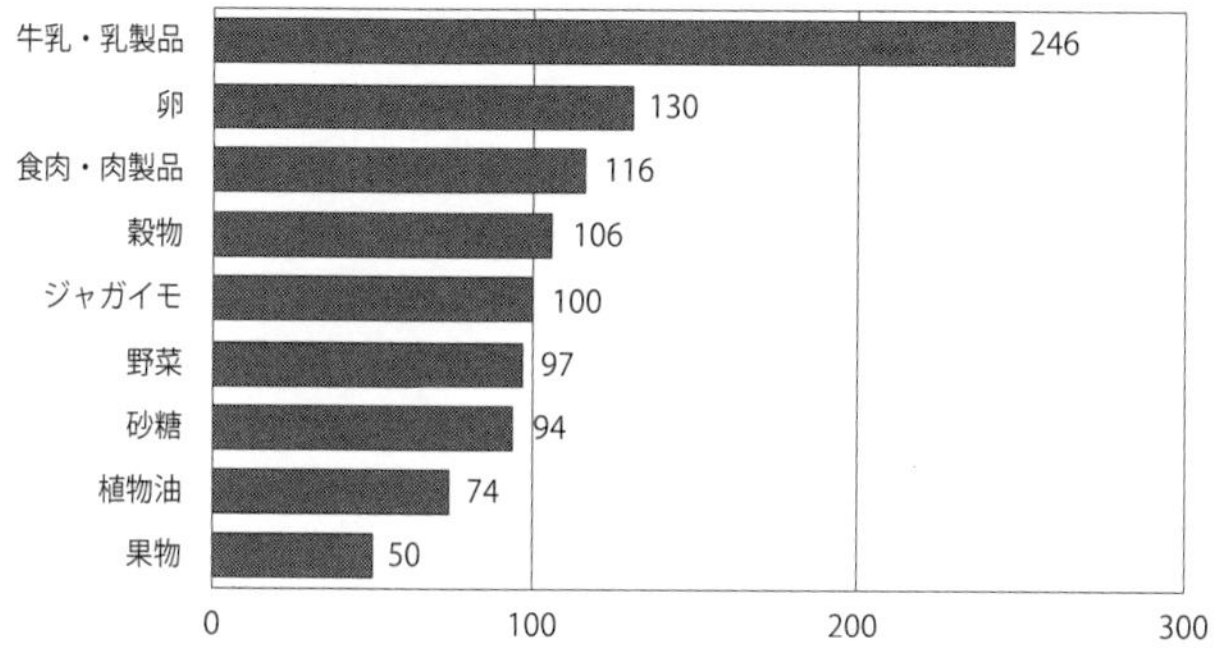

（出所）ロシア科学アカデミー農業研究所がFAOのデータにもとづき作成

ちなみに、２０１４年に発表されたレポートによれば、ベラルーシの種類別の食品自給率は上図のようになっている。国内生産で国内需要をすべて賄えている状態が１００であり、数字が１００以上であれば余剰分を外国に輸出しており、１００以下であれば不足分を外国からの輸入で補っていることになる。これを見ると、やはり圧倒的に供給力が大きいのは牛乳・乳製品であり、卵、食肉といった畜産品がこれに続く。穀物などの農作物は、若干のプラスか、あるいは一部を輸入に依存する構図となっている。ただし、他の情報源を参照すると、穀物は輸出よりも輸入の方が多く、実際には穀物に関しては１００を下回っている可能性がある。ベラルーシの場合、小麦・大麦・トウモロコシなどを一部輸入に依存しており、逆にライ麦は輸出もしている。一方、ベラルーシ＝ジャガイモ王国という一般的なイメージに反して、ジャガイモは輸出が盛んでないようである。旧ソ連圏ではジャガイモは地産地消という性格が強く、もっと言えばジャガイモは個

表1　ベラルーシの農業生産に占める経営形態別の内訳（2015年）

経営形態	農業生産全体	農作物	畜産
すべての経営形態	100.0%	100.0%	100.0%
農業企業	76.2%	58.6%	92.7%
個人農	1.7%	3.1%	0.3%
一般市民による生産	22.1%	38.2%	7.0%

（出所）ベラルーシ統計局

人が家庭菜園などで栽培しているケースが圧倒的に多いので、国境を越えて輸出入されるようなことはあまりないのである。

ベラルーシは世界的に見ても有力な乳製品輸出国である。ベラルーシでは2003年に、乳業・畜産業を強力な輸出部門に育成することが優先的な国家政策の一つと位置付けられた。その後、ベラルーシの乳製品の生産に占める輸出の比率は拡大傾向にあり、直近では60％程度が輸出されている。ベラルーシは世界有数の乳製品輸出国であり、EU域内取引を除くと、ベラルーシは世界で4位（シェア7・6％）のバター輸出国で、ハードチーズでも世界5位（シェア5・5％）となっているほか、粉乳の輸出でも世界屈指の存在である。また、食肉の輸出も拡大を続け、直近で生産の三分の一程度が輸出に供されている。

ただし、ベラルーシの農産物・食品の輸出先は、ほぼ全面的にロシアである。規格や認証の壁などもあり、旧ソ連域外への輸出は盛んでない。また、ベラルーシの農産物・食品輸出は、国からの巨額の補助金によって成り立っており、果たしてベラルーシが食品輸出で本当に儲けているのかは微妙なところである。

関連して指摘すれば、ベラルーシ農業の経営形態は、社会主義時代の遺制を留めており、効率に問題がある。かつてのソフホーズ（国営農場）、コルホー

表2　ベラルーシ食品ブランドの価値ランキング

順位	ブランド名	ブランド価値（100万ドル）	分野	URL
1	Babushina krynka	66.5	乳製品	http://babushikina.by
2	Santa-Bremor	59.0	魚製品	http:www.santa-bremor.com
3	Savushkin produkt	47.7	乳製品	http://www.savushkin.by
4	Alivaryya	46.9	ビール	http://www.alivaria
5	Spartak	43.3	チョコレート	http://spartak.by
6	Bul'nash	42.5	ウォッカ	http://bulbash.com
7	Kommunarka	35.3	チョコレート	http://www.kommunarka.by
8	Krynitsa	34.1	ビール	http://krinitsa.by
9	Lidskoye	29.0	ビール、ソフトドリンク	http://lidskoe.by
10	Krystal'	21.3	ウォッカ	http:kristal.by
11	Na100yashchyiy	17.0	ジュース	http://na100sok.by
12	Lepel'ka	14.8	乳製品	http://lepelka.by
13	Nalibpki	13.7	ウォッカ	http://www.naliboki.by
14	Minskaya	12.3	ソフトドリンク	http://www.mzbn.com
15	Rechitskoye	11.7	ビール	http://www.heinekenbelarus.by
16	Slavyanskie traditsii	11.3	乳製品	http://www.belmilk.by
17	Onega	10.7	スナック菓子	http://www.onega.by
18	Darida	9.8	ミネラルウォーター	http://darida.by
19	Akvadiv	9.6	ウォッカ	http://www.akvadiv.by
20	Ideal	0.1	チョコレート	http://www.ideal.by

ズ（集団農場）は、農業企業へと再編され、その過程で合併による大型化なども進んだが、今日でも国の支援や補助金によって支えられている。一方、表に見るように、ベラルーシでは今日でも個人農の寄与はきわめて小さく、それよりもむしろ一般市民による家庭菜園等での生産の方が規模的に大きい。農業企業での生産が主流となっているのは、穀物、てんさい、亜麻などの農作物と、畜産品である。一般市民による生産分が多いのは、ジャガイモ、野菜などである。

ベラルーシでは、農産物などを原料に食品を加工する産業も盛んである。ベラルーシのスーパーマーケットなどを覗いてみると、ベラルーシ独自のブランドの加工食品が取り揃えられていて、見ているだけで楽しい。世界中どこに行っても

国産のチーズや肉製品が並ぶミンスクのスーパーマーケット

同じようなブランドばかりだったりするグローバリゼーションの世に、何やら固有種、絶滅危惧種が集中する「ホットスポット」を訪れたような気分になる。

ベラルーシでは、地場ブランドのブランド価値を評価して、それをランキング形式で発表する資料が定期的に作成されている。その2016年版ランキングのなかから、食品のブランドだけを抜き出して、上位20位を紹介したのが、前のページの表である。2位に入っているサンタ・ブレモルの魚製品などは、ロシアのスーパーマーケットにも必ず置いてある有名な銘柄である（ベラルーシは内陸国なので、原料の魚はすべて輸入だが）。皆さんも機会があればぜひ、メイドインベラルーシの食品の味を味わってみてほしい。

（服部倫卓）

39

様々な指標から読み解くベラルーシ社会

★物価・飲酒・離婚★

まず、ベラルーシ国民の全体像を示す数字を挙げておこう。２０１６年初頭現在のベラルーシの人口９５０万人のうち、77・6％が都市に、22・4％が農村に住んでいる。国民の46・5％が男性、53・5％が女性である。世帯数は３８７万で、１世帯当たりの平均人数は２・45人。全世帯の70・０％が集合住宅に住み（寮などを含む）、30・０％が一戸建てに住んでいる。大都市では圧倒的に集合住宅が多く、小都市や農村になると戸建が増える。

ベラルーシの総人口がピークだったのは１９９４年の１０２４万人であり、それ以来減少の一途を辿ってきた。社会主義崩壊後の経済・社会的混乱により、出生率の低下と死亡率の上昇が生じ、人口は自然減を続けていた。最近になって、ようやく人口動態が改善、人口数は２０１３年の９４６万人で底を打ち、それ以降は微増に転じている。ちなみに、２０１５年現在の平均寿命は、男性68・６歳、女性78・９歳である。

さて、ベラルーシの民間シンクタンク「社会経済政治独立研究所」が２０１６年６月に行った世論調査で、「現在、ベラルーシおよび国民が直面する最も深刻な問題は何か？」と、回答の

ベラルーシ国民が、自国および国民が直面する最も深刻なものとして挙げた問題（回答の選択肢を示した設問、複数回答可能、％）

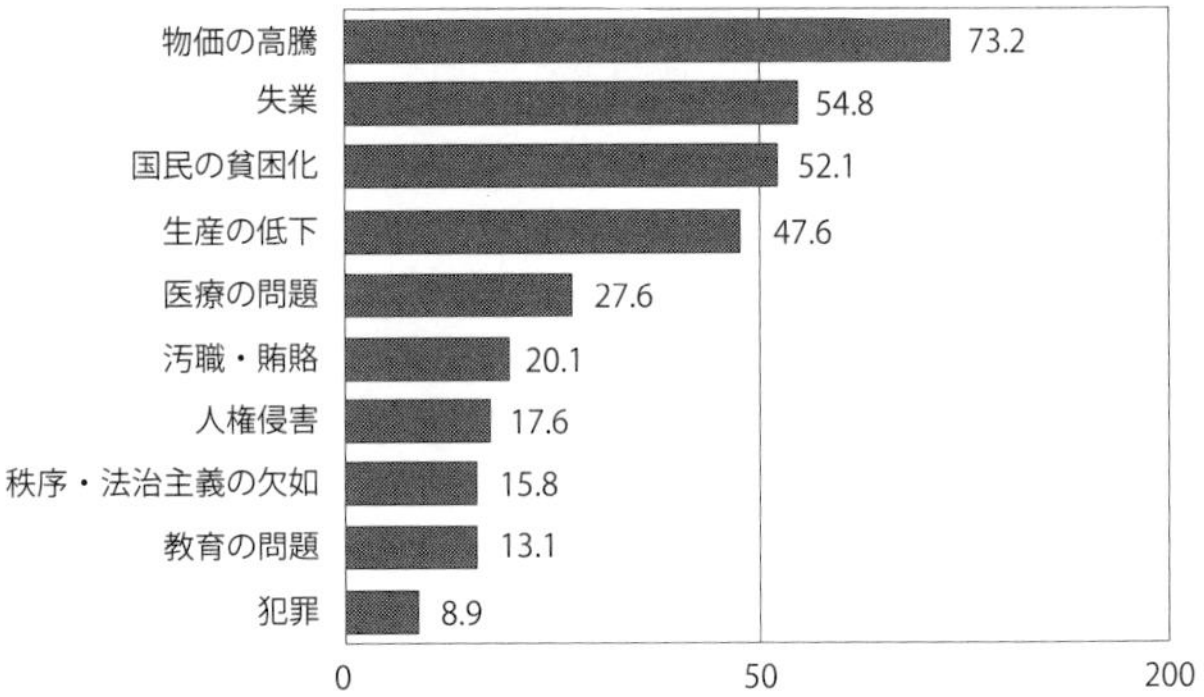

選択肢を示した上で問うたところ（複数回答可能）、結果は上図のようになった。国民を何よりも憂慮させているのは物価であり、これに失業・貧困といった問題が続いている。旧ソ連各国では、人々はもっぱら自分に身近な生活・社会の問題に関心を寄せ、外交・政治などのお堅い話題には無関心という傾向が強いが、ベラルーシもその例に漏れない。

ベラルーシ統計局によれば、２０１５年のベラルーシの国民１人当たり月額貨幣所得は４９４万ベラルーシ・ルーブル（同年の年平均レートで換算するとおよそ3・6万円）、平均賃金は６７２万ベラルーシ・ルーブル（同5・0万円）、平均年金は２８１万ベラルーシ・ルーブル（同2・1万円）だった。ベラルーシ科学アカデミー社会学研究所が、２０１６年１～２月にベラルーシ国民を対象に行ったアンケート調査で、貯蓄をしているかどうかを回答者に問うたところ、貯蓄をしているという回答者が43％、お金が多少残ることがあってもその後すぐに使ってしまうという回答者が20％、すべてのお金を目先の目的に使ってしまって一切貯蓄はしていないという回答者が34％だった。お金が余っても、現金で保有し続ける向きが大部分であり、銀行に貯金をするという人はわずかしかいない。

ベラルーシ国民の生活にかかわる重要なテーマとして、もう一つ、年金の問題が挙げられる。ルカシェンコ大統領が２０１６年４月に署名した大統領令により、ベラルーシ国民の老齢年金受給開始年齢が、引き上げられることになった。従来は男性60歳、女性55歳だったのを、６年かけて３歳引き上げていくというスケジュールで、移行が完了する２０２２年には男性63歳、女性58歳になる。この年齢引き上げに関し、前出の２０１６年６月の世論調査では、「支給額を増やすために、年金受給開始年齢を引き上げるべきだ」とする意見が19・０％、「年金受給開始年齢を引き上げると、多くの人はその年齢まで生きられないので、反対」とする意見が70・５％だった（10・５％は回答困難・無回答）。

ベラルーシの公式統計によれば、２０１６年３月現在の失業率は、わずか１・１％とされている。低い失業率は、ルカシェンコ政権がベラルーシ型経済モデルの優位点として、長年にわたり誇示してきた成果である。しかし、ベラルーシでは市民が当局に失業者であることを登録しても、もらえる手当てはごくわずかなので（逆に、２０１５年４月の大統領指令により、仕事をせずに納税義務を果たしていない国民に罰金を課す制度が導入された！）、公式失業率はほとんど意味をなさない。ベラルーシでも、国際労働機関（ＩＬＯ）の方式にもとづいた失業実態調査が実施されているものの、その結果は公表されていない。専門家は、実際の失業率は公式統計よりもはるかに高く、少なくとも10％は下らないと見ている。国際的な調査機関のギャラップが２０１２年にベラルーシで行った調査によれば、失業率は24％に上ったという。

ベラルーシの労働市場の実態を把握するのが困難な一因として、多くの市民が国外での出稼ぎ労働に従事していることが挙げられ、その数は数十万人レベルに及ぶと考えられる。最大の出稼ぎ先はロシアで、主に建設作業、農業、サービス業などに従事している。欧米に働きに出る若者もいるが、まだそれほど大規模ではない。一方、近年は外国からベラルーシに仕事を求めてやって来る外国人も増えており、特に２０１４年のユーロマイダン革命以降はウクライナ人が数多く流入している。

ロシア・ノーヴォスチ通信は２０１５年12月、２０１４年の欧州各国の国民の消費支出に占める食費の比率を比較したランキングを発表した。これはいわゆるエンゲル係数のことなので、数字が高いほど貧しいということになる。欧州40カ国が対象になっていて、欧州全体の平均は22・９％である。そして、ベラルーシは39・２％で、欧州のなかで５番目にエンゲル係数が高いという結果になった。ちなみに、エンゲル係数が最も高いのはお隣のウクライナで、56・５％となっている。

さて、ベラルーシ国民を語る際に、避けて通れないのがアルコール、飲酒の問題である。旧ソ連・東欧に共通の現象ではあるが、度数の強いウォッカが愛飲され、中高年男性を中心に、アルコール依存症に陥る者が少なくない。特にベラルーシでは、「サマゴーン」と呼ばれる自家製ウォッカを楽しむことが、伝統文化のようになっている。世界保健機関（ＷＨＯ）が発表したレポートによれば、２０１０年の時点で15歳以上の国民一人当たりのアルコール消費量（純アルコール換算）という指標で、ベラルーシは17・5リットルを記録し、世界一の飲酒大国に輝いてしまった。２０１５年には17・1リットルへと若干低下し、モルドバの17・４リットルに次いで世界で2番目になったが、専門家によれば当該指標の危険水準は8リットル以上ということなので、ベラルーシの状況が危機的であることに変わりはない。専門家の推計によれば、不健全な形でアルコールに依存する国民の数は、人口の1割強に相当する１００万～１２０万人に上るという。上述のように、男性の平均寿命が68・６歳とかなり短いのも、過剰な飲酒をはじめとする生活習慣の問題に起因しているところが大きい。

もう一つ、ベラルーシ国民の健康を害しているのが、国際的に見てもかなり高い喫煙率である。ベラルーシ統計局によれば、2014年現在、16歳以上のベラルーシ国民に占める喫煙者の比率は、24・4%だった。男性の喫煙率は45・8%、女性の喫煙率は9・3%だった。喫煙率は2006年の28・2%がピークで、それ以降は低下に転じている。ただ、2000年と比べると、男性の喫煙率が7・9%ポイント下がったのに対し、女性の喫煙率が2倍近くに増えていることが憂慮される。

最後に、ベラルーシは世界でも屈指の離婚率が高い国なので、この問題に触れておきたい。旧ソ連圏は、社会主義時代から離婚率が高い傾向があった。結婚の敷居が低い分、離婚も簡単にしてしまう伝統がある。これには、ソ連時代に社会保障が充実し、男女同権であったことが影響していると考えられる。ベラルーシの離婚率（人口1000人当たりの離婚件数）には、時代とともに増減の波があり、近年では2011～2012年に4・1のピークに達した。しかし、原因は不明ながら、その後は低下に転じ、最新の2015年には3・5となった。ちなみに、ヨーロッパではカトリック圏は概して離婚率が低く、お隣のウクライナでもカトリックの影響の強い西部は離婚率が低いが、ベラルーシにおけるカトリックの牙城であるグロドノ州の離婚率は2015年現在3・3と、全国平均とあまり変わらない。


（服部倫卓）

40

ソフト開発の拠点として台頭するベラルーシ

★戦車ゲームが全世界でヒット★

ベラルーシはモノづくりの国。これまでは、そう理解しておけば、ほぼ間違いなかった。しかし、最近になって、そうしたイメージが覆されつつある。ベラルーシが、世界有数のソフトウェア開発拠点として台頭し、名立たるグローバル企業が、アウトソーシング先の一つとしてベラルーシを選択しているからである。ベラルーシの国際収支統計によれば、テレコム・コンピュータ・通信分野のサービス輸出が年々拡大しており、2015年には10億ドルを突破した。主な国の国民一人当たりのIT輸出額を比較すると、ベラルーシはインド・米国・ウクライナ・ロシアといった国を押さえて、トップに立っている。

そして、この急成長を支えているのが、ベラルーシ政府がミンスク市内に創設した「ベラルーシ・ハイテクパーク」である（2006年稼動）。ベラルーシのソフト開発会社の大部分が、このハイテクパークを利用している。すでに150社ほどが入居しており、2016年初頭現在で入居企業の就業者総数は2・4万人に上っている（その大部分がエンジニア／プログラマー）。多くの外国企業が、ハイテクパークにR＆Dセンターを開設したり、パーク内の企業にソフト開発を委託したりしている。中でも有名なのは、ＥＰＡＭ社であろう。本社は米国に置かれているが、開発拠点はベラルーシ・ハイテクパークに置かれており、２０１２年にはニューヨーク証券取引所に上場されている。

筆者は、２０１５年４月に、ベラルーシ・ハイテクパークのヴァレーリー・ツェプカロ総裁（当時）にインタビューする機会があった。その際に、「貴国の産業構造は大きく変わりつつあるようで、ひょっとしたら今後ＩＴがさらに成長して、ベラルーシ伝統の機械産業に取って代わるほどの存在に躍り出るような、そんな可能性もあるのでしょうか？」と話を向けてみた。するとツェプカロ総裁は、「すでに今日の時点で、ベラルーシ・ハイテクパークのＧＤＰへの貢献度は、一連の大手機械メーカーをすべて合計したよりも、上になっています。確かにそれらの工場の生産高・輸出高は大きいのですけれど、生産のためには膨大な輸入も必要ですので」と、自負をのぞかせていた。確かに、部品や燃料を輸入しなければいけない製造業と違って、ソフト開発は自国民の頭脳だけで稼げるわけで、経済効果はきわめて大であろう。

ベラルーシ・ハイテクパークの外観

２０１５年時点のベラルーシ・ハイテクパークのサービス輸出先を見ると、ヨーロッパ：47％、北米：40％、

ウォーゲーミング社のウェブサイト

ロシアをはじめとするＣＩＳ諸国：11％、アジア：２％といった内訳になっている。一見するとアジアとの繋がりが希薄に見えるが、実は日本の楽天をはじめ、すでに同ハイテクパークを活用しているアジア勢も少なくない。楽天は２０１４年、イスラエル系の企業でベラルーシ・ハイテクパークに開発拠点を置くバイバー・メディア社（無料通話アプリ「バイバー」で知られる）を買収している。我が国の著名な経営コンサルタントである大前研一氏も、ベラルーシのＩＴ部門の有望性に着目し、日本の経済人を引き連れてハイテクパークを訪問しているほどである。

何と言っても、ベラルーシ・ハイテクパークの一般的な知名度を高めたのは、ウォーゲーミング社（WARGAMING.NET）の開発したオンライン戦争ゲームであろう。同社は、１９９８年にヴィクトル・キスルィ氏がベラルーシ国立大学の同窓生らと起業した会社であり、キプロス法人ながら、主たる開発拠点をベラルーシ・ハイテクパークに置いている。そして、２０１０年にローンチした戦車対戦ゲーム「ワールドオブタンクス」が世界的に大ヒット、最大の人数が同時にプレーしたゲームとしてギネスブックにも掲載された。２０１３年には日本でのサポート開始に合わせてウォーゲーミング社の日本支社が設立され、日本で人気の少女戦車アニメ『ガールズ＆パンツァー』とのコラボも実現した。なお、ウォーゲーミング社では戦車ゲームの他にも、空中戦の「ワールドオブウォープレーンズ」、海戦の「ワールドオブウォーシップス」も展開している。

前出のツェプカロ総裁は、現時点のベラルーシ・ハイテクパークの課題につき、次のように語ってくれた。「ウォーゲーミング社も最初は少人数でやっていましたが、人気が出すぎて、今では隣国ロシア全土から人材をかき集めているほどです。現在、ハイテクパークが直面している問題は、我々の名声が高まりすぎ、需要に応えきれなくなりつつあることです。『ベラルーシに仕事を頼みたい』と名指ししてくる顧客は、もう3～4年も一貫して増え続けています。したがって、どこか他の国がライバルというのではなく、自分たちで人材を育てて、然るべくマネジメントしていくことが肝心だと思っています。」

ベラルーシと言うと、アレクサンドル・ルカシェンコ大統領による強権体制や閉鎖的な国家体質、欧米との対立関係がイメージされる。そのベラルーシでＩＴ産業が急成長し、同セクターを媒介としてベラルーシがグローバル経済と密接に繋がりつつあるのは、注目すべき現象だ。

（服部倫卓）

41

チェルノブイリ原発事故

★ベラルーシ国土の22%が汚染地域★

1986年4月26日未明、旧ソ連ウクライナ共和国のチェルノブイリ原子力発電所において、保守点検のため原子炉停止作業中だった4号機（電気出力100万キロワット）が突如として爆発した。予定されていた非常用電源テストを計画外の条件で実施した後、原子炉停止のために制御棒一斉挿入スイッチを入れたところ、不安定な運転条件と制御棒や炉心の設計欠陥が重なって、原子炉出力が急上昇してしまう「暴走事故」が起きたのだった。原子炉とその建屋が一瞬のうちに破壊され、建屋の外にいた目撃者によると、何度かの爆発があり、花火のような火柱が夜空に上がったそうである。

爆発によって4号機建屋の壁は崩れ、周辺には黒鉛ブロックや燃料といった炉心そのものの一部が散乱した。正確な状況がつかめないまま現場に駆けつけた消防士や原発職員たちは、大量の放射線を浴びて、しばらくすると気分が悪くなり次々と病院に収容された。原子炉内では、減速材として使われている黒鉛ブロックの火災が発生し、火災とともに大気中への大量の放射能放出が約10日間続いた。事故翌日の4月27日、原発に隣接するプリピャチ市の住民4万5000人の緊急避難が実施され、

第41章
チェルノブイリ原発事故

5月2日からは原発周辺30キロメートル圏からさらに7万人の強制的避難が実施された。

チェルノブイリ事故が起きた1986年は、まだ東西冷戦のさなかで、チェルノブイリ事故の情報はほとんど発表されなかった。ソ連国内でもチェルノブイリ事故について語ることは、一般市民はもちろん研究者にもタブーとされた。そうした状況に変化が現れたのは、事故から3年たった1989年春のことだった。ソ連国内の民主化運動を背景に、ベラルーシの新聞にチェルノブイリ事故によるセシウム137（半減期30年）の汚染地図がはじめて公開された。明らかにされた汚染地図は衝撃的で、原発近傍の汚染は当然ながら、ベラルーシのモギリョフ州など200キロメートル以上離れたところにも飛び地のように広大な高汚染地域が広がっていた（図1）。さらに驚いたことに、汚染の存在は、そこに住んでいる住民にも知らされていなかった。怒った汚染地域住民は地方当局に放射能汚染対策を求め、ベラルーシやウクライナの共和国政府はモスクワの連邦政府に対策を求めた。1989年7月、ベラルーシ共和国議会はセシウム137汚染レベルが1平方メートル当り55・5万ベクレル以上の住民約11万人を新たに移住させる決定を行った。し

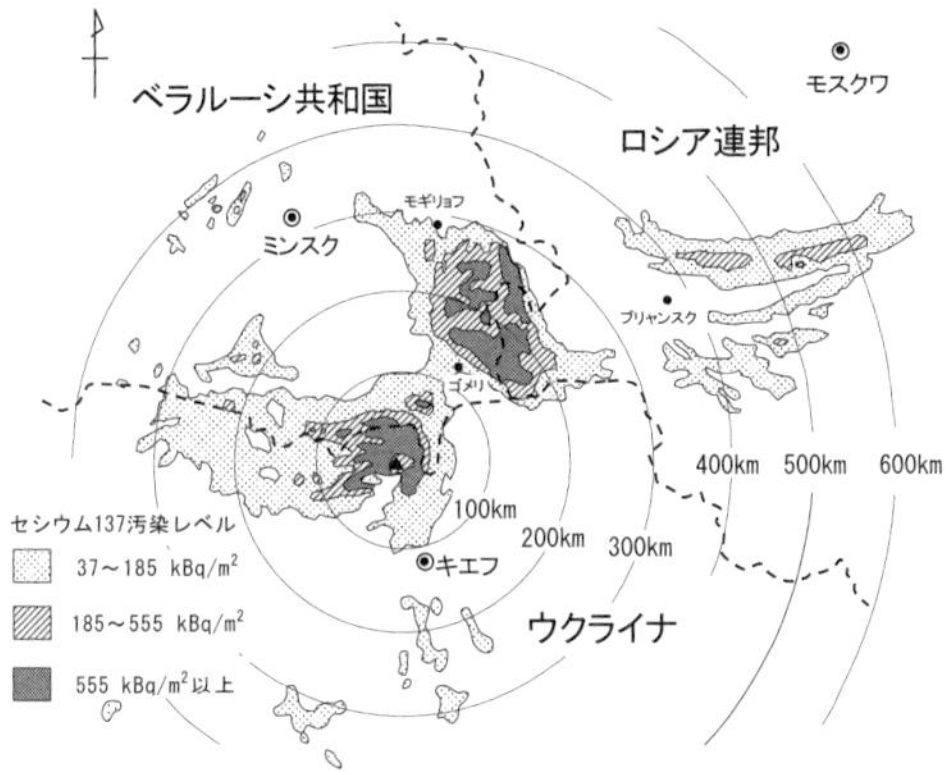

図1　チェルノブイリ原発事故によるセシウム **137** 汚染

表1　チェルノブイリ事故被災3カ国のセシウム137汚染面積

（単位：平方km）

国名	セシウム137汚染レベル、ベクレル/平方m				
	3.7万〜18.5万	18.5万〜55.5万	55.5万〜148万	148万以上	3.7万以上合計
ロシア	48,800	5,720	2,100	300	56,920
ベラルーシ	29,900	10,200	4,200	2,200	46,500
ウクライナ	37,200	3,200	900	600	41,900
合計	115,900	19,120	7,200	3,100	145,320

かしながら1991年末、チェルノブイリ事故に対して第一に責任を負うべきソ連そのものが消滅してしまった。

放射能汚染対策と被災者補償の問題は、ベラルーシ、ウクライナ、ロシアという独立した各政府がになうことになり、3カ国はそれぞれにチェルノブイリ法を制定した。いずれの国のチェルノブイリ法においても、「汚染地域」とはセシウム137の土壌汚染レベルが1平方メートル当り3・7万ベクレルを越える場所であり、そのうち18・5万から55・5万ベクレルのところは「希望すれば移住できる地域」、55・5万ベクレルを越えるところは「移住義務地域」とされた。表1に、被災3カ国の汚染地域の面積を示した。ベラルーシの汚染地域面積4・65万平方キロメートルは、国土全体（20・8万平方キロメートル）の22・3％に相当し、1990年の段階で汚染地域には約180万人が生活していた。

1992年、英国の科学雑誌ネイチャーに、チェルノブイリの汚染地域で子どもの甲状腺ガンが急増している、というベラルーシの学者の論文が掲載された。それに対し日本をふくむ西側権威筋の専門家から「広島・長崎に比べガンの発生が早すぎる」、「熱心に検査をすると発生数が増えるスクリーニング効果だ」、「ソ連の医者の診断はあてにならない」といった反論が一斉に寄せられた。チェルノブイリの小児甲状腺ガンの原因が原発事故による被曝であると一般的に認められたのは、事故から10年たってからだった。誰が見ても原発事故が原因としか考えようがないほど甲状腺ガンが増加し、それも汚染の大きい地域ほど大きな増加が認められたからだった。

図２は、ベラルーシでの甲状腺ガン数の推移で、上の図は、手術時年齢が15歳未満であった子どもの数、下の図は全人口での甲状腺ガン数である。子どもの甲状腺ガンは１９９０年頃から急増している。事故直後、ヨウ素１３１（半減期８日）の取り込みにより甲状腺の受けた被曝が、晩発的影響として現れたものだった。１９９５年をピークに子どもの甲状腺ガンが減っているのは、「事故当時に被曝を受けた子ども達が青年・大人に移行している」という見かけの減少である。つまり、事故後に生まれた子ども達には甲状腺ガンが少なく、ガンの原因が「事故当時の被曝」だったことを間接的に

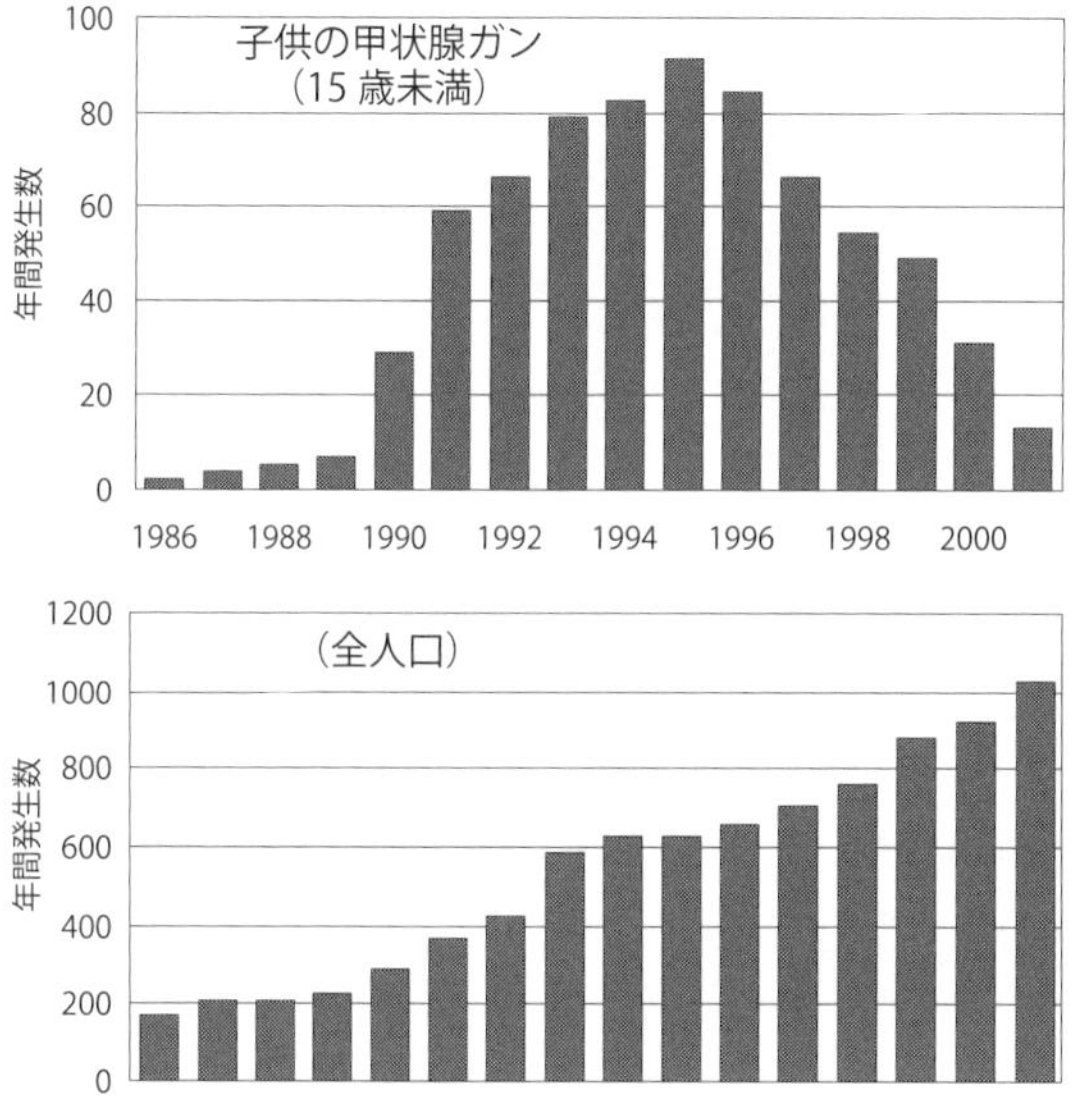

図２　ベラルーシの甲状腺ガン発生数
（上）子供、（下）全人口

示している。２００５年９月に開かれた国際会議では、被災３カ国合わせて約４０００件の甲状腺ガンがチェルノブイリ事故によって引き起こされたと報告された。それ以降に発生する分を加えると、最終的に２万件の程度の甲状腺ガンがチェルノブイリ事故によってもたらされるだろう。

福島第一原発事故当時18歳以下だった子ども30万人を対象に福島県が実施している甲状腺検査では、これまでに甲状腺ガンおよびガンの疑いの子どもが１９０人（２０１７年３月）見つかっている。この発生率は通常の約30倍であるが、調査責任者は「集団検診にともなって発見率が大きくなるスクリーニング効果であり、事故による被曝影響とは考えがたい」と繰り返している。チェルノブイリの経験に学ぶなら、福島県だけでなく隣接県を含めたより広範な調査が必要である。

（今中哲二）

42

ベラルーシとロシア・ウクライナの関係

★東スラヴ３兄弟の関係力学★

ベラルーシの民間シンクタンク「社会経済政治独立研究所」が２０１６年６月に実施した全国世論調査で、ベラルーシにとって友好的と思う国、非友好的と思う国をそれぞれ5カ国まで回答者に挙げてもらうという設問があった。その結果、友好国・非友好国として挙がった上位15カ国は、図のとおりだった。

ベラルーシ国民にとって最も友好的と考えられているのは、やはりロシアである。ただし、ロシアを自国にとって非友好的と考えている回答者も８・７％に上る。また、２０１４年以降、ロシアとウクライナの関係が険悪化し、ベラルーシ国民はいわばその板挟みになった形だが、ベラルーシでは依然としてウクライナを友好国と見なす向きの方が多数派である。他方、米欧諸国については、非友好的な存在と見る傾向が強い。ポーランドやバルトといった近隣諸国については、友好と非友好の認識がせめぎ合っているようだ。

ベラルーシ民族／国民は、概して他民族／国民に寛容な人々である。増してや、同じ東スラヴ系の民族で、言語・宗教・文化面の共通性が強いロシア人やウクライナ人に対しては、「他者」という感情がほとんどなく、「たまたま出身地が違う人」

ベラルーシ国民が自国にとって友好的／非友好的として挙げた国（%）

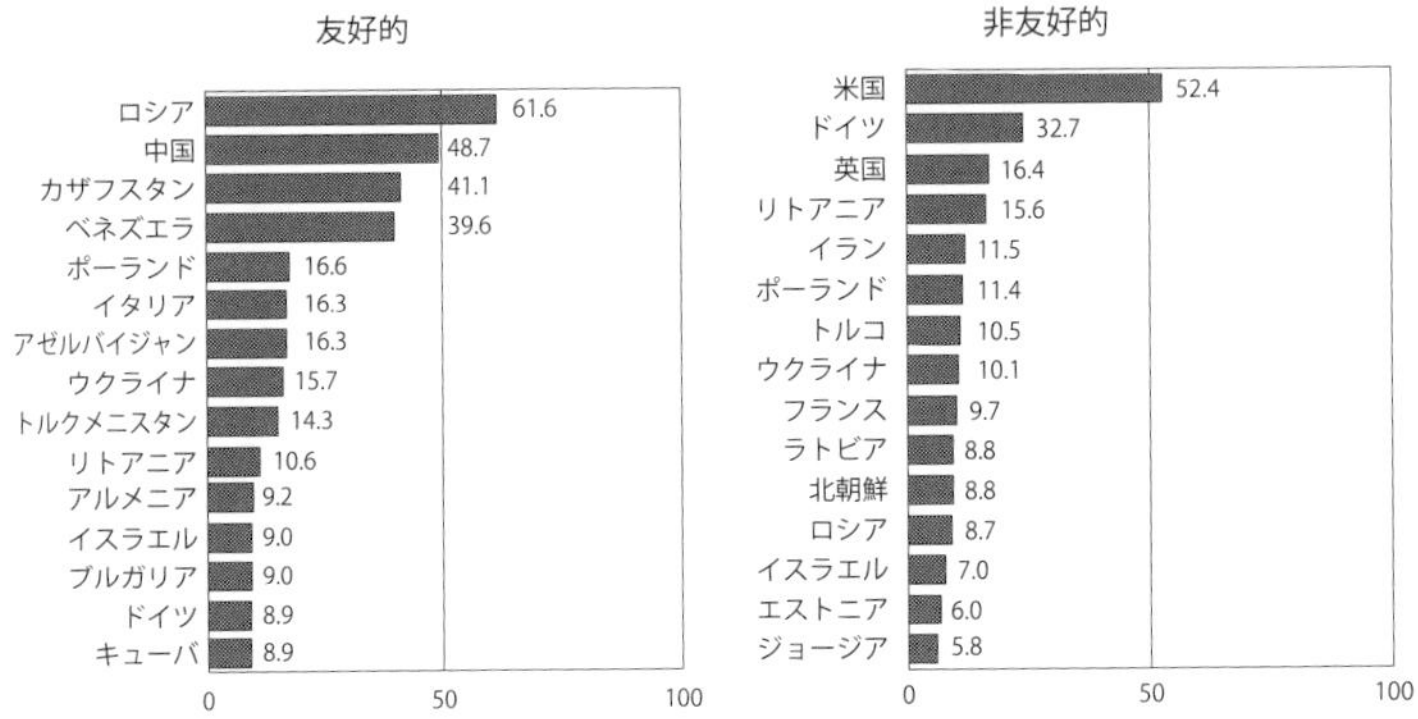

という程度の意識なのではないだろうか。ベラルーシでは、両親のうちの一方がロシア人やウクライナ人であったり、あるいはロシアやウクライナに親戚や友人がいるということは、ごく当たり前にある。

１９９４年に成立したアレクサンドル・ルカシェンコ大統領の政権が推進してきた親ロシア的な対外政策は、このような国民感情と合致したものだった。ルカシェンコは、１９９５年の国民投票でロシアとの統合への同意を国民から取り付け、またロシア語をベラルーシ語と並ぶ国家言語に格上げした。ロシアとベラルーシは、１９９５年の関税同盟協定を皮切りに、経済・国家統合に関する条約を次々と結び、１９９９年12月には両国が「連合国家」を形成する旨の条約が締結されている。

しかし、その後ルカシェンコ政権の対ロシア統合路線は、大幅にトーンダウンした。荒唐無稽な話だが、もともとルカシェンコは、ロシア・ベラルーシの統一国家を建設して、自らがクレムリンの玉座を射止めることを夢見ていたと考えられている。一方、ロシアの側でも、ボリス・エリツィン大統領の時代には、ベラルーシ・カードを弄することで国民の不満を逸らそうという思惑に加え、ロシア・ベラルーシの国家統合をエリツィン政権の延命に利用しようという構想も一部にあったとされる。しかし、1999年の暮れにエリツィン大統領が退陣し、ロシアの国益を精力的に追求するヴラジーミル・プーチン氏がその後継者となるに及んで、状況は一変する。もはや、ルカシェンコがロシア政界進出を果たすことはもちろん、ロシアから一方的に経済的便益を引き出すことも難しくなった。むしろ、プーチン政権の攻勢により、ベラルーシ国内でのルカシェンコの政権基盤が掘り崩される恐れが強まった。2000年代以降ルカシェンコは、ベラルーシの主権・独立を強化することで自らの政権を守り抜くという路線に傾いていった。

特に、2010年12月のベラルーシ大統領選に際しては、ルカシェンコ政権が欧米に接近する動きをちらつかせたこともあり、ロシアからの圧迫がかつてなく強まった。ロシアのテレビ局「NTV」により、2010年7月から数回のシリーズで放映されたドキュメンタリー番組が、ロシアの政権当局の指示に基づくルカシェンコ・バッシングのキャンペーンであったことは疑いを容れず、大きなインパクトを与えた。

とはいえ、ロシアとしてもルカシェンコを過度に追い詰めて、貴重な同盟国を失うリスクを犯すつもりはなかったと見られる。2011年夏頃になると、ロシアは再選を果たしたルカシェンコ大統領への支援を再開したようだ。ベラルーシ側もそれに応えるように、ロシアに歩み寄った。なかでも、ロシアが主導する関税同盟にカザフスタンとともに加入したことは、ロシアの戦略的な利益にかなうものだった。3カ国の関税同盟は、2015年には「ユーラシア経済連合」へと発展し、これにキルギスとアルメニアも加盟して、現在に至っている。

ところで、ベラルーシとウクライナは、ともにロシアと欧州の狭間に位置する国ということで、何かと比較されることが多い。ロシアも、欧米も、ベラルーシとウクライナを天秤にかけて、両国それぞれに対する対応を決めているようなところがある。したがって、ベラルーシ情勢とウクライナ情勢は、密接に関連して動いている。たとえば、上述のように2010年頃にルカシェンコ政権が欧米に接近する動きを見せた際には、2004年のオレンジ革命で政権に就いたウクライナのヴィクトル・ユーシチェンコ大統領による仲介があった模様である。また、2011年にロシアがベラルーシへのテコ入れを再開した際には、ベラルーシを優遇することでウクライナへのデモンストレーション効果を狙うという思惑もあったと指摘される。

そして、ベラルーシ情勢に大きく影響し、同国の国際的地位を高めることになったのが、2014年以降のウクライナ危機であった。まさにウクライナ危機という未曾有の国際環境変化こそが、2015年10月の大統領選におけるルカシェンコの圧勝へと繋がっていくことになる。

第二次大戦の独ソ戦で壊滅的な被害を受けたベラルーシの国民は、「戦争さえなければ」というメンタリティが染み付いていると指摘され、平和でさえあれば多少の辛苦は耐え忍ぶ傾向があり、これがルカシェンコ政権存立の一因にもなっている。そうしたなか、お隣のウクライナでドンバス内戦という本物の戦争が発生した。東スラヴ人同士の兄弟愛を信じていたベラルーシ国民にとって、ロシアとウクライナが間接的とはいえ戦火を交えるような事態は、まさに悪夢である。ウクライナ危機後、ベラルーシ社会は保守化し、ルカシェンコ体制や、ロシアを盟主とする地域秩序を、これまで以上に支持するようになった。ちなみに、前出の社会経済政治独立研究所が2016年3月に実施したベラルーシ全国世論調査によれば、回答者の57・8％はロシアによるクリミア併合を「ロシアの土地の返還、歴史的正義の回復」と評価している。「帝国主義的な併合、占領」と答えた向きは27・1％しかいない（残り15・1％は回答困難・無回答）。

加えて、ウクライナ危機が発生したことで、その発端になったマイダン運動、すなわち民主化を求める街頭デモ活動などについては、否定的な態度を示すベラルーシ国民が増えていった。他方、ウクライナ問題をこじらせたことで、ロシアは同盟国ベラルーシの価値を再認識し、ベラルーシに対して温情的な態度をとるようになった。さらに、ウクライナ危機は、ルカシェンコの手柄にもなった。ベラルーシは、ドンバス紛争の和平交渉の舞台を提供し、成立した和平協定は「ミンスク協定」と呼ばれている。かつて諸外国からならず者扱いされていたルカシェンコが、今やドンバス和平プロセスのホスト役を務めているのである。

経済面でベラルーシがロシアに依存する度合いは大きい。2015年のベラルーシの輸出のうちの39・0％がロシア向けであり、輸入の56・6％がロシアからであった。経済・文化面では、今後もベラルーシはロシア圏の一部という位置付けに留まるであろう。それでも、独立から四半世紀を経て、独自の民族・国民という自意識も一定程度根付く方向にあり、ロシアとの全面的な国家統合といったシナリオは現実味がなくなってきた。皮肉にも、一国一城の主であり続けたいというルカシェンコの権力欲が、大国ロシアに飲み込まれるのを阻む防波堤になってきたわけである。今後もルカシェンコ政権は、ロシアと付かず離れずの距離を保って、自国の（より端的に言えば自らの政権の）利益を死守しようとしていくだろう。

（服部倫卓）

コラム10

ベラルーシのなかのロシア
――地図に残された一粒の滴《しずく》が語る歴史

半田美穂

ベラルーシ南東部のゴメリ州のなかに、ロシアの飛び地が存在する。この飛び地は、面積454ヘクタール、行政上はロシア連邦ブリャンスク州に属している。ここでは、ベラルーシに存在するこのロシアの飛び地の歴史を紹介したい。

ソ連時代の1924～25年頃、当時のゴメリ県（現在のゴメリ州の前身）に位置していた森林や草地に囲まれたこの地に、ロシアの村人たちが移住し、全30戸のサニコヴォ村と全37戸のメドヴェジエ村が誕生した。1926年、行政区域の再編により、これら二つの村を含む地域一帯がベラルーシ領に編入されることになった。しかし、サニコヴォとメドヴェジエの村人たちは、自分たちはロシア語話者のロシア人であるとして、村がベラルーシではなくロシア領に留まることを希望した。そして、この二つの村はロシア領であり続けることが認められ、ソ連邦崩壊後も、そのままロシア領として残り、現在に至っている。当時の村人たちは、その後にこ

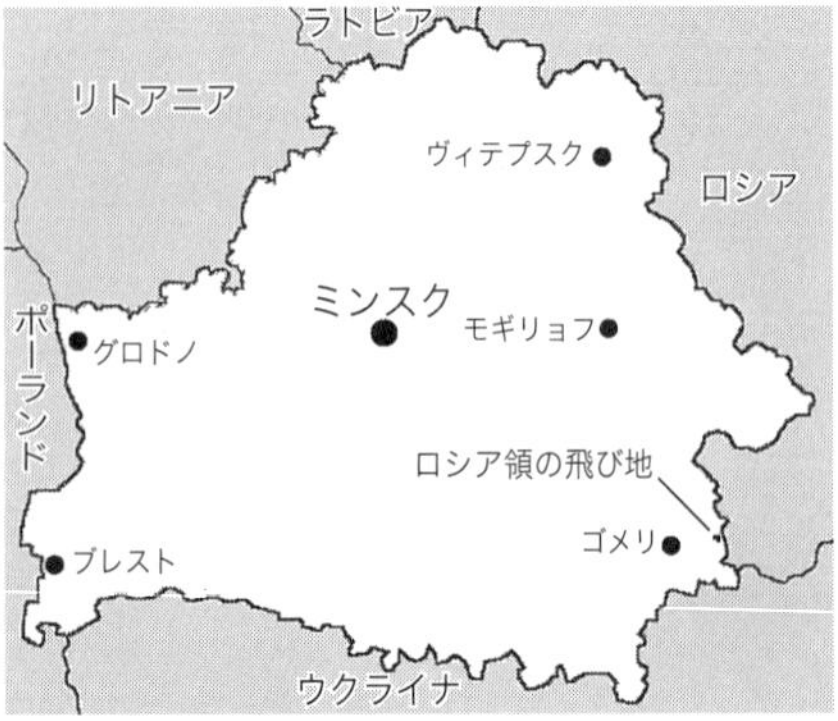

の村が待ち受けている運命については、知る由もなかっただろう。

ロシアと欧州の境界に位置するベラルーシの領土は、第二次世界大戦中、ドイツ軍に占領され、甚大な被害を受けた。ベラルーシ全土で600を超える村々が住民とともに焼き払われ、そのうち180以上の村は、戦後も再生することなく地図から消えた。

サニコヴォ・メドヴェジエの村も、その例外ではなかった。村はドイツ軍に占領され、村人たちは付近の森に潜むパルチザンに協力していた。村外れの、最も森に近いところにある家の窓が開いているときは、「今、村にドイツ兵がいない」というパルチザンへのサインだった。その後、この二つの村は、パルチザンと繋がりがあったとしてドイツ軍によって焼き払われた。

戦後、サニコヴォ・メドヴェジエの村は再生された。毎年、戦勝記念日になると、メドヴェジエの村には三つの長いベンチが用意された。一つ目のベンチは、戦争を生き延びたパルチザンと他の兵士たちのためであった。残りの二つのベンチは、戦争から戻らなかった人たちのためであり、そこには誰も座らなかった。

戦後に再生したサニコヴォ・メドヴェジエの二つの村は、1986年のチェルノブイリ原発事故によって、二度と人が住むことのできない土地になった。二つの村を含む周辺地域一帯は、高濃度の放射能に汚染され、居住も耕作も禁止された。サニコヴォ・メドヴェジエの一部の村人たちは、事故後しばらくの間、立入禁止となった故郷の村に住み続けたが、やがて誰もいなくなった。

今から90年ほど前に、ベラルーシの地図のなかに一粒の滴のように現れたロシアの村は、それからわずか60年ほどの間に、戦争と原発事故という二つの大惨事に見舞われ、無人の地となった。今、ベラルーシの地図を広げれば、このロシアの飛び地の存在が確かに示されている。この一粒の滴の歴史が、人々の記憶から消えてしまわないことを願っている。

43

対立から和解に向かうベラルーシと欧米の関係

★ＥＵは制裁を解除★

1994年7月にベラルーシ大統領に就任したアレクサンドル・ルカシェンコは、1996年の国民投票により、大統領権限を強化する憲法改定を強行し、最高会議を解体して自らの息のかかった新議会を設置するとともに、大統領任期を実質的に延長した。経済面でも市場経済化に逆行する動きが顕著となり、ベラルーシは旧社会主義諸国のなかで改革の落第生と位置付けられるようになる。ルカシェンコ大統領はいつしか、「欧州最後の独裁者」の異名で呼ばれることとなった。

1994年1月にはビル・クリントン米大統領がベラルーシを公式訪問したこともあったものの、ルカシェンコ政権成立後に両国関係は悪化し、特に共和党のジョージ・W・ブッシュ大統領の時代にワシントンの反ベラルーシ政策が強まった。2004年10月には、米国でベラルーシの民主化を促すための法律が成立し、ルカシェンコ政権に圧力を行使していくことになった。2005年にはコンドリーザ・ライス米国務長官が、世界にいまだ残る「暴政の前哨」として、北朝鮮、イラン、キューバ、ミャンマー、ジンバブエ、そしてベラルーシの6カ国を名指しで非難した。むろん、現実のベラルーシは、民主化の面で重大な課題を抱えていることは事実にしても、多分に牧歌的な国であり、北朝鮮のような抑圧体制とは本質的に異なる。米国もそのあたりは百も承知のはずだが、ベラルーシには天然資源などの経済的利権もないし、それでいてルカシェンコ大統領という象徴的な悪役がいるので、ダブルスタンダード超大国の米国にとっては、たたきやすい相手なのだろう。

２００６年の大統領選挙が非民主的であったとして、米国は２００７年からベラルーシの一連の国家幹部や国家機関に対し制裁を導入、ベラルーシにとってはドル箱である石油製品や化学品を取り扱う国営コンツェルン「ベルネフチェヒム」もその対象になった。これに反発したベラルーシは自国大使を米国から償還、また米国大使を自国から退去させる挙に出た。２００９年1月に民主党のオバマ政権が発足すると、ベラルーシと米国の対話は再開したものの、完全な関係正常化は進まず、お互いに大使が不在という異常な状態が続いた。

次に、ベラルーシとEUの関係に目を転じると、両者間では１９９５年に「パートナーシップ・協力協定」が調印されたものの、EU側がルカシェンコ体制を非民主的と見なして批准せず、発効しなかった。EUは２００３年に東ヨーロッパ・地中海諸国を対象とした「欧州近隣政策」という政策パッケージを打ち出したが、ベラルーシは実質的に蚊帳の外に置かれた。２００６年の非民主的な大統領選挙を受け、EU当局はEU領への入国が禁止されるベラルーシ公職者のリストを拡充し、そこには他ならぬルカシェンコ大統領も含まれていた。他方、EUはベラルーシに対しては１９９３年から優遇的な一般特恵関税を適用していたが、ベラルーシで労働組合の権利が侵害されていることを理由に、２００７年にベラルーシを一般特恵関税から除外した。

ところが、2008年に入って、大きな変化が生じる。EUがウクライナ、ベラルーシ、モルドバ、アゼルバイジャン、アルメニア、ジョージアという旧ソ連6カ国を対象とした新たな協力枠組み「東方パートナーシップ」を打ち出したのである。もともとはポーランドとスウェーデンの発案によるものと言われ、2008年5月にEUが決定し、2009年5月の首脳会談で正式に発足した。東方パートナーシップの柱は、①自由貿易協定、②ビザ制度の緩和、③民主化、④エネルギー安全保障、⑤セクター改革・環境保護、⑥人的接触の拡大、などであるとされている。

EUがこのプログラムにベラルーシを含めたことは、いわば北風政策から太陽政策に転換したことを意味する。ルカシェンコ政権との対話に乗り出し、ベラルーシ国内の民主派を見捨てることになる危険もはらんでいるわけで、EUにとっては大胆な方針転換であった。ちなみに、これに至るまでには、ウクライナの「オレンジ革命」の立役者であるヴィクトル・ユーシチェンコ大統領が、EUとルカシェンコ政権の仲介役を積極的に買って出るという動きがあった。

ベラルーシは、国際的孤立を打破し、ロシアへの依存を軽減することを望んでおり、EUによる東方パートナーシップを歓迎するのは当然である。しかし、ルカシェンコ政権は、自由貿易協定や共同プロジェクトのような恩恵に期待はしても、体制の根幹にかかわるような義務を負うことに応じるはずはない。2009年5月の東方パートナーシップ立ち上げの首脳会合に、他の旧ソ連諸国からは軒並み国家元首が出席するなかで、ベラルーシは第一副首相を派遣するに留まった。このあたりに、ベラルーシの慎重な対応振りがうかがえる。2010年12月のベラルーシ大統領選後に野党・市民が弾圧されたことを受け、EUはベラルーシに制裁を導入し、銀行資産の凍結、ルカシェンコ大統領ら特定人物のEU入国禁止などの措置が打ち出された。2011年9月にワルシャワで開催された東方パートナーシップのサミットに、ベラルーシは駐ポーランド大使をトップとする低いレベルの代表団しか派遣しなかった。同サミットでEUは、ベラルーシにおける民主化の後退への憂慮を表明する声明を発表し、反発したベラルーシが東方パートナーシップからの離脱を表明する場面もあった（のちに撤回）。

しかし、ベラルーシと欧米の関係は、2015年10月の大統領選の前後から、改善に向かうことになる。この選挙でルカシェンコ大統領は実に5回目の当選を成し遂げるわけだが、筆者の見るところ、今回の選挙が2006年や2010年に比べて大幅に民主的になったといったことは、特になかったはずである。にもかかわらず、欧米諸国がベラルーシへのアプローチを変えたのは、国際環境の変化によるものと言う他はない。つまり、隣国のウクライナが、2014年の政変をきっかけとして大混乱に陥ってしまったことから、保守的ではあっても国情が安定しているベラルーシが相対的に好感されるようになったという面があった（ベラルーシはウクライナ東部ドンバス紛争の和平交渉の舞台も提供しており、その面でも評価された）。

2015年10月のベラルーシ大統領選直後、EUは対ベラルーシ経済制裁の適用を4カ月間にわたって停止することを決定した。さらに、2016年2月にEUは、対ベラルーシ制裁を大部分撤廃することを決定、これによって銀行資産の凍結、特定人物（170名）のEU入国禁止などの措置が解除された（武器禁輸、政治犯暗殺・失踪への関与が指摘される4名に対する入国禁止措置は維持）。これを受けベラルーシ外務省は、「EUの決定を歓迎する。本件は全面的な関係正常化に向けた重要な一歩だ」、

ベラルーシの世論調査結果
ＥＵ加盟に関する国民投票が行われたら、どう投票するか？（％）

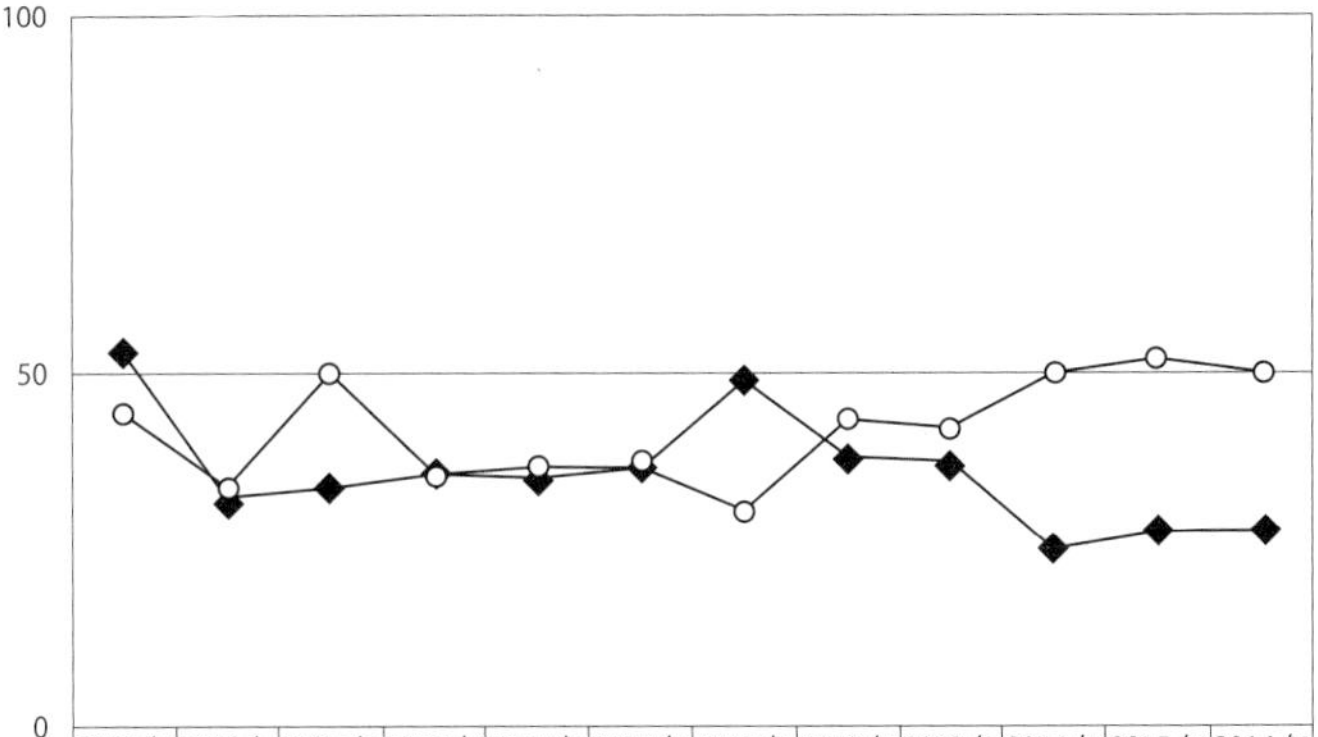

	2005年3月	2006年4月	2007年5月	2008年3月	2009年3月	2010年3月	2011年3月	2012年12月	2013年3月	2014年9月	2015年9月	2016年6月
◆賛成する	52.8	32.4	33.5	35.4	34.9	36.2	48.6	37.7	37.2	25.0	27.5	27.5
○反対する	44.4	33.8	49.3	35.4	36.3	37.2	30.5	43.4	42.1	50.3	51.9	50.3

などとする声明を発表した。

一方の米国は、２０１５年10月に前出のベルネフチェヒムおよび関連企業に対する制裁を、一時停止する措置をとった。しかし、２０１６年６月にはオバマ大統領が、ルカシェンコ大統領をはじめとするベラルーシ高官に対する制裁を1年間延長することを決めており、トランプ新政権も２０１７年６月に制裁の1年間延期を決めるなど、ＥＵに比べると対ベラルーシ関係の改善にやや慎重な姿勢が見られる。

ところで、ベラルーシは、ウクライナのように高らかに欧州統合の理念を語ったりはしない。しかし、粛々と実務に取り組む国民性のベラルーシは、ＥＵとのビジネス関係をそれなりに発展させている。２０１５年の時点で、ベラルーシの輸出の32・2％がＥＵ向けであり、輸入の19・2％がＥＵからとなっている。近年のベラルーシで輸出の稼ぎ頭となっている石油精製業にしても、ロシア

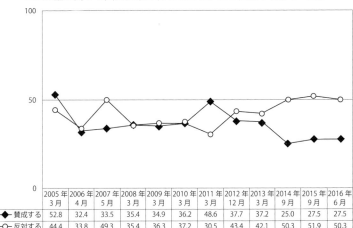

から原油を輸入し、それを石油製品に加工してＥＵ市場に輸出するという図式がある。ロシアと欧州の狭間で、上手く立ち回っていると言えよう。

ちなみに、ベラルーシの民間シンクタンク「社会経済政治独立研究所」が継続的に実施しているベラルーシ全国の世論調査で、「もしもベラルーシのＥＵ加盟に関する国民投票が行われたら、どう投票するか？」という設問があり、過去10年あまりの回答の推移を示したのが前のページのグラフである。親ロシア的と言われるベラルーシ国民だが、過去にはＥＵ加入賛成論が多数派になった時期もあった。しかし、２０１４年のウクライナ危機以降は、ロシアを盟主とする地域秩序への支持が再び高まり、ＥＵについては懐疑的な意識が強まっている。

（服部倫卓）

44

ポーランドから見たベラルーシ

★ロシアと欧州の間で外交関係を模索する両国★

ポーランドは、1569年のルブリン合同によってポーランド・リトアニア共和国を建設し、16～17世紀にはヨーロッパにおいてオスマン帝国に次ぐ大国となっていた。この連合国家には現在のベラルーシのほとんどの地域も含まれていた。この地域では、ルブリン合同前から文化や母語のポーランド化が進行し、ポーランド人も多く移住していた。しかしながら、18世紀にかけては、この地はロシアとの抗争で疲弊、荒廃していった。

こうした歴史を背景に、ポーランド人には東方の地に対してある種のノスタルジーが混じった思い入れがある。同時に、ウクライナ、ベラルーシは、ロシアとの勢力争いの最前線でもあり、ポーランドにとって、またヨーロッパにとって、この地域の問題は決して周辺の問題ではなくむしろ「内部問題」であった。

そのことを象徴するは、2004年のウクライナの「オレンジ革命」である。ロシア寄りのヴィクトル・ヤヌコーヴィチと、EU寄りのヴィクトル・ユーシチェンコによって争われた大統領選挙は、開票結果に不正があったとして、再度決戦投票が行われ、ユーシチェンコが逆転勝利を収めた。この時の再選挙を求める運動に、ポーランドから元「連帯」活動家（1980年代のポーランド民主化運動の旗手）やそれに呼応した学生らが参加した。ワルシャワの街でも、オレンジのリボンを胸につけ「オレンジ革命」に連帯を表明する市民が多く見られた。この時ポーランド国民の間では、ウクライナの民主化に続き、ベラルーシの民主化が始まるとの期待が高まっていた。そして、ポーランドがこれらの地域の民主化を先導するのだという自負も感じられた。しかしながら、半年ほどでウクライナの「オレンジ革命」が後退し、ベラルーシ国民が民主化にほとんど反応しないとわかると、ポーランドにおける「東方民主化へのテコ入れ」熱も一気に冷めていった。ロシアとEUの緩衝地帯を民主化、自由市場化する運動でリーダーシップをとり存在感を高めたいポーランドと、それを余計なお世話だと感じるベラルーシ国民との間には、大きな温度差があった。当時のベラルーシ国民からすれば、ポーランドが移行期に経験した厳しい失業、倒産は、「民主化と自由化」の代償としてはあまりにも大きすぎると感じたのであろう。

ポーランドはEUに加盟しており、ポーランドが対ベラルーシ政策でスタンドプレーをできる立場にはない。もっとも、前述の民主化テコ入れ熱が冷めて以降は、ベラルーシの政権を転覆させようという過激な言動は見られず、むしろロシアとの緩衝帯にあるベラルーシと安定的な関係をいかに築くかがポーランド外交の焦点となっている。

他方ベラルーシは、ロシアとEUの間で揺れ動いている。ベラルーシのルカシェンコ大統領は、一時ロシアに接近したが、ロシアからの天然ガスの値上げなどの圧力に反発し、ロシアとの対立を深めた。ロシアがベラルーシ制裁として実施した乳製品の輸入禁止措置により（ベラルーシはバター、チーズなどの乳製品の輸出大国）、ポーランドとの農産物取引が拡大した。しかしその後、ロシア主導の「ユーラシア経済連合」への参加を表明するなど、ロシアとの関係を修復した。一方で、ポーランドおよびEUとの関係も紆余曲折を経ている。EUは2011年から、ベラルーシの独裁的な圧政に対する制裁措置を継続してきたが、ベラルーシのEU東方パートナーシップへの積極的参加、EUとの人権対話の再開、ウクライナをめぐる和平協議での仲介役としての貢献などを評価し、制裁措置を解除するとともに、国際金融機関との交渉を再開した。

背景には、ベラルーシの経済情勢悪化がある。ベラルーシにとっては、東西にかかわらずあらゆる支援の可能性を追求したいところであろう。こうした情勢を受けて、2016年3月にポーランド外相がベラルーシを訪問した。ポーランド側から見れば、ベラルーシに根付くポーランド系住民のポーランド語教育と人権の保護、ポーランドでの低賃金外国人労働力を確保するためのビザの簡素化、などが関心の的である。また、ポーランドには約5万人のベラルーシ人が居住しており、短期の合法・非合法労働力も相当数にのぼると見られる。特に、ポーランドが2004年以降EUに加盟してから、イギリス、アイルランドに数十万人単位の移民を送り出しているが、それに合わせたように、ベラルーシ、ウクライナから大量の合法・非合法労働力を受け入れている。

ベラルーシにはポーランド系住民約30万人（ベラルーシの人口の約4％）が生活している。ベラルーシには、在ベラルーシ・ポーランド人連合（ZPB：1990年結成）があり、ベラルーシ最大の非政府組織として活動している。しかしながら、ベラルーシ当局の圧力を受けて、組織が急進派と穏健派に分裂しており、十分に効果的な力を発揮していない。

経済戦略の側面からも、ポーランド・ベラルーシ関係は重要である。ポーランド・テレスポールと西ブグ川対岸のベラルーシ・ブレストは、ＥＵ・ロシアをつなぐ幹線の物流拠点であり、特にポーランド側のテレスポールで拠点化が進む。この物流ラインは、パリ、ベルリンからモスクワ、シベリアに続く幹線であり、ロシアの「ユーラシア経済連合」構想とも、中国の新シルクロード「一帯一路」構想とも重なる重要拠点である。

さらに、ベラルーシ・ポーランドのラインは、ロシアから欧州への天然ガス供給の戦略的要衝でもある。ロシアから欧州への供給ラインは、ウクライナを通過する「兄弟」ガスパイプラインが主軸であるが、近年のロシア・ウクライナの紛争を背景に、ベラルーシ・ポーランドを通過するヤマル・欧州パイプラインの重要性が増している。ルカシェンコ大統領は、この点においてはロシアとの関係修復を切望している。しかし、ポーランドとロシアの関係が悪く、ベラルーシ経由のパイプラインにも「トランジット・リスク」が大きい。

グロドノにある在ベラルーシ・ポーランド人連合の本部。現在はミンスクに本部がある（撮影：服部倫卓）

このように、ベラルーシとポーランドの関係は、欧州とロシア、さらには中国を巻き込んでの駆け引きのなかで、お互いの距離と温度を模索している状態と言えよう。

（田口雅弘）

45

ベラルーシとバルト三国の関係

★リトアニアとの関係が特に密接★

リトアニア

エストニア、ラトビア、リトアニアのバルト三国のなかで、ベラルーシとの関係が深いのが、何と言ってもリトアニアである。ベラルーシとリトアニアは、679キロメートルもの国境線を共有する隣国同士である。両国の祖先は、リトアニア大公国、ポーランド・リトアニア共和国の下で、数百年間も運命を共にしてきた。近代に入って、ベラルーシの民族主義運動の揺籃の地となってきたのは、現リトアニアの首都ヴィルニュスであった。ロシア革命後の1919年には、約7カ月と短命ながら、両国共同の「リトベル共和国」が設置されていたこともある。

ちなみに、2012年にベラルーシ国民にアンケート調査を行い、「ベラルーシ国家のルーツはどこにあると思うか？」と尋ねたところ、44・8％がリトアニア大公国と回答している。また、2013年には大公国のヴィタウタス大公を主人公とするバレエ作品が発表され、ベラルーシ・ボリショイ劇場のレパートリーに加えられた。リトアニア国民が意に介するとは思えないが、ベラルーシの愛国者たちはリトアニア大公国を、自らの黄金時代と捉えているのである。

1991年暮れにソ連邦が崩壊すると、ベラルーシとリトアニアはすぐにお互いの独立を承認し、外交関係を樹立した。相互に大使館を開設しているのはもちろん、リトアニアの側はベラルーシのグロドノに総領事館も置いている。

ただ、ベラルーシが民主化の面で課題を抱え、EUと政治的に対立していることが、ベラルーシ・リトアニア関係にも影を落としている。ベラルーシ・ナショナリズムにとって聖地とも言えるヴィルニュスは、今日では国際的なベラルーシ民主化支援の重要な拠点になっている。そうしたことから、アレクサンドル・ルカシェンコ・ベラルーシ大統領には、リトアニアを敵視する傾向があった。2005年には、親米派のアダムクス・リトアニア大統領がドイツ紙とのインタビューで、ルカシェンコ大統領のベラルーシ軍がリトアニアに侵略してくる恐れが否定できない旨述べて、物議を醸したことがあった。アダムクス大統領が2009年7月に退任すると、ようやく二国間関係が改善に向かい、2009年9月にはルカシェンコ大統領のリトアニア訪問も実現した。

ベラルーシ・リトアニア関係で、重大な対立点となっているのが、原子力の問題である。対ベラルーシ国境に近いリトアニアのイグナリナ原発は、2009年末までに全面的に運転を停止した。しかし、リトアニア側は放射性廃棄物の保存施設を、対ベラルーシ国境からわずか700メートルの場所に建設しようとしている（国境の向こうにはベラルーシ切っての景勝地、ブラスラフ諸湖国立公園が広がっている）。これに反発したベラルーシ側が、対リトアニア国境の近くに大規模な養豚場を建設するという、謎の報復行為に出る場面もあった。なお、リトアニアがイグナリナ原発の跡地に新たにヴィサギナス原発を建設する計画があるが、国民投票で否決されたこともあり、実現が不透明となっている。一方、ベラルーシは現在、同国初となる原発を北部のオストロヴェッツ町に建設中であり、これが対リトアニア国境から30キロメートルしか離れていないとして、逆にリトアニア側が抗議の声を上げている。ベラルーシ・リトアニアとも、嫌悪施設を両国国境に沿って配置し合うという、嫌がらせの応酬のようなことが続いている。

両国間では、相互の少数民族問題は、あまり目立たない。すなわち、2009年のベラルーシの国勢調査によれば、ベラルーシには5000人あまりのリトアニア系住民しか暮らしておらず、全人口に占める割合は0・05%である。ちなみに、リトアニア系が多く住むのは、リトアニアと隣接したオストロヴェッツ地区で、同地区の人口の約4%がリトアニア系となっている。一方、2011年のリトアニアの国勢調査によれば、3・6万人程度のベラルーシ系住民が確認されており、全人口の1・2%に相当する。

ベラルーシ側の貿易統計によれば、2015年のベラルーシとリトアニアの輸出入総額は12億4180万ドルだった。リトアニアはベラルーシの貿易相手国として第8位であり、全体の2・2%のシェアを占めていた。また、2015年初頭現在で、リトアニアのベラルーシに対する投資残高は1億9001万ドルであり、これは投資国として第9位で、全体の2・9%だった。2015年末時点で、ベラルーシには、リトアニア資本が投資した企業が627社登録されていた。ベラルーシは主要輸出商品である石油製品やカリ肥料の海外向け船積みを主にリトアニアのクライペーダ港で行っており、翻ってクライペーダ港にとってもベラルーシは上得意の荷主となっている。

実は、ヴィルニュスを中心とするリトアニアは、ベラルーシ国民の買物ツアーの行き先として、人

気がある。ベラルーシの首都ミンスクから、リトアニアのヴィルニュスまでは、直線距離でわずか170キロメートル。ベラルーシ国民にとって、最も近い欧州の都市がヴィルニュスであり、良い品が揃っている割には、今のところ物価が安い。ヴィルニュスの大型店などでは、売上の10～15％はベラルーシのお客さんとされ、30％ほどに及ぶところもあると言われていた。しかし、最近になってヴィルニュスへの買い物ツアーは下火になりつつあるようだ。在ベラルーシ・リトアニア大使館は以前、『リトアニアへ！：ショッピング・休暇・ビジネス』と題する雑誌まで定期発行してベラルーシ客の誘致に努めていたが（画像参照）、同誌もすでに廃刊になっている。

ラトビア

ベラルーシとラトビアの国境線は、173キロメートルである。両国は1993年に相互に大使館を開設し、またベラルーシはラトビアのダウガフピルスに、ラトビアはベラルーシのヴィテプスクに総領事館を置いている。2011年現在、ラトビアには約7万人の民族的なベラルーシ人が住んでおり、同国人口の3・3％を占め、ラトビア人、ロシア人に次ぐ第3のエスニックグループとなっている。特に、対ベラルーシ国境から近いラトビア南東部のラトガレ地方は、歴史的にロシア人・ベラルーシ人が多く暮らしてきた土地である。その中心都市のダウガフピルスは、1920年まではドヴィンスクの名で呼ばれていたところで、ベラルーシ人にとっては縁の深い街だ。一方、2009年のベラルーシの国勢調査によれば、同国に住む民族的なラトビア人は1549人にすぎず、全人口に占める比率はわずか0・02%となっている。

ベラルーシの貿易統計によれば、2015年のベラルーシの輸出入総額に占めるラトビアのシェアは1・2%であり、ベラルーシにとってラトビアは第10位の貿易相手国だった。ベラルーシ企業は、リトアニアの港湾と並んで、ラトビアの港湾（具体的にはリガ自由港）も輸出入の窓口として活用しており、鉄道および港湾の貨物輸送がベラルーシ・ラトビア経済関係の柱になっている。

エストニア

ベラルーシとエストニアは、地理的には近いものの、国境を接していないので、二国間関係はあまり発展していない。エストニアがベラルーシに大使館を開設したのは2009年、ベラルーシがエストニアに大使館を開設したのが2010年と、かなり遅かった。十数年前にはベラルーシのミンスクとエストニアのタリンの間に直行便が飛んでいたが、筆者がその便を利用した時には乗客が筆者一人だけで、驚いたものである。当然赤字路線だったはずで、その後その直行便は廃止されてしまった。

ベラルーシの貿易統計によれば、2015年のベラルーシの輸出入総額に占めるエストニアのシェアは0・2%に留まり、ベラルーシにとってエストニアは第45位の貿易相手国にすぎなかった。最近になって、ベラルーシとEU全般の関係が改善され始めたことを反映し、ようやくベラルーシ・エストニア間でも経済協力の機運が生じているようだ。

（服部倫卓）

Ⅳ

日本とベラルーシの関係

46

ベラルーシ出身の初代駐日ロシア領事ゴシケーヴィチ

★その生涯と晩年の地を訪ねて★

日本とロシアの両国の外交関係は、幕末開港期（1855年）に結ばれた日露和親条約によって始まった。同条約には、下田か函館（箱館）のいずれかに領事館を置くことが定められており、ロシア極東に近い函館が選ばれた。その初代駐日ロシア領事に任命されたのが、ヨシフ・アントーノヴィチ・ゴシケーヴィチである。

ゴシケーヴィチは、1814年3月16日、ロシア帝国ミンスク県レチツァ郡ストレリチェヴォ村（現ベラルーシ共和国ゴメリ州ホイニキ地区）で、同村ミハイル教会の司祭だった父アントーニイ・イヴァノヴィチと母グリケリヤ・ヤコヴレヴナの間に生まれた。ミハイル教会付属の学校で初等教育を終えた後、ミンスク神学校に学び、1835年に「優等」で卒業した。成績優秀のため特待生としてサンクトペテルブルグの神学アカデミー（大学）に進み、卒業後は1839年から48年までの約10年間、ロシア正教の第12次北京宣教団の一員として中国に滞在した。その間、中国語、満州語、朝鮮語、モンゴル語を習得し、また中国語文献を基に墨や化粧（紅）の製造方法、養蚕業、そろばん（数の数え方）について論文にまとめた。

ロシアに帰国した後は、外務省アジア局付在外通訳官に任命され、１８５２年秋、第三回日本遠征隊を率いるプチャーチン提督の中国語通訳・秘書として加わった。日本到着後は、本国ロシアでクリミア戦争が勃発したため長崎での対日交渉は一時停止。下田で交渉が再開されるが、大地震と津波の被害を受けたフリゲート艦「ディアナ号」は駿河湾で沈没。数々の災難に見舞われるものの、和親条約は無事締結され、日露の協力により代替船「戸田《へだ》号」も完成した。ゴシケーヴィチら約２８０名は、傭船「グレタ号」で帰国の途に就くが、クリミア戦争中のこと、オホーツク沿岸で敵国の英国艦船に捕えられてしまう。

だが、ここでもゴシケーヴィチは不運を味方に付けた。約9カ月間の捕虜生活中、艦船備え付けの英語の書籍を読みあさり、英語の習得に励んだ。また、ゴシケーヴィチの手引きで密出国した元掛川藩士橘耕齋の助けを借りて、日本で入手した辞典を参考にしながら和露辞典の編さんに取り組んだ。これが最初の本格的和露辞典『和魯通言比考』として実を結び、帰国後の１８５７年、首都ペテルブルグで刊行され、翌年デミードフ賞を受賞。初代駐日領事への途を拓いた。

１８５８年11月5日（安政5年9月30日）、ゴシケーヴィチ領事（六等官）は、夫人（エリザヴェータ・ステパーノヴナ）、息子（夫人の連れ子のヴラジーミル）、姑、海軍士官、医師夫妻、司祭、書記官、下男下女の総勢15名で函館に着任した。ちなみにエリザヴェータ夫人が連れてきた下女の一人、ソフィヤ・チェルノヴァはベラルーシのポレシエ地方の出身だったようである。

函館の領事館は、１８７２年に東京に公使館が開設されるまで、日本で唯一のロシアの外交窓口だった。約7年の任期中、港から一望できる場所（現在の函館ハリストス正教会の敷地内）に立派な領事館を建設し、その東隣にはロシア病院を建て、ロシアの存在感を内外にアピールした。領事館員たちは、写真術、西洋医学、天文学など、当時の日本人が欲していた西洋の先進技術を伝え、ロシア領事館は、「北の地の文明開化」の推進役となった。

本省からの訓令を忠実かつ迅速に実行し、初代領事としての責務を果たすためであろうか、気に沿わぬ館員たちを帰国に追い込むという、人間として狭量な一面もあったようだ。だが、プチャーチン提督から学んだ対日交渉術やゴシケーヴィチ自身の東洋に対する知見の深さは、幕府役人との折衝や交流などの際に大いに生かされたことであろう。

晩年のゴシケーヴィチとエカテリーナ夫人（マリ村図書館所蔵）

元より、博物学への関心が高く、動植物の収集に熱心なゴシケーヴィチだったが、これは夫婦共通の趣味でもあった。しかし、妻は１８６４年に病死し、翌年には西隣のイギリス領事館からの出火でロシア領事館は全焼。爬虫類や魚類の標本など、コレクションの一部は本国ロシアに届けられていたとはいえ、莫大なコレクション類は一瞬にして失われた。その数カ月後、ゴシケーヴィチは失意のうちに日本を後にした。

首都ペテルブルグに戻り、官史の生活を送るゴシケーヴィチには、軍人の娘との老いらくの恋もあった。だが恋は実らず、エカテリーナ・セミョーノヴナと再婚した。１８６７年に引退すると、ヴィリノ県マリ（現ベラルーシ共和国グロドノ州オストロヴェッツ地区マリ村）に引退し、息子ヨシフが生まれた。

帰国後もゴシケーヴィチと日本との縁は切れることがなかった。英国留学中にペテルブルグを訪れた森有礼は、ゴシケーヴィチの自宅に招かれ、息子ヴラジーミルと共に語る興味深い日本語論を聞かされた（1866年）。日本から岩倉使節団がペテルブルグを訪問した際には、通訳、「退役四等文官」の肩書きで、団長岩倉と同じ馬車で宮廷に上った（1873年）。橘耕齋（ロシア名ヴラジーミル・ヨシーフォヴィチ・ヤマトフ。代父であるゴシケーヴィチから「ヨシーフォヴィチ」という父称を授かった）は、岩倉使節団訪露の機会を得て日本への帰国がかなうと、帰国の途次、恩人ゴシケーヴィチに別れを告げるため、マリの屋敷を訪れている。

日本語研究も続けており、1875年5月15日（露暦3日）に61歳で亡くなる直前に完成した『日本語の語源』は、死後、息子ヨシフの手によりヴィルノ（現ヴィルニュス）で出版された（1899年）。

ところで、筆者にとってゴシケーヴィチをベラルーシ人として捉えるきっかけは、2014年3月にミンスクで行われたゴシケーヴィチ生誕200年記念国際学術会議（ベラルーシ国立大学国際関係学部主催、在ベラルーシ日本国大使館後援、スポンサーJTI）に出席し、晩年の地を訪れたことにあった。

オストロヴェッツは、ミンスクから北西方向に車で約2時間、リトアニア共和国の首都ヴィルニュスまで50キロという、国境近くののどかな農村地帯にある。同地の「聖コジマ・ダミアンカトリック教会」に、ゴシケーヴィチは埋葬されたということだが、この事実をメトリカ（信徒台帳）から明らかにしたのは、オストロヴェッツ出身のアダム・マリジス博士である。墓碑が残っていないため、埋葬場所の特定は今後の課題である。現在はカトリック教会だが、ゴシケーヴィチの時代は正教会だった。教会

聖コジマ・ダミアンカトリック教会

聖コジマ・ダミアンカトリック教会の内部

内部に入ると、マリア像（カトリック）とイコン（正教）が共存しているため、最初は違和感を覚えたが、国境線がたびたび変動したベラルーシでは、こうした教会は決して珍しくない。教会は、ベラルーシの歩んできた歴史を静かに語り、訪れた人たちにベラルーシ人の「寛容と共存の精神」を自らが伝える存在となっている。

かつてゴシケーヴィチの屋敷のあったマリ村には、ゴシケーヴィチ記念コーナーが常設された図書館がある。展示を見れば、地元の人たちが、長年ゴシケーヴィチのことを大切に思ってきたことがすぐさま感じ取れる。図書館員が語るには、ここは１９４１年６月、独ソ不可侵条約を破棄したドイツ軍が真っ先に侵攻してきた場所だった。戦車は通過するだけで、ミンスクのように街が焼き尽くされることはなかったが、ゴシケーヴィチゆかりの品は残っていない。当時の面影を残すのは、屋敷へと続いていた並木道だけである。

ベラルーシ人としてのゴシケーヴィチを理解するには、幼少期を過ごした場所にも着目しなければならない。だが、ベラルーシ南西部に位置するゴメリ州は、１９８６年のチェルノブイリ原発事故による放射能の最大の汚染地域で、複数の集落が今なお「居住禁止地区」に指定されている。筆者がベラルーシを訪れた２０１４年の時点では、「訪問は困難」と聞かされた。ベラルーシ人研究者がゴシケーヴィチ研究に本格的に取組むようになるのは、ソ連崩壊後、つまり１９９０年代以降のことである。こうした事情が研究の妨げになっていることは、生家の在処が確認されていないことからも明らかである。

最近は、「訪問が可能のようだ」との情報も現地から伝わってきている。ゴシケーヴィチがどのような環境で幼少期を送り、それがその後の人格形成にどのような影響を与えたのか、などといった疑問に対する答えは、この先ベラルーシ人研究者と情報共有しながら研究を進めていくなかで、自ずと明らかになっていくことであろう。

（倉田有佳）

※ゴシケーヴィチの生没年月日については、これまで諸説あったが、本稿ではベラルーシ研究者の最新研究に依拠した。

47

日本とベラルーシの二国間関係

★外交と経済関係★

プチャーチン提督率いる最初の日本に向けたロシア外交使節団に通訳として加わり、1855年の日露和親条約の調印にも立ち会い、その後、ロシア帝国の初代日本駐在領事として函館に駐在したヨシフ・ゴシケーヴィチはベラルーシ人である（第46章参照）。この幕末の時代からおよそ140年後となる1991年12月、ソ連崩壊に伴い、ベラルーシは独立国となった。日本はすぐに新生ベラルーシ共和国を国家承認し、続いて正式に外交関係も開設された。そして、1993年1月にはミンスクに、1995年7月には東京に、それぞれの大使館も設立された。

1986年のチェルノブイリ原発事故の際、風下に位置したベラルーシは、最大の被災国となった（第41章参照）。世界唯一の被爆国である日本は、同事故の被災者や周辺地域の医療環境の改善に資する人道支援を継続的に実施している。一方、2011年の東日本大震災による福島第一原発事故の際には、直後から、ベラルーシの政府および一般市民から多くの義援金が寄せられた。2012年12月には、原発事故後協力の協定が両国間で結ばれ、復興に携わる専門家同士が経験を分かち合う

日本とベラルーシとの貿易動向（単位 1,000 ドル）

年	総額	日本の輸出	日本の輸入	バランス
1992	5,710	5,225	485	4,740
1993	10,120	4,729	5,391	▲ 662
1994	51,551	47,061	4,490	42,571
1995	18,157	6,062	12,095	▲ 6,033
1996	17,479	3,298	14,181	▲ 10,883
1997	33,008	19,387	13,620	5,767
1998	20,849	11,082	9,767	1,315
1999	9,457	3,979	5,478	▲ 1,498
2000	10,824	3,014	7,810	▲ 4,795
2001	17,206	3,433	13,773	▲ 10,341
2002	13,674	8,422	5,252	3,170
2003	22,182	14,638	7,544	7,094
2004	20,034	13,990	6,044	7,945
2005	24,955	18,459	6,496	11,963
2006	43,011	36,191	6,819	29,372
2007	80,585	36,611	43,974	▲ 7,362
2008	81,714	61,164	20,550	40,614
2009	25,575	19,269	6,306	12,963
2010	58,133	51,471	6,662	44,809
2011	62,685	47,602	15,083	32,520
2012	59,669	38,708	20,960	17,748
2013	69,408	43,306	26,102	17,204
2014	102,071	83,727	18,344	65,384
2015	39,042	15,380	23,663	▲ 8,283
2016	41,407	23,476	17,931	5,545

（出所）日本財務省発表の貿易統計にもとづいてロシア NIS 貿易会で作成。

ための合同委員会が、ミンスクと東京で交互に開催されている（第50章参照）。近年、政府や議会の代表による相互訪問も盛んになり、日本とベラルーシの外交関係は概ね良好と言える。

一方、両国の経済関係は非常に限られたものにとどまっている。上表に見るとおり、日本とベラルーシの貿易額を見ると、過去最大であった2014年においても輸出入総額で1億ドルあまりであった。同年のベラルーシの貿易総額が766億ドルであったことを考えると、物足りない規模である。商品構成も、一言で言えば、日本が機械を輸出し、肥料を輸入するという単純なものである。近年、ベラルーシには、毎年100億ドル程度の外国直接投資の流入があるが、日本からベラルーシへの投資は微々たるものである。ベラルーシ進出日系企業は7社に留まっており、邦人職員を常駐させている日系企業は1社もない。

欧米諸国から政権運営が非民主的であるとして、制裁対象国とされたこともあり、概してベラルーシのビジネス環境は悪いとの印象であるが、日本のビジネス界において、ベラルーシに関する情報が不足していることは否めない。ベラルーシを訪問してみると、社会経済情勢は、総じて安定しており、街は清潔で、治安もよく、政府や企業の幹部は国際経済情勢にも通じ、洗練されている。そして、ITや光学、機械工業や食品加工などの分野で、国際的に活躍している企業も少なくない。2016年1月のユーラシア経済連合の発足によって、ロシアやカザフスタンなど、加盟国との間でヒト、モノ、カネの移動が自由になり、ベラルーシの市場規模は940万人から1億7000万人に拡がった。伝統的に製造業の国であり、安価で有能な労働力を有するベラルーシを、ユーラシア経済連合や欧州連合（EU）市場向けの生産拠点とするというビジネスモデルは、一層、現実味を帯びるようになった。実際、近年そうした目論見での、欧米企業の進出事例は増えている。たとえば、ゼネラルモーターズ（GM）は、2014年からベラルーシの自動車メーカーでオペル・ブランドの乗用車の組み立てを開始し、2015年にはサンクトペテルブルグ工場での生産の一部をベラルーシに移転している。

国際機関の分析によっても、ベラルーシのビジネス環境の評価は好転しつつある。こうした動きを受け、欧州復興開発銀行（EBRD）は、国内外の出資者への貸し付けや株式への出資を図るなど、対ベラルーシ投資の優先分野を定めた新たな4カ年戦略を採択した。日本企業にベラルーシ向けの融資や保険のニーズがあることが前提だが、こうした欧州の動きは、国際協力銀行（ＪＢＩＣ）や日本貿易保険（ＮＥＸＩ）のベラルーシの評価にも、今後、好影響を及ぼすと見られる。

前述の通り、ベラルーシでの日本企業の取り組みは限られたものであるが、ベラルーシ側は、農業および食品加工、バイオテクノロジーおよび製薬、ロジスティックス、自動車部品製造、省エネルギー設備製造、ハイテクおよびＩＴなどの分野での協力を求めている。また、ベラルーシの石油精製、化学、機械工業、食品加工分野などの一部の企業では、積極的な設備更新が計画されているが、日本からの生産財の輸出も有望であろう。２００９年には、ベラルーシの政府保証のもとで、ＪＢＩＣが「スヴェトロゴルスク化学繊維」社に直接融資（バイヤーズ・クレジット）を行い、丸紅がポリエステル糸製造設備を輸出した。他にも、コンプレッサー製造設備や石油精製設備が日本からベラルーシに輸出された実績があるが、ＪＢＩＣやＮＥＸＩの輸出信用が容易に利用できるようになれば、生産財輸出にも拍車がかかるであろう。製造業の分野では、パナソニックが２０１６年にベラルーシでテレビの組立を開始した。ベラルーシ企業の施設を利用しての委託加工であるが、ロシアをはじめとするユーラシア経済連合市場が求める高品質で適度な価格のものを生産するための最適な場所がベラルーシとの判断であり、今後、他の製品の組立も計画中という。また、東京インスツルメンツ社は、オプトエレクトロニクス（光電子工学）製品の開発、設計および応用システムの製造販売を行っている企業であるが、早くからベラルーシのレーザーおよび光学分野の技術を高く評価し、ベラルーシ科学アカデミー物理学研究所を母体とする企業と合弁企業「LOTIS TII」社を１９９４年に設立した。LOTIS TII

は、順調に発展し、世界30カ国でその製品が利用されるなど、高い成果を上げている。ＩＴの分野では、２０１４年に楽天が9億ドルでインターネット通信の「バイバー・メディア」社を買収したことが、日本でも話題になった。バイバー・メディアはキプロスに登記されているが、ベラルーシに開発拠点を持つ企業である（第40章参照）。

一方、２０１２年に「ポリマスター」社、２０１３年に「ウォーゲーミング」社と、近年、ベラルーシ企業の日本進出も進んでいる。ポリマスターは、放射能測定器の開発、製造を行う企業であるが、その製品は国際原子力機関（ＩＡＥＡ）などの国際機関や各国の認証機関の基準に準拠し、各国の税関や原子力施設、空港、鉄道の駅等に納入されており、各方面から高い評価を得ている。ウォーゲーミングはオンラインゲーム会社だが、専門家の評価では、ゲームの出来栄えは、同種のゲームを作る米国企業をはるかに凌駕し、世界最高水準にあるという。

このように、日本とベラルーシのビジネス、企業間協力は始まったばかりであるが、今後、大きく発展する可能性を持っていると言えよう。

（岡田邦生）

48

仙台市とミンスク市の交流の軌跡

――★姉妹都市提携に至る経緯とこれまでの交流実績★――

1600年に伊達政宗公が居城を定めて以来、全国有数の城下町として栄え、市制施行100周年にあたる1989年に東北で初めての政令指定都市となった仙台市。「杜の都」と呼ばれる豊かな自然環境、「学都」としての高度な研究開発機能を有し、東北の政治・経済・学術・文化の中枢都市として発展してきた。

姉妹都市提携に至る経緯

1973年4月6日、仙台市とベラルーシ共和国の首都ミンスク市（当時は白ロシア共和国首都）は、都市提携共同コミュニケを交換し姉妹都市提携を結んだ。

その契機は1962年にさかのぼる。

1962年、日ソ協会の招きにより、ソ連のソ日協会事務局長が来仙した際、日ソ協会宮城県連合会幹部との間で仙台市とソビエト連邦の都市との姉妹都市提携が話題となり、白ロシア共和国の首都であったミンスク市が推薦された。1971年9月、日ソ協会宮城県連合会代表団7名がミンスク市を訪れ、姉妹都市提携を希望する仙台市長のメッセージを届けた。その後

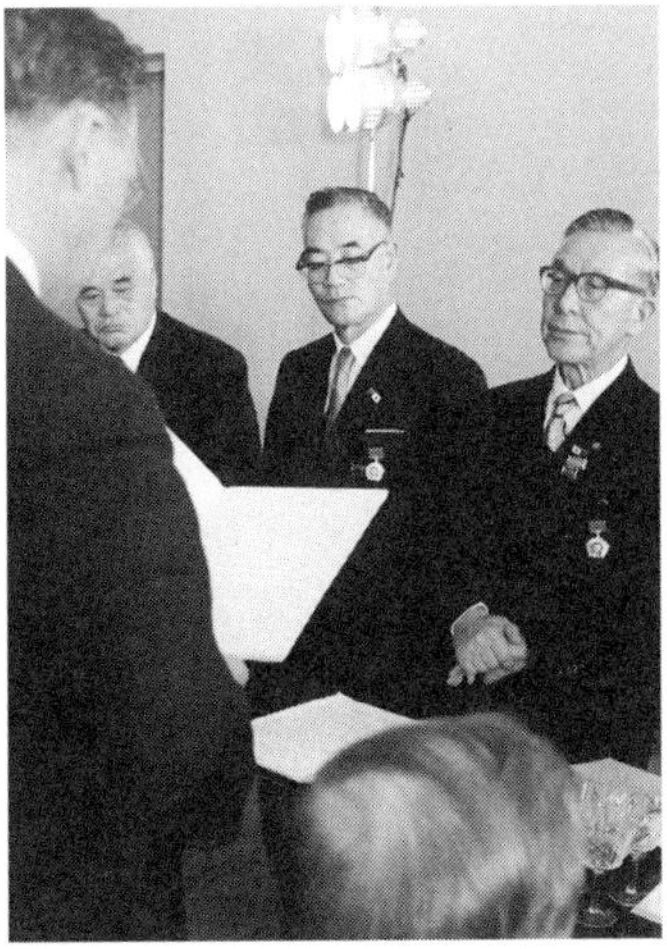
姉妹都市提携（1973 年 4 月 6 日）

両市間で文書、資料の交換を通じ、親善が深められたが、１９７２年３月31日付のミンスク市のミハイル・コヴァリョフ市長（当時）からの文書で、仙台市との姉妹都市提携に全面的に賛同する旨の回答を受領し、１９７３年４月６日、仙台市長等10名がミンスク市を公式訪問。都市提携共同コミュニケを交換し提携が成立した。

チェルノブイリ原発事故にかかる仙台市との交流

１９９０年10月、ミンスク市よりグリゴリー・ティシケヴィチ副市長（当時）以下４名が来仙した。１９８６年のチェルノブイリ原発事故による白ロシア共和国の被災状況を中心に、両市の医療関係者・建設関係者による専門家会議を開催し、今後の姉妹都市交流のあり方を検討した。

翌年７月、仙台市助役等８名の仙台市公式訪問団がミンスク市を訪問し、チェルノブイリ原発事故被害の救済にあたるミンスク市に対し、高度医療機器を寄贈。現地の医療センターにおいて引渡式を行った。また、同年12月、チェルノブイリ原発事故被害者救済支援の一貫として、ミンスク市の医師２名を研修生として仙台市で受入れ、３カ月間にわたり研修を行った。以後、同様の取り組みが１９９４年まで計４期に分けて実施された。第４期受入終了後の１９９４年８月には仙台市立病院医師２名がこれまでの医療支援の効果を視察するために、ミンスク市を訪問した。

また、1996年6月には、㈶仙台国際交流協会主催の仙台市民訪問団一行のミンスク市訪問に併せて、東北医療機器協会から寄付された医療消耗品がミンスク市に寄贈された。この他、市民による募金活動や医療支援など、チェルノブイリ原発事故救援活動が幅広く実施された。

また、姉妹都市提携後、市民交流が活発化し、宮城県ミンスク友好協会が設立され同協会によるチェルノブイリ原発事故支援活動が積極的に行われた。その後ソビエト連邦が崩壊し、ベラルーシ共和国が独立国家となったことに伴い、宮城県民とベラルーシ共和国国民との交流を通して相互理解と友好・親善に寄与することを目的に「宮城・ベラルーシ協会」が発足した。現在も、市民交流団体としてさまざまな友好運動の下支えの役割を果たしている。

東日本大震災時のミンスク市からの支援

2011年3月11日14時46分、三陸沖でマグニチュード9・0の地震が発生。仙台市内では最大震度6強を記録し、地震と津波による大きな被害を受けた。

3月12日、ミンスク市のニコライ・ラドゥチコ市長（当時）より仙台市長へお見舞いのレターを頂いたほか、ミンスク市と仙台市の交流の象徴である「仙台公園」では多くのミンスク市民が献花を行い、たくさんの花束やろうそく、折鶴などを手向けていただき、被災地に心を寄せていただいた。

その後、「震災で傷ついた子どもたちを支援したい」とのミンスク市からのお申し出をいただき、同年8月1日から10日まで、ミンスク市の全面支援により「森と湖のまち・ミンスク 青少年訪問団ありがとうツアー」を実施した。市内の高校生25名と同行者6名の計31名の訪問団がミンスク市を訪れ、現地の青少年との交流やミンスク市内の見学、日本文化の紹介などを通して異文化理解を深めた。翌年、ミンスク市より「今年も引き続き、子どもたちを支援したい」との招待をいただき、7月30日から8月9日にかけて「ミンスク小学生訪問団」40名がミンスク市を訪問し、現地の青少年との交流を深めた。

仙台市民訪問団がミンスクの「仙台公園」に寄贈した桜の苗木の植樹（2007年5月）

様々な交流

ミンスク市中心部に位置する「仙台公園」には、2002年、姉妹都市提携30周年を記念して宮城・ベラルーシ協会市民訪問団がミンスク市を訪問した際に寄贈した「友好の時計」が公園のシンボルとして市民に親しまれている。また、姉妹都市提携35周年には桜の苗木を同公園に植樹したほか、提携40周年にはエゾムラサキツツジ40本を同協会が贈呈した。

2013年には、仙台市とミンスク市の姉妹都市提携40周年を記念して様々な交流事業が実施された。そのなかのひとつとして青少年相互交流が実現し、11歳から16歳の12名の青少年が「ミンスク青少年訪問団」として来仙し、市役所訪問、被災地視察、学校交流及びホームステイ等を行った。また、同年8月には、在仙の高校生12名が「森と湖のまち　ミンスク青少年訪問団」としてミンスク市を訪問し、市役所訪問、市内視察、市民との交流等を行った。そのほか、仙台市内にて7日間、「森と湖のまち　ミンスク写真・絵画展」を開催し、ミンスクとの交流に関する写真や、ミンスクの子どもたちが描いた絵画を展示した。

スポーツ交流としては、1991年開催の第1回仙台ハーフマラソン大会から継続してミンスク市選手団が来仙し、優秀な成績を収めているとともに、市民団体等との交流を行っている。ハーフマラソン大会により仙台市を訪問する選手団をはじめ数多くのミンスク市からの訪問団は、ミンスク市第19番学校と姉妹校提携を結ぶ仙台市立八木山南小学校への訪問を行っている。

その他、仙台大学とベラルーシ国立体育大学の間では、両大学間の友好と学術交流の推進のため、2002年、交流協定を締結し新体操コーチの招聘などを通じた交流が行われている。

以上のように、仙台市では姉妹都市提携を結ぶミンスク市との間で、市民交流、青少年交流、スポーツ交流、学校間交流など様々な分野での交流が行われている。

（仙台市 文化観光局 交流企画課）

49

日本とベラルーシの文化交流

★日本文化情報センターの取り組み★

地理的に遠く離れ、歴史的にも接点が乏しい二つの国。日本人はベラルーシと言われても具体的なイメージが浮かんでこない。20年ほど前までは日本のことは全く知らないというベラルーシ人がほとんどだった。一方で日本映画や文学に批評家並みに詳しい人もいた。最近はインターネットの普及やアニメの影響で日本通のベラルーシ人も増えている。日本旅行に行きたいというベラルーシ人もいるが経済水準の差があり、簡単には行けないおとぎの国のように日本をイメージしている人も多い。そのような状況で文化面での交流は気負わずお互いの国を知ることができる良い方法だ。

日本とベラルーシの交流を語る上で欠かせないのは、チェルノブイリ原発事故である。日本による支援活動が始まったのは１９９０年代で、当初は医療の提供など文化とは遠い分野での交流だった。その後チェルノブイリの子どもたちが日本へ保養に行くようになり、また２０１１年の東日本大震災以降は、日本の子どもたちがベラルーシへ保養に招かれるようになったため、ともに折り紙を作ったり、スポーツをしたりといった機会が若い世代間で増えてきた。訪問の理由が保養目的であっても現地の人々によるもてなしや、文化紹介のプログラムのおかげで相手国への理解が深まると思われる。チェルノブイリの子どもたちが日本で民謡や民族舞踊などを披露することは日本人にとってベラルーシのことを知る貴重な機会となっていることは間違いない。

ベラルーシで行われている日本文化の紹介としては、在ベラルーシ日本大使館が長年にわたり尽力している例が挙げられる。日本映画祭が毎年開催され、２０１３年からは文化フェスティバル「日本の秋」が、日本とベラルーシ双方向からの参加により盛大に行われている。芸術、スポーツ、伝統芸能などの紹介はベラルーシ人の日本理解を深めることに大変役立っている。

以上の他にも日本に興味があるというベラルーシ人に世代を問わず情報を提供する場所として、１９９９年に日本文化情報センターがミンスク市立の児童図書館内に開設され、筆者がその代表を務めている。１９９７年にボランティア団体チロ基金が日本人有志により創立され、2年後集まった寄付金で日本文化情報センターを開設したのである。現在も経費のほとんどは日本人の善意の寄付により運営されている。センター内ではこけしや招き猫といった民芸品、茶器や箸、扇子などの工芸品などを常設展示している。すべて日本人からの寄贈品である。さらに日本に関する文献資料約１５００点も閲覧、貸し出しできるようになっている。また日本人児童から中古の絵本を寄贈してもらっており、それをロシア語とベラルーシ語に翻訳する活動も行っている。ベラルーシ人日本語学習者の協力を得て、毎年少しずつ翻訳作業を進め完成したものは現在90冊を超えた。子どもだけでなく、日本の児童文学に興味があるベラルーシ人にも価値ある翻訳絵本コレクションとなっている。そのほか日本の音楽ＣＤや楽譜、生活を紹介するビデオや映画なども所蔵している。利用はすべて無料である。図

書館内のスペースを活用して、着物展、人形展、書道体験会なども入場無料で開催している。現実問題として文化の紹介にも経費が必要であるが、それを入場者つまりベラルーシ人に負担してもらうとなると入場者数が減ってしまい、結局のところ広く日本文化を紹介することにならない。そのためには公立図書館内にあるという利点と日本側からの寄付を生かして、無料で日本文化に接することができる場を設けることが継続のコツになる。条件が合えば活動をミンスクに限定することもない。ベラルーシ各地の学校、図書館、文化センターなどで出張講演も行っている。茶道の紹介イベントも毎年実施しており（写真参照）、すでに11回を数えた。

最近はベラルーシ人の意識にも変化がある。以前は「外国語を勉強しても外国に行ける機会があるわけでもなし」と向学心のない人が多かったが、今は違う。東洋語は難しいと敬遠されがちだったが、日本語を学びたいというベラルーシ人が増えてきた。日本旅行も格安航空券の登場で「おとぎの国への旅」ではなくなってきている。日本文化情報センターは２００７年から日本語教室を開いているが、授業料無料とあってすでに合計４４０人を超える生徒が教室の扉を叩いた。その中には日本語能力試験の認定書を持つ者、留学経験者、観光で日本を訪れ、夢を叶えた人も現れている。日本語学習を始めたきっかけや能力のレベルは様々だが、このように向学心があり、知識を持ったベラルーシ人が将来両国間交流のための人材になればと期待している。

ベラルーシは特に都市部でベラルーシ語よりロシア語が広く使われているが、日本語をロシア語に翻訳するより、ベラルーシ語に翻訳するほうが企画がスムーズにいくことが多い。2013年児童文学作家である新美南吉が生誕100年を迎えたのを機に、日本文化情報センターはその作品をロシア語とベラルーシ語に翻訳する活動を始めた。さまざまな出版社や新聞社に掲載を依頼したが、内容は全く同じなのにベラルーシ語訳のほうがロシア語訳より早くしかも数も多く掲載されたのが驚きだった。新美南吉の作品集は2016年春にまずロシア語版が出版されたが、ベラルーシ語訳作品集を出版するのが日本文化情報センターの次なる企画である。

ベラルーシで日本文化を紹介することは日本人が一方的にベラルーシ人に情報提供することにとどまらない。2003年には安部公房原作の小説「砂の女」がヴィテプスク市にある国立アカデミードラマ劇場にてベラルーシ語で上演された。またベラルーシ現代音楽界で活躍している作曲家アンナ・コロトキナは松尾芭蕉の俳句をロシア語で朗読しそれに曲をつけた前衛的な作品「芭蕉の詩」を2004年に発表している。2005年には日本の歌10曲がベラルーシ語に翻訳され、ベラルーシ人音楽グループ、トーダル&WZ－オルキエストラが演奏し「月と日」というCDとして発売された。いずれも日本文化情報センターとの共同企画である。

プロでなくとも才能あるベラルーシ人は大勢おり、応援を頼むこともある。ベラルーシ国立教育大学で美術を学んでいる学生に依頼して墨絵体験会を開催している。墨汁や紙、筆などは日本側からの提供によるもので文化交流に相互協力が欠かせないことを示す例である。2014年には日本文化情報センター付属将棋クラブが発足された。意外だがベラルーシは将棋人口がヨーロッパ一多い国なのである。有級者のベラルーシ人に頼んで週に1回の練習を指導してもらっている。こちらも参加費は無料にして、敷居を低くしてある。駒などの提供は日本側からであり、まだ少人数だが会員は毎週将棋の腕を磨いている（写真参照）。

ベラルーシでは様々な武道が人気だが、これに最近剣道が加わった。以前は竹刀や防具などの調達が難しく、柔道などと比べると入門者が少なかった剣道だが、愛好家の努力によりベラルーシ国内には現在4箇所に剣道クラブが生まれている。そのうちの一つミンスク剣道クラブは1年に数回、剣道の紹介を日本文化情報センターで行っている。実際に竹刀に触ったり、素振りができるとあって特に男の子は大喜びする。剣道クラブのメンバーは無償で協力してくれているのだが、「ベラルーシではまだ剣道の知名度が低いため、このような次世代に紹介できる場を作ってもらってありがたい」と逆に感謝された。このようにお互いにとってよい結果となるのは文化交流にとって理想だと思う。

20年近く日本文化紹介という仕事をしていて気がついたのは、発信された情報を受け止めるベラルーシ人の心の広さである。国際的な文化交流と言っても、受け入れる側が寛容でないと成功しない。その点ベラルーシ人は日本文化に限らず外国の文化を素直に知ろうとする姿勢を持っている。極端な外国人差別、言い換えればその民族が持つ文化や伝統なども拒否することも、そもそもベラルーシには少なかったし今も少ない。大陸の真ん中に位置し、陸続きで訪れる他民族を受け入れてきた長い歴史があるからだろう。

（辰巳雅子）

コラム11

ベラルーシにおける武道

花田朋子

ベラルーシでは旧ソ連時代からレスリング、ボクシングなどの格闘技が盛んで、武道は日本文化の中でも馴染みのある分野の一つである。空手や合気道のクラブが生徒を募集する広告を目にすることは珍しくなく、空手をやっていたので日本語で10まで数えられます、などという人に会うこともある。スポーツとして柔道や空手を始め、それで日本文化や日本自体への関心を持った、という話も聞く。こうした例は少数であるが、自分のやっているスポーツが日本のものだということは、多少なりとも意識する場合が多いのではないだろうか。

武道の中でも、オリンピック種目となっている柔道は別格で、ベラルーシでは武道ではなく、完全にスポーツとして行われていると言ってよいだろう。ベラルーシ国立体育大学では現在、レスリングなどと並び柔道が格闘技の専門科目となっている他、児童を対象とする公立のスポーツ学校でも選手養成が行われている。2004年のアテネ・オリンピックでは、男子100キロ級でベラルーシのイーゴリ・マカロフ選手が金メダルを獲得している。

空手は1960年代に旧ソ連に伝わり、ベラルーシでは1975年に国立体育大学で空手クラブが結成された。人的交流の少ない時代で、映画『姿三四郎』のビデオすら貴重な情報だったという。しかし空手は当局より「国家にとって危険な」種目として禁止されるに至り、1984〜1989年までの間、愛好者は他の競技を隠れ蓑にして空手を続けていた。現在では、ほとんどの学校にクラブがある人気種目となっており、学生や社会人に限らず、子どもの習い事としても代表的なものの一つである。

空手に次いで広がったのは、柔術を初めとする古武道や、合気道などである。一方、道具や指導者の確保が難しい種目は根付いていない。そんななかでも、剣道については少数ながら愛好者が存在する。ベラルーシを訪れた日本人や、日本に滞在したベラルーシ人を通じて少しずつ広がっていった模様である。近隣諸国の競技会で好成績を収める剣士も出ていると聞く。居合道も数名程度ではあるが、恒常的に練習を行うグループが存在する。2015年にはミンスクで、ベラルーシ初の日本人居合道家によるデモンストレーションとセミナーが実施された。一方、弓道、なぎなた、少林寺拳法などは、ベラルーシでは全く行われていない模様である。ただし、日本では一般人にあまり馴染みのない銃剣道では、2010年に日本の銃剣道連盟代表団がミンスクを訪れ、デモンストレーションを実施している。相撲は柔道同様、武道としての要素は薄く、スポーツ種目であるが、レスリング、柔道、サンボ（柔道などの各種格闘技を土台にソ連でつくられた種目）などの選手が掛け持ちで競技を行っており、二度の世界チャンピオンとなったベラルーシの女子選手もいる。

若干変わったところでは、ブレスト市に忍術を学ぶクラブがある。外国人にありがちな「ニンジャ」のまねごとではなく、戸隠流忍術・武《ぶ》神館《じんかん》の海外道場として、真面目に古武術を学んでいる。また最近では、日本の武道を元にしたスポーツ種目である「スポチャン」ことスポーツチャンバラも人気が出ている。剣道に比べて道具が比較的容易に入手でき、年齢・性別を問わず楽しめるということで、ヴィテプスクを中心に国内主要都市に広がっている。

50

チェルノブイリ支援を通じた日本とベラルーシの絆

★被爆国としての草の根支援★

ベラルーシは1986年にウクライナ共和国で発生したチェルノブイリ原発事故の最大の被害国である。同国南部のゴメリ州を中心に大量の汚染物質が降り注ぎ、住民に健康被害を引き起こしたばかりか、農業、林業をはじめとする地方産業に甚大な被害を及ぼした。汚染物質の70％がベラルーシに降り注ぎ、その範囲は住民180万人が居住する国土の22％に及んだ（第41章参照）。

放射能による影響は事故後30年になる現在でも払拭されておらず、地元住民は将来と健康に強い不安を抱えながら生活している。放射能は今後数十年にわたって残留すると言われ、健康被害は事故当時まだ生まれていなかった子や孫の代へと広がり続けている。

ソ連解体から25年以上がたち、経済は当初の混乱を脱し復興・発展に向かっているものの、医療分野に対しては十分な国家予算が割り当てられていないのが現状で、医療機材の老朽化は深刻な状態にある。現在も多くの人々が十分な治療が受けられないまま、その命を脅かされ続けている。

ベラルーシに対しては、日本のNGO・大学関係者を中心に

表　ベラルーシへの草の根・人間の安全保障無償資金協力実績

年度	件　名	金　額（ドル）
2004	ベトカ地区病院（ゴメリ州）	75,576
	チェチェルスク地区病院（〃）	80,725
2006	ブィホフ地区病院（モギリョフ州）	74,615
	コスチュコヴィチ地区病院（〃）	65,924
	スラヴゴロド地区病院（〃）	72,809
	ホイニキ地区病院（ゴメリ州）	68,019
2007	ドブルシュ地区中央病院（〃）	80,695
	ナロヴリャ地区病院（〃）	80,599
	コルマ地区病院（〃）	80,669
2008	ブダ・コシェリョヴォ地区中央病院（〃）	76,473
	ゴメリ州小児病院（〃）	69,606
	エリスク地区中央病院（〃）	80,921
	ブラギン地区中央病院（〃）	85,191
	ロエフ地区中央病院（〃）	74,739
2009	ドブルシュ地区中央病院（〃）	96,648
	カリンコヴィチ地区中央病院（〃）	94,592
	クリチェフ地区中央病院（モギリョフ州）	96,124
	ベラルーシ赤十字社	96,563
	ロエフ地区中央病院（ゴメリ州）	96,554
2010	ピンスク地区中央病院（ブレスト州）	100,385
	エリスク地区中央病院（ゴメリ州）	106,331
	ゴメリ州小児病院	106,326
	レリチツィ地区中央病院（ゴメリ州）	99,489
2011	モギリョフ州がん診療所	109,556
	ヴィテプスク州内分泌診療所	85,542
2012	エリスク地区中央病院（ゴメリ州）	19,718
	モズィリ市病院（〃）	93,620
	ブレスト州内分泌診療所	100,215
2013	ゴメリ州第二次世界大戦障害者病院	108,651
	モズィリ市産院（ゴメリ州）	100,548
	ソリゴルスク地区中央病院（ミンスク州）	99,551
	ブダ・コシェリョヴォ地区中央病院（ゴメリ州）	59,744
2014	子どもリハビリ健康改善センター「シジェーリニキ」（ゴメリ州）	89,860
2015	モギリョフ第8病院第6支部	55,600
	ブレスト州病院	35,972
	ルニネツ地区中央病院	35,476
2016	ミンスク市臨床腫瘍予防診療所	80,332
	チェチェルスク地区中央病院（ゴメリ州）	74,748
	ゴメリ市第4病院	80,120
	合　計	3,188,826

献身的に働く医師たち（ナロヴリャ病院にて、2008 年 1 月）

民間レベルの支援活動が行われる一方、日本政府は草の根・人間の安全保障無償資金協力プロジェクトを活用し、放射能汚染を受けた地域に位置する病院に対し、医療機材の供与を実施している。２０１６年度までに39件、総額３１９万ドルの医療機材を供与した。

筆者は、２００６年～２００８年にかけて在ベラルーシ日本国大使館に専門調査員として赴任し、「草の根支援」に携わる機会に恵まれた。赴任中、汚染地域に位置する地方病院をいくつか訪問した。

チェルノブイリ原発事故で、最も深刻な汚染被害を受けたのは、ウクライナに隣接し、当時風下に位置したゴメリ州である。その北のモギリョフ州もゴメリ州に次ぐ汚染を受けた。主な地場産業には農業、畜産、林業などがあるが、農産物、乳製品、精肉、木材とも放射能汚染値が一定量を超えるものは廃棄されるため、産業の振興は容易ではない。このため労働力の流出が続いており、強度の汚染地域からの移住とも相まって、住民数が激減している。ゴメリ州の人口は、かつての１６７万人（１９８５年1月1日時点）から１４２万人（２０１５年1月1日時点）、モギリョフ州の人口は、事故前の１２７万人（同）から１０７万人（同）まで減少している。一方で年金生活者などの社会的弱者が人口に占める割合は相対的に増加し、なかには住民全体に占める年金生活者の割合が50％にのぼる地区もある。

経済苦や将来を悲観して、アルコール依存症や薬物依存症になる者も多く、子供たちが両親に扶養能力がない社会的孤児になっている。また麻薬常習者やエイズ患者も増えてきている。死亡率も国全体を大きく上回る。

消滅した村の墓碑が並ぶ（モギリョフ州スラヴゴロド、2008年3月）

チェルノブイリから約70キロメートルにあるナロヴリャ地区（ゴメリ州南部）の人口は、かつての2・2万人から1・1万人（同）まで減少した。病院は中度汚染地域（5～15キュリー／平方キロメートル）にあるが、地区内には誰も住めず、廃村となった強度の汚染地域が存在する。地区住民の高齢化が進んでおり、罹病率が高い。扶養者を失った子供たちを病院が養っている。

ドブルシ地区（ゴメリ州南部）の人口も、事故前の5・6万人から3・7万人（同）に減少した。地区住民の健康状態は悪化しており、ガンの発症率は最近20年間で人口1000人あたり3・0から4・7、結核は0・7から0・9人に増加している。死亡率も13・1から21・6に悪化している。

強い放射能汚染のため立ち入り禁止になっている一帯。車両は通過のみ可能（モギリョフ州コスチュコヴィチ付近、2008年5月）

ウクライナと国境を接し、チェルノブイリ原発に近いホイニキ地区。ここには強い放射能汚染のため立ち入り禁止になっている区域、通称「30キロメートルゾーン」が広がる。当局の許可を受けて入ると、廃墟となった家屋や崩壊しそうな建物がそのまま残り、それまでの光景は一変する。所々に廃村となった村の名前と強制移住させられた住民数、その日付が記された碑や看板が立てられ、そこに人が住んでいたことを記録する。土壌や動植物の放射能汚染レベルは依然として高い。「30キロメートルゾーン」のような、強い放射能汚染のため現在も立ち入り禁止になっている区域は、チェルノブイリ原発に近いところだけでなく、事故当時風下に位置したゴメリ北のヴェトカ周辺やモギリョフ州のコスチュコヴィチ周辺などにも広がる。立ち入り禁止区域を含む放射能汚染の範囲（セシウム137の汚染地域）は国土の約15％、3万平方キロメートルに及ぶ。なかでも、大量の汚染物質が降り注いだゴメリ州の放射能汚染の範囲（セシウム137の汚染地域）は州全体の約45％、1・8万平方キロメートル、モギリョフ州は州全体の約27％、7900平方キロメートルに及ぶ（2012年1月1日時点、ベラルーシ国民統計委員会『ベラルーシ共和国における環境保護』（2015））。

いま、医師らを悩ませているのが、放射能汚染との因果関係が立証されていないガンや疾患の増加である。放射能汚染に直接関係する甲状腺ガンは近年収まる傾向にあるが、医学的に因果関係が未だ立証されていない各種のガンや心臓疾患、免疫系の疾患、糖尿病の発症率は汚染地域住民の間で増える傾向にある。目や耳の不自由な人も増えている。生まれつき障害のある子が増えているとの報告もある。ある地区の病院長は「甲状腺ガンは、年に2～3人の割合で見つかっていたが、ここ数年は年に1件見つかるかどうか。しかし発ガン率は増加しており、年平均40件のガンが見つかっている」と話す。医師らは、事故と無関係ではないと考えている。また別の病院長は「事故前は糖尿病を患う人や目の不自由な人はいなかった。それが事故後、そうした病気を発症する人が増えている」と語る。

健康被害を受けた患者のカルテ（ナロヴリャ病院にて、2007年9月）

ドイツやイタリアを中心とする外国の人道支援団体による医薬品、医療機材の支援が行われているが、どの病院も支援が十分に行き渡っているとは言えない。機材は基本的に揃っているものの、老朽化が進んでおり、多くの住民が十分な治療が受けられないままにある。超音波診断装置などの最新の検診機器があれば、住民の健康診断でガンを早期に発見することができ、治療を受けさせることができるが、老朽化した機材では正確かつ最新の診断を行うことは困難であり、新しい機材を購入する余力もない。

そうした地方病院の窮状を踏まえて、日本政府の「草の根支援」は実施されている。1病院あたり1000万円（約10万ドル）という上限のなかで、各病院の要請に基づいて、超音波診断装置や腹腔鏡、除細動器、内視鏡などの医療機材を供与している。診断・治療レベルの向上につながる医療機材供与は、住民レベルに直接裨益する支援として、当地において非常に高い評価を得ている。

ベラルーシに対しては欧米諸国がルカシェンコ大統領の強権体制を批判し交流を制限している。日本も交流や支援を事実上制限している。そうしたなかで、草の根・人間の安全保障無償資金協力はベラルーシへの唯一の支援スキームとなっている。

2011年に福島第一原発事故が起きると、日本に向けられる視線は一変した。支援する側から支援される側となったからだ。日本では、福島をきっかけに、チェルノブイリ原発事故の対応や教訓を学ぼうという動きが広がった。「今度は自分たちが支援する番」だとして、ベラルーシは、毎年夏に福島や宮城の子どもたちをベラルーシでの保養に招待するなどの支援を行っている。

事故レベルの違いはあるものの、日本とベラルーシは同じ被ばく国である。チェルノブイリ原発事故で被害を受けた人々の苦しみは、日本人にとっても他人事ではない。放射能による健康被害が広がり続けるなかで、医療環境改善を通じた被災地域支援の必要性は高い。今後も支援が続くことを期待する。そして、一人でも多くの人の命が救われることを願う。

（齋藤大輔）

おわりに

本書に目を通した読者の方々はベラルーシについてどのようなイメージを抱かれたでしょうか。日本ではあまり馴染みのある国ではありませんが、戦争や原発事故で大きな被害を受けた地域ということ、「独裁者」のルカシェンコ大統領の統治が続いていることは比較的よく知られています。いくつもの言語・宗教が複雑に入り混じる東欧地域においてベラルーシ人が他と比べて寛容で忍耐強い性格を示してきたこと、その裏面としてベラルーシ人が民族・国民としてのアイデンティティを今にいたるまで確固たるものとして得られていないことは、この地域について関心の深い読者には知識があるかもしれません。今日においてこうしたイメージはベラルーシについて日本人が抱きうる一種のステレオタイプとなっており、そうしたイメージが形成されてきた経緯には、私のようなベラルーシ研究者もまた大きく関わってきました。もちろんベラルーシについての基礎知識として正しいことはより多くの人に知ってもらう必要があり、本書においてもそれらは各分野でバランスよく記述できたのではないかと思います。しかしベラルーシ語や伝統文化を「オシャレ」なものと見なす都市の若者たち、世界的に流行した戦車ゲームを産み出したIT産業、農村で試みられるエコツーリズムなど、最新のベラルーシ情報のなかには従来のステレオタイプを揺るがすようなエピソードも含まれています。新しい話題なだけに数十年後にはどのように位置付けられるか分かりませんが、それを予想して楽しむのも本書の醍醐味の一つだと言えます。

本書が刊行されるまでには多くの方にお世話になりました。研究者だけではなく、バレエ、スポーツ、文化交流、日本語教育などの分野で日本とベラルーシをつなぐ活動をされてきた方々が執筆陣に加わってくださったことは大きな喜びでした。正直これほど多くの分野で両国に接点があるとは思っていませんでした。明石書店の小林洋幸氏と佐藤和久氏には担当編集者として常に迅速かつ的確な対応をしていただきました。惜しくも刊行された本書を見ることなく急逝された小林氏には心から追悼の意を表します。

越野　剛

ベラルーシを知るための参考文献

●全般的な参考図書

森安達也編『スラヴ民族と東欧ロシア』（民族の世界史10）、山川出版社、1986年。

伊東孝之・中井和夫・井内敏夫編『ポーランド・ウクライナ・バルト史』山川出版社、1998年。

黒田龍之助『ベラルーシ語基礎1500語』大学書林、1998年。

服部倫卓『不思議の国ベラルーシ――ナショナリズムから遠く離れて』岩波書店、2004年。

服部倫卓『歴史の狭間のベラルーシ』（ユーラシア・ブックレットNo．68）、東洋書店、2004年。

加賀美雅弘・木村汎編『朝倉世界地理講座10　東ヨーロッパ・ロシア』朝倉書店、2007年。

北海道大学スラブ研究センター監修／松里公孝編『講座　スラブ・ユーラシア学　第3巻　ユーラシア――帝国の大陸』講談社、2008年。

『世界の車窓からDVDブックNO．39：ベラルーシ・リトアニア・ラトビア・エストニア』朝日新聞出版、2011年。

服部倫卓『ウクライナ・ベラルーシ・モルドバ経済図説』（ユーラシア・ブックレットNo．170）、東洋書店、2011年。

早坂眞理『ベラルーシ――境界領域の歴史学』彩流社、2013年。

『世界地名大事典』（第4～6巻：ヨーロッパ・ロシア）、朝倉書店、2016年。

Ⅰ　ベラルーシの国土と歴史

服部倫卓『不思議の国ベラルーシ――ナショナリズムから遠く離れて』岩波書店、２００４年。〔１〕
服部倫卓「ベラルーシ」『朝倉世界地理講座10　東ヨーロッパ・ロシア』朝倉書店、２００７年。〔１〕
G・ヴェルナツキー著／松木栄三訳『東西ロシアの黎明――モスクワ公国とリトアニア大公国』風行社、１９９９年。〔２〕
早坂眞理『ベラルーシ――境界領域の歴史学』彩流社、２０１３年。〔２、４〕
伊東孝之、井内敏夫、中井和夫編『ポーランド・ウクライナ・バルト史』山川出版社、１９９８年。〔３〕
福嶋千穂『ブレスト教会合同』（ポーランド史叢書１）群像社、２０１５年。〔３〕
梶さやか「ヴィルノ大学とロマン主義知識人」橋本伸也編著『ロシア帝国の民族知識人――大学・学知・ネットワーク』昭和堂、２０１４年。〔４〕
梶さやか「『農民の真理』（１８６２～６３年）とカリノフスキ――民衆言語で書くということ」『欧米言語文化論集Ⅱ』岩手大学人文社会科学部国際文化課程欧米言語文化コース、２０１５年。〔４〕
服部倫卓『歴史の狭間のベラルーシ』（ユーラシア・ブックレットNo．68）、東洋書店、２００４年。〔５〕
ティモシー・スナイダー著／布施由紀子訳『ブラッドランド――ヒトラーとスターリン 大虐殺の真実（上・下）』筑摩書房、２０１５年。〔５〕
M・ゴルバチョフ著／工藤精一郎・鈴木康雄訳『ゴルバチョフ回想録（下巻）』新潮社、１９９６年。〔６〕
中澤孝之『ベロヴェーシの森の陰謀』潮出版社、１９９９年。〔６〕
伊東一郎「〈白ロシア〉の起源――地名・民族名称と色彩方位観」松原正毅編『人類学とは何か』日本放送出版協会、１９８９年。〔７〕
高尾千津子「内なる境界――ロシアユダヤ人の地理空間」松里公孝編集『講座 スラブ・ユーラシア学 第３巻 ユーラシア――帝国の大陸』講談社、２００８年。〔８〕
マルク・シャガール著／三輪福松・村上陽通訳『シャガール　わが回想』（美術選書）、美術出版社、１９６５年。〔９〕
モニカ・ボーム＝デュシェン著／高階絵里加訳『岩波　世界の美術　シャガール』岩波書店、２００１年。〔９〕
ジム・コーガン、ウィリアム・クラーク『レコーディング・スタジオの伝説――20世紀の名曲が生まれた場所』スペー

スシャワーネットワーク、2009年。〔10〕
本間ひろむ『ユダヤ人とクラシック音楽』光文社新書、2014年。〔10〕
『世界地名大事典 第4〜6巻（ヨーロッパ・ロシア）』朝倉書店、2016年。……服部がベラルーシのすべての都市についての解説を執筆。〔12〕
篠田謙一『日本人になった祖先たち DNAから解明するその多元的構造』NHK出版、2007年。〔コラム1〕
ミシェル・パストゥロー著／松村剛監修『紋章の歴史――ヨーロッパの色彩とかたち』創元社、1997年。〔コラム4〕

Ⅱ ベラルーシの国民・文化を知る

越野　剛「ベラルーシ人の曖昧な自己意識と曖昧な他者意識――ヤンカ・クパーラの戯曲『地元の人々』を中心に」『SLAVIANA』第19号、2004年。〔15〕
三谷恵子『スラヴ語入門』三省堂、2011年。〔16〕
「東スラヴ諸語比較対象研究」班編著『現代ベラルーシ語対照文法』神戸市外国語大学研究所、1995年。〔16〕
清沢紫織「ベラルーシ語はなぜ危機言語なのか――国勢調査にみるベラルーシ共和国の言語状況」日本スラヴ人文学会『スラヴィアーナ』第4号、2012年。〔17〕
清沢紫織「現代ベラルーシの教育分野における言語政策及び言語状況」日本スラヴ人文学会『スラヴィアーナ』第6号、2014年〔17〕
伊東一郎編『ロシアフォークロアの世界』群像社、2005年。〔18〕
服部倫卓「ベラルーシ国民史におけるユニエイト教会の逆説」北海道大学スラブ研究センター監修・松里公孝編『講座スラブ・ユーラシア学 第3巻　ユーラシア――帝国の大陸』講談社、2008年。〔19〕
リホール・バラドゥーリン著／越野剛訳『風に祈りを』春風社、2007年。〔21〕
越野　剛「災厄によって災厄を思い出す――ベラルーシにおける戦災と原発事故の記憶」寺田匡宏編著『災厄からの立ち直り』あいり出版、2016年。〔22〕
越野　剛「チェルノブイリ原発事故と記憶の枠組み――ベラルーシを中心に」川喜田敦子・西芳実編著『歴史としての

レジリエンス：戦争・独立・災害』京都大学学術出版会、２０１６年。〔22〕
ＤＶＤ『炎６２８』（１９８５年、ソ連、エレム・クリモフ監督）発売元：アイ・ヴィー・シー。〔23〕
ＤＶＤ『ナージャの村』（日本、本橋成一監督）発売元：ポレポレタイムス社、１９９７年。〔23〕
ＤＶＤ『アレクセイと泉』（日本、本橋成一監督）発売元：ポレポレタイムス社、２００２年。〔23〕
Мушинская, Т. М. *Валентин Елизарьев*, Минск, изд. «Беларусь», 1997. на белорусском, русском и английском языках. 〔24〕
Мушинская, Т. М. *Валентин Елизарьев, второе, дополненное издание*, Минск, изд. «Беларусь», 2003. на белорусском, русском и английском языках. 〔24〕
誠文堂新光社編『世界のじゃがいも料理――南米ペルーからヨーロッパ、アジアへ。郷土色あふれる１００のレシピ』誠文堂新光社、２０１５年。〔26〕
服部倫卓『不思議の国ベラルーシ――ナショナリズムから遠く離れて』岩波書店、２００４年。〔30〕
清沢紫織、臼山利信、ラムザ・タッチャーナ「日本におけるベラルーシ語事情――ベラルーシ文学の邦訳とベラルーシ語教育を中心として」一般社団法人日本外国語教育推進機構（ＪＡＣＴＦＬ）『複言語・多言語教育研究』第４号、２０１７年。〔コラム７〕

Ⅲ　ベラルーシの政治・経済事情

半田美穂「２０１０年ベラルーシ大統領選挙――ルカシェンコ大統領４選の軌跡」『ロシアＮＩＳ調査月報』２０１１年３月号。〔33〕
The International Institute of Strategic Studies, *The Military Balance 2017*, Routledge, 2017. 〔34〕
ベラルーシ国防省公式サイト <http://www.mil.by/ru/>〔34〕
齋藤大輔「ベラルーシ管理経済の内実」『ロシアＮＩＳ調査月報』２００１年３月号。〔36〕
齋藤大輔「ベラルーシ企業訪問記――ベルシナ・ヒムヴォロクノ・アムコドール」『ロシアＮＩＳ調査月報』２０１１年４月号。〔36〕
服部倫卓「ベラルーシの民営化・外資政策の急転換」『ロシアＮＩＳ経済速報』（No.1529）、２０１１年５月25日号。

〔36〕
齋藤大輔「危機に入ったベラルーシ」『ロシアＮＩＳ調査月報』２００９年1月号。〔37〕
齋藤大輔「もう1つのガス紛争――ベラルーシの瀬戸際戦術」『ロシアＮＩＳ経済速報』(No.1467)、２００９年7月5日号。〔37〕
齋藤大輔「ベラルーシ管理経済の内実」『ロシアＮＩＳ調査月報』２０１１年3月号。〔37〕
服部倫卓「農業・食品産業から読み解くベラルーシ」『ロシアＮＩＳ調査月報』２０１７年1月号。〔38〕
服部卓倫「急成長するベラルーシのＩＴアウトソーシング」『ロシアＮＩＳ調査月報』２０１５年6月号。〔40〕
今中哲二・原子力資料情報室『「チェルノブイリ」をみつめなおす――20年後のメッセージ』原子力資料情報室、２００６年（http://www.rri.kyoto-u.ac.jp/NSRG/etc/Che20Final20060406-a.pdf）。〔41〕
服部倫卓「ロシア・ベラルーシ連合はＣＩＳ統合の牽引車か」田畑伸一郎・末澤恵美編『ＣＩＳ――旧ソ連空間の再構成』国際書院、２００４年。〔42〕
服部倫卓「ルカシェンコ五選とベラルーシの政治経済体制」『ロシアＮＩＳ経済速報』(No.1674)、２０１５年10月15日号。〔42〕
アンドレス・カセカンプ著／小森宏美・重松尚訳『バルト三国の歴史――エストニア・ラトヴィア・リトアニア 石器時代から現代まで』（世界歴史叢書）、明石書店、２０１４年。〔45〕

Ⅳ 日本とのかかわり

伊藤一哉『ロシア人の見た幕末日本』吉川弘文館、２００９年。〔46〕
グザーノフ著／神崎昇訳『白ロシアのオデッセイ――初代駐日領事・ゴンシケヴィチの生涯』ゴンシケヴィチを顕彰する会、１９８５年。〔46〕
沢田和彦『日露交流都市物語』成文社、２０１４年。〔46〕
中村喜和『ロシアの空の下』風行社、２０１４年。〔46〕
ワジム・Yu・クリモフ「最初の駐日ロシア領事、ヨシフ・アントノヴィチ・ゴンシケヴィチ」『東京大学史料編纂所研究紀要』

第17号、２００７年。〔46〕
新美南吉著／辰巳結重、ニコライ・プルドニコフ訳／日本文化情報センター編集「Лисёнок Гон　ごんぎつね　新美南吉ロシア語訳童話集」Красико-Принт 発行　２０１６年。〔49〕
CD「Месяц і сонца　月と日」Зьміцер Вайцюшкевіч & WZ-Оркiестра West Records ２００５年。〔49〕
齋藤大輔「ベラルーシの原発問題――チェルノブィリの悲劇と新規建設計画」『ロシアＮＩＳ調査月報』２０１０年７月号。〔50〕
服部倫卓『不思議の国ベラルーシ――ナショナリズムから遠く離れて』岩波書店、２００４年。〔コラム11〕

●た行

クズネツォフ，K.　166
クラフチェンコ，P.（クラウチャンカ，P.）　53
クラフチューク，L.　48-52
グラボフスキー，M.（フラボウスキ，M.）　121, 184
グリゴローヴィチ，Yu.　167
クリムコヴィチ，M.（クリムコヴィチ，M.）　212
クリムチューク，F.（クリムチューク，F.）　146
クリモフ，E.　159
クレイチク，A.　161
ゲディミナス　24
ケビッチ，V.（ケビッチ，V.）　47, 51, 216, 234
ゲーリング，H.　101
クパーラ，Ya.（クパーラ，Ya.）　110-112, 149-150
クレイチク，A.（クレイチク，A.）　161
グレブ，A.（フレブ，A.）　185
グレンコ，S.（フレンカ，S.）　186
グロブス，A.（フロブス，A.）　112, 151
コヴァリョフ，M.（カヴァリョウ，M.）　308
ゴシケーヴィチ，I.（ハシケーヴィチ，I.）　296-301, 302
コシュチューシコ，T.　33, 90
コット，A.　159
コヤロヴィチ，M.（カヤロヴィチ，M.）　41
コーラス，Ya.（コーラス，Ya.）　121, 128, 149, 158
コルシ＝サブリン，V.（コルシ＝サブリン，U.）　159
ゴルバチョフ，M.　46-47, 49-51, 144, 154,
ゴルブ，L.（ホルブ，L.）　159
コロチキナ，L.（コラチキナ，L.）　101
コロトキナ，A.（カロトキナ，G.）　315
コロトケヴィチ，V.（カラトケヴィチ，U.）　88, 102, 150, 160
ゴンチャレンコ，V.（ハンチャレンカ，V.）　185
ゴンチャロフ，V.（ハンチャロウ，U.）　187

●さ行

ジェヴャトフスキー，V.（ジェヴャトウスキ，V.）　187
シェリャゴヴィチ，N.（シェリャホヴィチ，M.）　144-146
ジェルジンスキー，F.（ジャルジンスキ，F.）　233-234
シェレール，O.　195
シチェルボ，V.（シチェルバ，V.）　187
シメオン・ポロツキー（シミャオン・ポラツキ）　148
シャガール，M.　60, 62, 68-73, 86, 162
シャフライ，S.　51

■人　名

184-185
ポレシエ（パレッセ） 17, 19, 26, 88, 97, 114, 131, 142-146, 150, 297
ポロツク（ポラツク） 20-22, 28-30, 33, 34-36, 55-57, 80, 89-92, 97, 109, 133, 138, 147, 167

●ま行

マリ（マリ） 298-300
ミオールィ（ミョールイ） 95
ミール（ミール） 61, 94-97
ミンスク（ミンスク） 14, 20, 29, 33, 37, 43-45, 60-64, 66-67, 80-84, 86, 92, 103, 110-112, 124, 127-129, 131, 147, 150-151, 158-159, 162, 164-165, 177, 184-185, 193-196, 200-201, 203-207, 219-220, 234, 241, 244-245, 262, 288, 296, 300, 302-303, 307-311, 313-314, 319
ムスチスラヴリ（ムスチスラウ） 29, 33, 62, 92-93
メドヴェジエ（ミャドヴェジャ） 276-278
モギリョフ（マヒリョウ）…州を含む 16, 30, 37, 60, 62, 75, 82, 85-87, 92, 215, 267, 322
モズィリ（マズィル） 89, 241
モスクワ 24, 28, 30-31, 35, 46, 50, 55-59, 64, 71, 81, 88, 99, 148, 166-167, 170, 203, 210, 233, 288,
モトリ（モタリ） 62, 77-78
モロジェーチノ（マラジェーチナ） 89

●ら行

リオズノ（リョズナ） 62, 69
リガ 293
リダ（リダ） 89
ルシキ（ルシキ） 62
ルジャヌイ（ルジャヌイ） 62
レチツァ（レチツァ） 90
レニングラード →サンクトペテルブルグ

●わ行

ワルシャワ 282

●さ行
サニコヴォ（サニコヴァ） 276-278
サンクトペテルブルグ 69-70, 86, 152, 158, 167, 296-299, 304
ジェルジンスカヤ山（ジャルジンスカヤ山） 16
ジェルジンスク（ジャルジンスク） 233-234
ジョジノ（ジョジナ） 90
ジロビン（ジロビン） 90
スヴェトロゴルスク（スヴェトラホルスク） 90, 305
スミロヴィチ（スミラヴィチ） 62
スモレンスク 21, 23, 31, 57, 82,
スルツク（スルツク） 90, 189-191
ソジ川（ソジ川） 16, 85
ソリゴルスク（サリホルスク） 89

●た行
ダウガフピルス 292-293
タリン 293
チャシニキ（チャシニキ） 62
テレスポール 287-288
ドヴィンスク → ダウガフピルス
トゥーロフ（トゥーラウ） 20-22
ドニエプル川（ドニャプロ川） 16-17, 19-20, 80, 85, 90, 130
ドブルシ（ドブルシ） 323
トラカイ 60
トロチン（タラチン） 75

●な行
ナロヴリャ（ナロウリャ） 323-325
西ドヴィナ川（西ドヴィナ川） 16, 86, 130
西ブグ川（西ブグ川） 16, 288
ニョーマン川（ニョーマン川） 16-17, 19, 86, 130
ネスヴィジ（ニャスヴィジ） 30, 94-97, 148
ノヴォグルドク（ナヴァフルダク） 20, 23, 29-30, 33, 97, 100
ノヴォポロツク（ナヴァポラツク） 89
ノヴゴロド 22, 56,

●は行
バラノヴィチ（バラナヴィチ） 88, 92-93
ピンスク（ピンスク） 20, 30, 33, 60, 88, 148
プスコフ 55
プラハ 31, 35
プリピャチ 266
プリピャチ川（プルィピャチ川） 16-17, 19, 88,130
ブレスト（ブレスト）…州を含む 20, 29-30, 33, 44, 60, 62, 81, 87-88, 98, 137, 159, 288, 319
ペトログラード →サンクトペテルブルグ
ベレジナ川（ビャレジナ川） 16, 88
ホイニキ（ホイニキ） 296
ボブルイスク（バブルイスク） 30, 87-88
ボリソフ（バルィサウ） 88, 92,

地名・人名索引

以下に掲載するのは、本書に登場する地名と人名の索引です。ベラルーシの地名・人名だけでなく、同国と関係の深い周辺国の地名・人名も含んでいます。ベラルーシの地名・人名については、ロシア語読みを見出しとしていますが、カッコ内にベラルーシ語読みも付記しています（ロシア語読みとベラルーシ語読みが同じの場合でも、あえて付記しています）。ただし、ごく一部のベラルーシ人の名前につき、ベラルーシ語読みが不明の場合があり、その場合には割愛しています。

■地　名

●あ行

イヴィエ（イウエ）　65-67
イヴェネツ（イヴャネツ）　233-234
ヴィシネヴォ（ヴィシネヴァ）　62
ヴィテプスク（ヴィツェプスク）　20, 29, 33, 37, 57, 60, 62, 68-73, 86, 92, 292, 315, 319
ヴィルニュス、ヴィルノ　23, 31, 33, 35, 38-41, 82, 134, 149, 289-292, 299
ヴェトカ（ヴェトカ）　104, 324
ヴォルィニ　29, 54
ヴォルコヴイスク（ヴァウカヴイスク）　92
ヴォロジン（ヴァロジン）　61
オストロヴェツ（アストラヴェツ）　251, 291, 299
オデッサ　62
オルシャ（オルシャ）　24, 30, 88-89, 92, 201, 219

●か行

キエフ　22-23, 29-31, 57, 64
クライペーダ　291
クラクフ　33, 35
クレヴォ（クレヴァ）　24
クレツク（クレツク）　92
グロドノ（フロドナ）…州を含む　20, 33, 40, 60, 86-87, 92, 97, 123, 149, 241, 261, 288, 290
コスチュコヴィチ（カスチュコヴィチ）324
コプィリ（カプィリ）　62
コブリン（コブルィン）　90
ゴメリ（ホメリ）…州を含む　18, 85-86, 92-93, 161, 164, 187, 194, 266-270, 276-277, 301, 320-326
ゴルキ（ホルキ）　41

花田　朋子（はなだ　ともこ）〔30、コラム 11〕
在ベラルーシ日本国大使館勤務。
【主要著作】
『冷戦下・ソ連の対中東戦略』（共訳、ガリア・ゴラン著、第三書館、2001 年）。

半田　美穂（はんだ　みほ）〔29、33、コラム 3、5、10〕
ミンスク国立言語大学日本語講師。
【主要著作】
「2010 年ベラルーシ大統領選挙――ルカシェンコ大統領 4 選の軌跡」（『ロシア NIS 調査月報』2011 年 3 月号）、『ロシアの歴史――ロシア中学・高校歴史教科書』（共訳、明石書店、2011 年）、「ベラルーシのロシア依存型経済――貿易・エネルギーを巡る関係」（『ロシア NIS 調査月報』2010 年 11 月号）。

福嶋　千穂（ふくしま　ちほ）〔2、3〕
東京外国語大学総合国際学研究院講師。
【主要著作】
『ブレスト教会合同』（ポーランド史叢書 1、群像社、2015 年）、「近世ルテニアの啓蒙・教育活動と宗派共同体――「正教スラヴ」ネットワークの中で」（橋本伸也編『ロシア帝国の民族知識人――大学・学知・ネットワーク』昭和堂、2014 年）、「「ハジャチ合意（1658-59 年）」にみるルテニア国家の創出」（『史林』第 93 巻、第 5 号、2010 年）。

古澤　晃（ふるさわ　あきら）〔25〕
ベラルーシ国立大学文学部日本語講師。
【主要著作】
『海外戯曲アンソロジー I　海外現代戯曲翻訳集〈国際演劇交流セミナー記録〉』（共訳、日本演出家協会、2007 年）

松田　弘（まつだ　ひろし）〔9〕
呉市立美術館長。
【主要著作】
「シャガールとロシア美術　創造の源泉としてのイコンとルボーク」（『ポンピドーセンター＆シャガール家秘蔵作品　マルク・シャガール展』図録、日本テレビ放送網、2002 年）

渡部　美季（わたなべ　みき）〔24〕
渡部ブーベル・バレエアカデミー主宰、日本バレエ協会会員、元ベラルーシ国立ミンスクボリショイバレエ学校講師。

高尾　千津子（たかお　ちづこ）〔8〕
東京医科歯科大学教養部教授。
【主要著作】
「内戦期シベリア、極東における反ユダヤ主義 1918-1922」（『ユダヤ・イスラエル研究』29 号、2015 年）、『ロシアとユダヤ人　苦悩の歴史と現在』（東洋書店、2014 年）、『ソ連農業集団化の原点――ソヴィエト体制とアメリカユダヤ人』（彩流社、2006 年）。

田口　雅弘（たぐち　まさひろ）〔44〕
岡山大学大学院社会文化科学研究科教授。
【主要著作】
『現代ポーランド経済発展論　成長と危機の政治経済学』(岡山大学経済学部、2013 年)、'Mechanizm upadku socjalistycznego systemu gospodarczego', *Ekonomia* (Faculty of Economic Sciences, Nr 26,Warsaw University, Poland, 2011),『ポーランド体制転換論　システム崩壊と生成の政治経済学』（御茶の水書房、2005 年）。

辰巳　雅子（たつみ　まさこ）〔49〕
ボランティア団体チロ基金代表・日本文化情報センター代表。1995 年からベラルーシ共和国ミンスク在住。
【主要著作】
『自分と子どもを放射能から守るには』（訳書、ウラジーミル・バベンコ、ベルラド放射能安全研究所共著、今中哲二監修、世界文化社、2011 年）。

中澤　孝之（なかざわ　たかゆき）〔6〕
日本対外文化協会理事（元時事通信社外信部長、元新潟女子短大［現新潟県立大学］教授）。
【主要著作】
『ロシア革命で活躍したユダヤ人たち――帝政転覆の主役を演じた背景を探る』（角川学芸出版、2011 年）、『資本主義ロシア――模索と混乱』（岩波新書、1994 年）、『ブレジネフ体制のソ連――テクノクラート政治の権力構造』（サイマル出版会、1975 年）。

野町　素己（のまち　もとき）〔16、20〕
北海道大学スラブ・ユーラシア研究センター教授。
【主要著作】
Slavic in the Language Map of Europe (co-edited by Andrii Danylenko, De Gruyter Mouton, Berlin/New York, 2018). *The Palgrave Handbook of Slavic Languages, Identities and Borders* (co-edited by Tomasz Kamusella and Catherine Gibson, Palgrave McMillan, New York, 2016), *Grammaticalization and Lexicalization in the Slavic Languages* (co-edited by Andrii Danylenko and Predrag Piper, Verlag Otto Sagner, München, 2014).

＊**服部　倫卓**（はっとり　みちたか）〔1、5、10、11、12、13、19、27、31、35、38、39、40、42、43、45、コラム 1、4、9〕
編著者紹介参照。

清沢　紫織（きよさわ　しおり）〔17、26、コラム7〕
筑波大学大学院人文社会科学研究科博士課程。
【主要著作】
「言語の地位計画にみるベラルーシの国家語政策――ベラルーシ語とロシア語の法的地位をめぐって」（日本言語政策学会『言語政策』第13号、2017年）、『Спрабуйма!：日本人のためのベラルーシ語入門I』（タッチャーナ・ラムザとの共著、臼山利信監修、筑波大学グローバルコミュニケーション教育センター、2016年）、「現代ベラルーシの教育分野における言語政策及び言語状況」（日本スラヴ人文学会『スラヴィアーナ』第6号、2014年）。

倉田　有佳（くらた　ゆか）〔46〕
ロシア極東連邦総合大学函館校准教授。
【主要著作】
「ロシア系日本人――100年の歴史から見えてくるもの」（『移民・ディアスポラ研究5　マルチ・エスニック・ジャパニーズ　○○系日本人の変革力』明石書店、2016年）、「日本軍の保障占領末期に北樺太から日本へ避難・亡命したロシア人（1924-1925年）」（『異郷に生きるVI』成文社、2016年）、「ビリチとサハリン島――元流刑囚漁業家にとっての日露戦争」（『北海道大学スラブ研究センター　スラブ・ユーラシア叢書10　日露戦争とサハリン島』北海道大学出版会、2011年）。

小泉　悠（こいずみ　ゆう）〔34〕
公益財団法人未来工学研究所特別研究員。
【主要著作】
『大国の暴走』（共著、講談社、2017年）、『軍事大国ロシア』（作品社、2016年）、『プーチンの国家戦略』（東京堂出版、2016年）。

＊越野　剛（こしの　ごう）〔14、15、21、22、コラム2、6〕
編著者紹介参照。

斉藤　いづみ（さいとう　いづみ）〔28〕
一般社団法人 ロシアNIS貿易会ロシアNIS経済研究所嘱託。

齋藤　大輔（さいとう　だいすけ）〔28、32、36、37、50〕
一般社団法人ロシアNIS貿易会モスクワ事務所所長。
【主要著作】
『ロシアのことがマンガで3時間でわかる本』（明日香出版、2013年）、『ロシア極東ハンドブック』（東洋書店、2012年）、『ロシア・ビジネスのはじめ方』（東洋書店、2012年）。

斎藤　陽介（さいとう　ようすけ）〔コラム8〕
プロサッカー選手。横浜Fマリノス、FCウファなどを経て、2014年にベラルーシのFCスルツクでプレー。

仙台市文化観光局交流企画課（せんだいしぶんかかんこうきょくこうりゅうきかくか）〔48〕

【執筆者紹介】（〔　〕は担当章、50 音順、＊は編著者）

伊東　一郎（いとう　いちろう）〔7、18〕
早稲田大学名誉教授。
【主要著作】
『ヨーロッパ民衆文化の想像力――民話・叙事詩・祝祭・造形表現』（共著、言叢社、2013 年）、『子どもに語るロシアの昔話』（訳・再話、こぐま社、2007 年）、『ロシアフォークロアの世界』（編著、群像社、2005 年）。

今中　哲二（いまなか　てつじ）〔41〕
京都大学原子炉実験所研究員。
【主要著作】
『放射能と災厄――終わりなきチェルノブイリ原発事故の記録』（明石書店、2013 年）、『サイレントウォー――見えない放射能とたたかう』（講談社、2012 年）、『チェルノブイリ事故による放射能災害――国際共同研究報告書』（技術と人間、1998 年）。

岡田　邦生（おかだ　くにお）〔47〕
一般社団法人ロシア NIS 貿易会ロシア NIS 経済研究所所長。
【主要著作】
『ロシアビジネス成功の法則』（税務経理協会、2008 年）、『ロシア・CIS 経済ハンドブック』（全日出版、2002 年）、"The Japanese Economic Presence in the Russian Far East" (*Russia's Far East: A Region at Risk*, Edited by Judith Thornton and Charles E. Ziegler, The National Bureau of Asian Research in association with University of Washington Press, Seattle and London, 2002).

梶　さやか（かじ　さやか）〔4〕
岩手大学人文社会科学部准教授。
【主要著作】
『ポーランド国歌と近代史――ドンブロフスキのマズレク』（ポーランド史叢書 3、群像社、2016 年）、"Vilnius University and the Beginning of the Historical Research on Lithuania in the Early 19th Century" (*Kintančios Lietuvos visuomenė: struktūros, veikėjai, idėjos*, edited by Olga Mastianica, Virgilijus Pugačiauskas, and Vilma Žaltauskaitė, Lietuvos istorijos institutas, Vilnius, 2015),「ヴィルノ大学とロマン主義知識人」（橋本伸也編著『ロシア帝国の民族知識人――大学・学知・ネットワーク』昭和堂、2014 年）。

衣川　靖子（きぬがわ　やすこ）〔23〕
ロシア語翻訳者。
【主要著作】
「ロシアの保健医療事情と政策・制度の動向」（『海外社会保障研究』第 191 号、国立社会保障・人口問題研究所、2015 年）、「ベラルーシの言語事情――標準語の問題を中心に」（『スラヴィアーナ』第 20 号、東京外国語大学スラブ系言語文化研究会、2005 年）。

【編著者紹介】

服部 倫卓（はっとり　みちたか）

一般社団法人ロシアNIS貿易会・ロシアNIS経済研究所副所長。

1964年生まれ。東京外国語大学外国語学部ロシア語学科卒業。青山学院大学大学院国際政治経済学研究科修士課程修了。社団法人ソ連東欧貿易会・ソ連東欧経済研究所研究員、在ベラルーシ共和国日本国大使館専門調査員などを経て、2017年から現職。主な著書に、『不思議の国ベラルーシ――ナショナリズムから遠く離れて』（岩波書店、2004年）、『歴史の狭間のベラルーシ』（東洋書店、2004年）、『ウクライナ・ベラルーシ・モルドバ経済図説』（東洋書店、2011年）など。

ホームページは http://www.hattorimichitaka.com　ブログは http://hattorimichitaka.blog.jp

越野　剛（こしの　ごう）

北海道大学スラブ・ユーラシア研究センター准教授。

1972年生まれ。北海道大学大学院文学研究科博士課程単位取得退学。在ベラルーシ共和国日本国大使館専門調査員、日本学術振興会特別研究員、北海道大学スラブ研究センター助教などを経て、2013年から現職。

主な論文に「災厄によって災厄を思い出す――ベラルーシにおける戦災と原発事故の記憶」寺田匡宏編『災厄からの立ち直り』（あいり出版、2016年）、訳書に『リホール・バラドゥーリン詩集』（春風社、2007年）がある。

エリア・スタディーズ158
ベラルーシを知るための50章

2017年9月25日　初版 第1刷発行
2022年4月10日　初版 第3刷発行

編著者　服部倫卓
　　　　越野剛
発行者　大江道雅
発行所　株式会社 明石書店
〒101-0021 東京都千代田区外神田6-9-5
電話 03（5818）1171
FAX 03（5818）1174
振替　00100-7-24505
https://www.akashi.co.jp/
組版／装丁　明石書店デザイン室
印刷／製本　日経印刷株式会社

（定価はカバーに表示してあります）　ISBN978-4-7503-4549-9

エリア・スタディーズ

1 現代アメリカ社会を知るための60章
明石紀雄、川島浩平 編著

2 イタリアを知るための62章【第2版】
村上義和 編著

3 イギリスを旅する35章
辻野功 編著

4 モンゴルを知るための65章【第2版】
金岡秀郎 著

5 パリ・フランスを知るための44章
梅本洋一、大里俊晴、木下長宏 編著

6 現代韓国を知るための60章【第2版】
石坂浩一、福島みのり 編著

7 オーストラリアを知るための58章【第3版】
越智道雄 著

8 現代中国を知るための52章【第6版】
藤野彰 編著

9 ネパールを知るための60章
日本ネパール協会 編

10 アメリカの歴史を知るための63章【第3版】
富田虎男、鵜月裕典、佐藤円 編著

11 現代フィリピンを知るための61章【第2版】
大野拓司、寺田勇文 編著

12 ポルトガルを知るための55章【第2版】
村上義和、池俊介 編著

13 北欧を知るための43章
武田龍夫 著

14 ブラジルを知るための56章【第2版】
アンジェロ・イシ 著

15 ドイツを知るための60章
早川東三、工藤幹巳 編著

16 ポーランドを知るための60章
渡辺克義 編著

17 シンガポールを知るための65章【第5版】
田村慶子 編著

18 現代ドイツを知るための67章【第3版】
浜本隆志、髙橋憲 編著

19 ウィーン・オーストリアを知るための57章【第2版】
広瀬佳一、今井顕 編著

20 ハンガリーを知るための60章【第2版】 ドナウの宝石
羽場久美子 編著

21 現代ロシアを知るための60章【第2版】
下斗米伸夫、島田博 編著

22 21世紀アメリカ社会を知るための67章
明石紀雄 監修 赤尾千波、大類久恵、小塩和人、落合明子、川島浩平、高野泰 編

23 スペインを知るための60章
野々山真輝帆 著

24 キューバを知るための52章
後藤政子、樋口聡 編著

25 カナダを知るための60章
綾部恒雄、飯野正子 編著

26 中央アジアを知るための60章【第2版】
宇山智彦 編著

27 チェコとスロヴァキアを知るための56章【第2版】
薩摩秀登 編著

28 現代ドイツの社会・文化を知るための48章
田村光彰、村上和光、岩淵正明 編著

29 インドを知るための50章
重松伸司、三田昌彦 編著

30 タイを知るための72章【第2版】
綾部真雄 編著

31 パキスタンを知るための60章
広瀬崇子、山根聡、小田尚也 編著

32 バングラデシュを知るための66章【第3版】
大橋正明、村山真弓、日下部尚徳、安達淳哉 編著

33 イギリスを知るための65章【第2版】
近藤久雄、細川祐子、阿部美春 編著

34 現代台湾を知るための60章【第2版】
亜洲奈みづほ 著

35 ペルーを知るための66章【第2版】
細谷広美 編著

36 マラウィを知るための45章【第2版】
栗田和明 著

37 コスタリカを知るための60章【第2版】
国本伊代 編著

38 チベットを知るための50章
石濱裕美子 編著

エリア・スタディーズ

39 **現代ベトナムを知るための60章【第2版】**
今井昭夫、岩井美佐紀 編著

40 **インドネシアを知るための50章**
村井吉敬、佐伯奈津子 編著

41 **エルサルバドル、ホンジュラス、ニカラグアを知るための45章**
田中高 編著

42 **パナマを知るための70章【第2版】**
国本伊代 編著

43 **イランを知るための65章**
岡田恵美子、北原圭一、鈴木珠里 編著

44 **アイルランドを知るための70章【第3版】**
海老島均、山下理恵子 編著

45 **メキシコを知るための60章**
吉田栄人 編著

46 **中国の暮らしと文化を知るための40章**
東洋文化研究会 編

47 **現代ブータンを知るための60章【第2版】**
平山修一 著

48 **バルカンを知るための66章【第2版】**
柴宜弘 編著

49 **現代イタリアを知るための44章**
村上義和 編著

50 **アルゼンチンを知るための54章**
アルベルト松本 著

51 **ミクロネシアを知るための60章【第2版】**
印東道子 編著

52 **アメリカのヒスパニック＝ラティーノ社会を知るための55章**
大泉光一、牛島万 編著

53 **北朝鮮を知るための55章【第2版】**
石坂浩一 編著

54 **ボリビアを知るための73章【第2版】**
真鍋周三 編著

55 **コーカサスを知るための60章**
北川誠一、前田弘毅、廣瀬陽子、吉村貴之 編著

56 **カンボジアを知るための62章【第2版】**
上田広美、岡田知子 編著

57 **エクアドルを知るための60章【第2版】**
新木秀和 編著

58 **タンザニアを知るための60章【第2版】**
栗田和明、根本利通 編著

59 **リビアを知るための60章【第2版】**
塩尻和子 編著

60 **東ティモールを知るための50章**
山田満 編著

61 **グアテマラを知るための67章【第2版】**
桜井三枝子 編著

62 **オランダを知るための60章**
長坂寿久 著

63 **モロッコを知るための65章**
私市正年、佐藤健太郎 編著

64 **サウジアラビアを知るための63章【第2版】**
中村覚 編著

65 **韓国の歴史を知るための66章**
金両基 編著

66 **ルーマニアを知るための60章**
六鹿茂夫 編著

67 **現代インドを知るための60章**
広瀬崇子、近藤正規、井上恭子、南埜猛 編著

68 **エチオピアを知るための50章**
岡倉登志 編著

69 **フィンランドを知るための44章**
百瀬宏、石野裕子 編著

70 **ニュージーランドを知るための63章**
青柳まちこ 編著

71 **ベルギーを知るための52章**
小川秀樹 編著

72 **ケベックを知るための54章**
小畑精和、竹中豊 編著

73 **アルジェリアを知るための62章**
私市正年 編著

74 **アルメニアを知るための65章**
中島偉晴、メラニア・バグダサリヤン 編著

75 **スウェーデンを知るための60章**
村井誠人 編著

76 **デンマークを知るための68章**
村井誠人 編著

77 **最新ドイツ事情を知るための50章**
浜本隆志、柳原初樹 著

エリア・スタディーズ

117 **スリランカを知るための58章**
杉本良男、高桑史子、鈴木晋介 編著

118 **マダガスカルを知るための62章**
飯田卓、深澤秀夫、森山工 編著

119 **新時代アメリカ社会を知るための60章**
明石紀雄 監修　大類久恵、落合明子、赤尾千波 編著

120 **現代アラブを知るための56章**
松本弘 編著

121 **クロアチアを知るための60章**
柴宜弘、石田信一 編著

122 **ドミニカ共和国を知るための60章**
国本伊代 編著

123 **シリア・レバノンを知るための64章**
黒木英充 編著

124 **EU（欧州連合）を知るための63章**
羽場久美子 編著

125 **ミャンマーを知るための60章**
田村克己、松田正彦 編著

126 **カタルーニャを知るための50章**
立石博高、奥野良知 編著

127 **ホンジュラスを知るための60章**
桜井三枝子、中原篤史 編著

128 **スイスを知るための60章**
スイス文学研究会 編

129 **東南アジアを知るための50章**
今井昭夫 編集代表　東京外国語大学東南アジア課程 編

130 **メソアメリカを知るための58章**
井上幸孝 編著

131 **マドリードとカスティーリャを知るための60章**
川成洋、下山静香 編著

132 **ノルウェーを知るための60章**
大島美穂、岡本健志 編著

133 **現代モンゴルを知るための50章**
小長谷有紀、前川愛 編著

134 **カザフスタンを知るための60章**
宇山智彦、藤本透子 編著

135 **内モンゴルを知るための60章**
ボルジギン・ブレンサイン 編著　赤坂恒明 編集協力

136 **スコットランドを知るための65章**
木村正俊 編著

137 **セルビアを知るための60章**
柴宜弘、山崎信一 編著

138 **マリを知るための58章**
竹沢尚一郎 編著

139 **ASEANを知るための50章**
黒柳米司、金子芳樹、吉野文雄 編著

140 **アイスランド・グリーンランド・北極を知るための65章**
小澤実、中丸禎子、高橋美野梨 編著

141 **ナミビアを知るための53章**
水野一晴、永原陽子 編著

142 **香港を知るための60章**
吉川雅之、倉田徹 編著

143 **タスマニアを旅する60章**
宮本忠 著

144 **パレスチナを知るための60章**
臼杵陽、鈴木啓之 編著

145 **ラトヴィアを知るための47章**
志摩園子 編著

146 **ニカラグアを知るための55章**
田中高 編著

147 **台湾を知るための72章【第2版】**
赤松美和子、若松大祐 編著

148 **テュルクを知るための61章**
小松久男 編著

149 **アメリカ先住民を知るための62章**
阿部珠理 編著

150 **イギリスの歴史を知るための50章**
川成洋 編著

151 **ドイツの歴史を知るための50章**
森井裕一 編著

152 **ロシアの歴史を知るための50章**
下斗米伸夫 編著

153 **スペインの歴史を知るための50章**
立石博高、内村俊太 編著

154 **フィリピンを知るための64章**
大野拓司、鈴木伸隆、日下渉 編著

155 **バルト海を旅する40章**　7つの島の物語
小柏葉子 著

エリア・スタディーズ

156 **カナダの歴史を知るための50章**
細川道久 編著

157 **カリブ海世界を知るための70章**
国本伊代 編著

158 **ベラルーシを知るための50章**
服部倫卓、越野剛 編著

159 **スロヴェニアを知るための60章**
柴宜弘、アンドレイ・ベケシュ、山崎信一 編著

160 **北京を知るための52章**
櫻井澄夫、人見豊、森田憲司 編著

161 **イタリアの歴史を知るための50章**
高橋進、村上義和 編著

162 **ケルトを知るための65章**
木村正俊 編著

163 **オマーンを知るための55章**
松尾昌樹 編著

164 **ウズベキスタンを知るための60章**
帯谷知可 編著

165 **アゼルバイジャンを知るための67章**
廣瀬陽子 編著

166 **済州島を知るための55章**
梁聖宗、金良淑、伊地知紀子 編著

167 **イギリス文学を旅する60章**
石原孝哉、市川仁 編著

168 **フランス文学を旅する60章**
野崎歓 編著

169 **ウクライナを知るための65章**
服部倫卓、原田義也 編著

170 **クルド人を知るための55章**
山口昭彦 編著

171 **ルクセンブルクを知るための50章**
田原憲和、木戸紗織 編著

172 **地中海を旅する62章** 歴史と文化の都市探訪
松原康介 編著

173 **ボスニア・ヘルツェゴヴィナを知るための60章**
柴宜弘、山崎信一 編著

174 **チリを知るための60章**
細野昭雄、工藤章、桑山幹夫 編著

175 **ウェールズを知るための60章**
吉賀憲夫 編著

176 **太平洋諸島の歴史を知るための60章** 日本とのかかわり
石森大知、丹羽典生 編著

177 **リトアニアを知るための60章**
櫻井映子 編著

178 **現代ネパールを知るための60章**
公益社団法人 日本ネパール協会 編

179 **フランスの歴史を知るための50章**
中野隆生、加藤玄 編著

180 **ザンビアを知るための55章**
島田周平、大山修一 編著

181 **ポーランドの歴史を知るための55章**
渡辺克義 編著

182 **韓国文学を旅する60章**
波田野節子、斎藤真理子、きむ ふな 編著

183 **インドを旅する55章**
宮本久義、小西公大 編著

184 **現代アメリカ社会を知るための63章【2020年代】**
明石紀雄 監修 大類久恵、落合明子、赤尾千波 編著

185 **アフガニスタンを知るための70章**
前田耕作、山内和也 編著

186 **モルディブを知るための35章**
荒井悦代、今泉慎也 編著

187 **ブラジルの歴史を知るための50章**
伊藤秋仁、岸和田仁 編著

——以下続刊

◎各巻2000円（一部1800円）

〈価格は本体価格です〉

第二次大戦下リトアニアの難民と杉原千畝
「命のヴィザ」の真相
シモナス・ストレルツォーバス著　赤羽俊昭訳　◎2800円

リトアニアの歴史
世界歴史叢書
アルフォンサス・エイディンタスほか著
梶さやか、重松尚訳　◎4800円

バルト三国の歴史
エストニア・ラトヴィア・リトアニア
石器時代から現代まで
世界歴史叢書
アンドレス・カセカンプ著
小森宏美、重松尚訳　◎3800円

黒海の歴史
ユーラシア地政学の要諦における文明世界
世界歴史叢書
チャールズ・キング著　前田弘毅監訳　◎4800円

テュルクの歴史
古代から近現代まで
世界歴史叢書
カーター・V・フィンドリー著
小松久男監訳　佐々木紳訳　◎5500円

バルカンの歴史
バルカン近現代史の共通教材
世界の教科書シリーズ 37
クリスティナ・クルリ総括責任
柴宜弘監訳　◎6800円

独ソ占領下のポーランドに生きて
祖国の誇りを貫いた女性の抵抗の記録
世界人権問題叢書 99
カロリナ・ランツコロンスカ著
山田朋子訳　◎5500円

変わりゆくEU
永遠平和のプロジェクトの行方
臼井陽一郎編著　◎2800円

包摂・共生の政治か、排除の政治か
移民・難民と向き合うヨーロッパ
宮島喬、佐藤成基編　◎2800円

人の移動とエスニシティ
越境する他者と共生する社会に向けて
中坂恵美子、池田賢市編著　◎2200円

現代ヨーロッパと移民問題の原点
1970、80年代、開かれたシティズンシップの生成と試練
宮島喬著　◎3200円

BREXIT「民衆の反逆」から見る英国のEU離脱
緊縮政策・移民問題・欧州危機
尾上修悟著　◎2800円

コロナ危機と欧州・フランス
医療制度・不平等体制・税制の改革へ向けて
尾上修悟著　◎2800円

ヨーロッパ
講座 世界の先住民族―ファースト・ピープルズの現在6
綾部恒雄監修　原聖、庄司博史編　◎4800円

ヨーロッパ・ロシア・アメリカのディアスポラ
叢書 グローバル・ディアスポラ4
駒井洋監修　駒井洋、江成幸編著　◎5000円

日本に暮らすロシア人女性の文化人類学
移住、国際結婚、人生作り
ゴロウィナ・クセーニヤ著　◎7200円

〈価格は本体価格です〉